道桥工程识图

第二版

周佳新　编著

化学工业出版社

·北京·

内 容 简 介

本书详细介绍了道路、桥梁、涵洞、隧道工程图的基本知识，识图的思路、方法和技巧，以实用性为主。内容包括相关国家标准，识图基本知识，图样表达方法，路、桥、涵、隧工程图等。

本书可作为从事路桥施工的技术人员、管理人员、工人的培训或自学教材，也适用于大中专院校与基本建设相关学科使用。

图书在版编目（CIP）数据

道桥工程识图/周佳新编著. —2 版. —北京：化学
工业出版社，2022.4
ISBN 978-7-122-40542-5

Ⅰ.①道… Ⅱ.①周… Ⅲ.①道路工程-工程制图-
识图②桥梁工程-工程制图-识图 Ⅳ.①U412.5
②U442.6

中国版本图书馆 CIP 数据核字（2022）第 000178 号

责任编辑：左晨燕 装帧设计：张 辉
责任校对：田睿涵

出版发行：化学工业出版社（北京市东城区青年湖南街 13 号 邮政编码 100011）
印 装：涿州市般润文化传播有限公司
787mm×1092mm 1/16 印张 16¾ 字数 389 千字 2022 年 5 月北京第 2 版第 1 次印刷

购书咨询：010-64518888 售后服务：010-64518899
网 址：http://www.cip.com.cn
凡购买本书，如有缺损质量问题，本社销售中心负责调换。

定 价：68.00 元

→ 前 言

《道桥工程识图》第一版 2014 年出版以来，已连续印刷多次，受到了广大读者的欢迎。为了更好地服务于读者，我们在第一版的基础上，修订了本书。

本书修订的指导思想是：着眼于提高路、桥、涵、隧行业从业人员的基本素质，遵循认知规律，将工程实践与理论相融合，以新规范为指导，通过工程实例、图文结合，循序渐进地介绍道桥工程识图的基本知识，识图的思路、方法和技巧，强调实用性和可读性，以期读者通过学习本书能较快地获得识读道桥工程图的基本知识和技能。

本书突出实用性，以"必须、够用"为度，有如下特点。

1. 从道桥工程技术人员的特点和文化基础出发，以模块化形式为编写原则：包括道桥工程识图基础、道桥识图的投影基础、道桥形体的表达方法、道路工程图、桥梁工程图、涵洞工程图、隧道工程图，以章的形式编写。各个模块既相互独立，又注重前后学习的密切联系，不同层次的读者可根据需要选用其中的模块进行学习。

2. 坚持学以致用、少而精的原则：本书在内容的选择与组织上做到主次分明、深浅得当、详略适度、图文并茂。理论的应用部分采用例题的形式讲解，例题中将作图步骤区分开来，清晰地表达了作图的思路、方法，使读者一目了然，易于理解和掌握，别具特色。

3. 以科学性、时代性、工程性为原则：凡能收集到的最新国家标准，本书都予以贯彻。本书注重吸取工程技术界，尤其是道桥工程的最新成果，结合当前道桥发展的实际，为读者展示了丰富、特色的工程实例，以期读者通过学习，能解决工作中的实际问题。

为帮助读者学习，本书配有采用了 VRML 技术的 PPT 课件，需要者可关注微信公众号"化工帮 CIP"，回复书名即可获取。

本书由沈阳建筑大学周佳新编著，在以往的工作中沈阳建筑大学的刘鹏、李鹏、张楠、姜英硕、王铮铮、王志勇、张喆等均做了大量的工作。在编著的过程中参考了有关制图专著和网络素材，在此向有关作者表示衷心的感谢！由于编写仓促及水平有限，疏漏瑕疵在所难免，恳请广大同仁及读者不吝赐教，在此谨表谢意。

编著者

2021 年 9 月

第一版前言

随着我国经济的持续快速发展，路桥行业的从业人员日益增加，提高从业人员的基本素质已经成为当务之急。我们着眼于加强从业人员技能以及综合素质的培养，从他们的特点和文化基础出发，结合多年从事工程实践及工程图学教学的经验编著了这本书。

本书遵循认知规律，将工程实践与理论相融合，以新规范为指导，通过工程实例、图文结合，循序渐进地介绍了道路、桥梁、涵洞、隧道工程识图的基本知识，识图的思路、方法和技巧，强调实用性和可读性，以期读者通过学习本书，能较快地获得识读道桥工程图的基本知识和技能。为了增加趣味性和可读性，还介绍了路、桥、涵、隧的历史与世界之最。

全书共分为七章，在内容的编排顺序上进行了优化，主要包括以下内容。

1. 识图基础（第一章～第三章）

本部分内容侧重于无基础的初学读者，从一点儿不会学起，介绍了相关的国家标准、识图基本理论及图样表达方法等。

2. 专业图识图与识图实践（第四章～第七章）

本部分主要讲解了道路、桥梁、涵洞、隧道等工程图的内容。结合当前道桥发展的实际，以典型的工程实例，详细介绍了路、桥、涵、隧的原理以及相关工程图的识读方法，以解决实际问题为主。

本书由沈阳建筑大学周佳新、刘鹏、张楠编著，王铮铮、王志勇、姜英硕、沈丽萍、李鹏、张喆、马晓娟、姚大鹏、张九红、张桂山、李周彤、李牧峰、王雪光等也做了相关工作。在编著过程中参考了一些制图专著，在此向有关作者表示衷心的感谢！由于编写时间仓促，加之作者水平有限，疏漏之处在所难免，恳请广大读者不吝赐教，在此谨表谢意。

编著者
2014 年 3 月

目 录

第一章 道桥工程识图基础

第二章 道桥识图的投影基础

第三章　道桥形体的表达方法

第四章 道路工程图

第五章 桥梁工程图

第六章　涵洞工程图

第七章　隧道工程图

参考文献

第一章　道桥工程识图基础

第一节　概　述

道路是一种主要承受移动荷载（车辆、行人）反复作用的带状工程构造物，其基本组成部分包括路基、路面，以及桥梁、涵洞、隧道等工程实体，如图1-1所示。

(a) 路和立交桥

(b) 桥和隧道

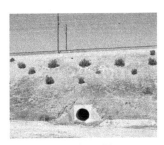

(c) 路和涵洞

图1-1　道路的组成

桥梁、涵洞是修筑道路时，保证车辆通过江河、山谷、低洼地带和宣泄水流的建筑物。桥梁通过江河时，还要考虑船只通航。桥梁和涵洞的区别在于跨径的大小，一般来讲：凡单孔跨径小于5m、多孔跨径小于8m时修建涵洞，否则修建桥梁。为了减少土石方数量，保证车辆平稳行使和缩减里程，在山岭地区修建道路时，可考虑修筑公路隧道。

道路按其使用特点分为城市道路、公路、厂矿道路、林区道路及乡村道路等，古代中国还有驿道。驿道也被称为古驿道，是中国古代设置驿站的通途大道，也是古代陆地交通的主通道，同时也属于重要的军事设施之一，主要用于运输军用粮草物资、传递军令军情等，如著名的丝绸之路、古代的湖广驿道、南阳-襄阳驿道、青蒿驿道、梅关古驿道等。人类建造道路的历史至少有几千年了，几乎可以追溯到原始社会。没有人能够真正说出世界上第一条道路是在何时或在何处建成的。就如鲁迅先生所说：地上其实本没有路，走的人多了也就成了路。远古时代，人们经常沿着动物的足迹或是最省力的路径（即别人走过的路）来行走，结果被经常践踏的地方就成为小径，日复一日，年复一年，小径逐渐发展，成为一般的道路。

一、中国古代道路建设

在公元前20世纪的新石器时代晚期，中国就有记载使役牛、马为人类运输而形成的驮运道。相传是中华民族的始祖黄帝发明了车轮,于是以"横木为轩,直木为辕"制造了车辆,故尊称黄帝为"轩辕氏",继而产生了行道。公元前 16 世纪—前 11 世纪间,中国人已懂得夯土筑路、用石灰稳定土壤。从殷商的废墟地发现也有碎陶片和砾石铺筑的路面。公元前 11 世纪—前 5 世纪,道路的规模和水平已有了相当的发展,出现了较为系统的路政管理,人们已将道路分为市区和郊区:城市道路分"经、纬、环、野"四种,南北之道为经,东西之道为纬,城中有九经九纬呈棋盘状,围城为环,出城为野;郊外道路分为路、道、涂、畛、径五个等级。可见,当时周朝的道路已较为完善。公元前 475 年—前 221 年,人们已经能够在山势险峻之处凿石成孔,插木为梁,上铺木板,旁置栏杆,换为栈道,这是战国时期道路建设的一大特色。公元前 221 年—前 206 年,秦始皇统一中国后立即修建了以首都咸阳为中心、遍布全国的驰道网,这种驰道可与古罗马的道路网媲美。公元前 206 年—公元 220 年,西汉王朝曾派张骞两次出使西域,远抵大夏国(今阿富汗北部),为沟通中国与中东及欧洲各国的经济和文化,开创了举世闻名的丝绸之路。公元581—681 年,建造了规模巨大(数千里)的道路工程。公元 618—907 年,唐太宗下诏书于全国,保持全国范围内的道路畅通,实行道路保养,当时的道路布置井然、气度宏伟,影响远及日本。公元 960—1911 年,在宋、元、明、清几代中,道路工程方面均有不同程度的提高和贡献。从清朝末年开始,近代道路发展的重点转向西方。

二、国外道路建设

公元前 20 世纪,阿拉伯埃及共和国人为建筑金字塔与人面狮身像,把大量巨石从采石场运往工地上,由此建造了道路。另外,一些主要城镇的市场,道路采用平光的石板砌成,其中有些道路是用砖铺砌,涂以灰浆,再铺上石头路面。公元前 12 世纪,亚述国王提格拉·帕拉萨一世为便于战车行驶,下令修筑长距离道路。公元前 6 世纪,希拉达塔斯记载他曾旅行经过皇家大道,这条道路连接波斯民族的古都苏沙和安娜托力亚,总长1600km。如果没有这条路,旅游者需花 3 个月的时间,当时的皇家信差们往返两地只需9 天。只是当时修筑这条路的目的不是为了运输,而是为了全国通信系统的联系。古罗马时代,道路得到惊人的发展,实现了以罗马为中心,四通八达的道路网,为尽量缩短村镇之间的距离,道路直穿山岗或森林,将首都罗马和意大利其他地区、英国、法国、西班牙、德国、小亚细亚部分地区、阿拉伯以及非洲北部联成整体。这些区域分成 13 个省、322 条联络干道,总长度达 78000km。可以说,当时建造道路的工程结构水准颇高。时至今日,在公路建造工程中,有许多还是采用当年罗马人所开发的工程技术。随着罗马帝国的衰亡,西方道路发展停滞。18 世纪,拿破仑时代的法国工程师特雷萨盖发明了碎石铺装路面的方法,并主张建立道路养护系统。在他的影响下,拿破仑当政期间,建成了著名的法国道路网,为此特雷被尊称为法国现代道路建设之父。18 世纪末至 19 世纪初,英国出现了特尔福特和马卡丹等热心研究道路的专家。特尔福特认为,鱼脊型路面不宜过高,尽量避免修建陡坡道路,并采用一层式大石块基础路面结构,中间铺砌大石块,两边用较小的石块以形成路拱。马卡丹认为,不需要最下一层片石,在路面上铺一层碎砾石,就可平坦而坚固。实践证明,马卡丹式公路很适合当时的马车行驶。此后,欧洲各国相继修建了这种公路。

三、公路分级和国道编号

1. 公路分级

我们常说的高速公路，一级、二级、三级、四级公路 5 个等级，是根据交通量及其使用任务、性质进行分级的。

① 高速公路　能适应的年平均昼夜汽车交通量为 25000 辆以上，具有特别重要的政治、经济意义，专供汽车分道高速行驶并全部控制出入的公路。

② 一级公路　能适应的年平均昼夜交通量为 7500～25000 辆，为连接重要的政治、经济中心，通往重点工矿区，可供汽车分道行驶，并部分控制出入，部分立体交叉的公路。

③ 二级公路　能适应的年平均昼夜交通量为 3000～7500 辆，为连接政治、经济中心或大矿区等地的干线公路，或运输任务繁忙的城郊公路。

④ 三级公路　能适应的年平均昼夜交通量为 1000～4000 辆，为连接县及县以上城市的一般干线公路。

⑤ 四级公路　能适应的年平均昼夜交通量为双车道 1500 辆以下，单车道 200 辆以下，为连接县、乡、村等的支线公路。

上述交通量是以中型载重汽车为标准单位，其他车种需进行折算。

2. 国道编号

编号以字符 G 开头的道路，统称为国家级道路（国道），由普通国道和国家高速公路两个路网构成，也就是我们常说的一般国道和高速。

国道是国家干线公路的简称，是国家综合交通网中的重要干线。我国的国道是由以下公路组成：

① 首都北京通往各省、直辖市、自治区的政治、经济中心和 30 万人口以上城市的干线公路；

② 通向各港口、铁路枢纽、重要工农业生产基地的干线公路；

③ 大中城市通向重要对外口岸、开放城市、历史名城、重要风景区的干线公路；

④ 具有重要意义的国防公路。目前在全国范围内，以国道为骨架，辅以地方干线公路（省道）和普通公路，形成了全国公路网。

国道编号为：字母 G ＋阿拉伯数字，例如：G×××。在交流过程中我们一般只取后面的几位数字，例如：G318 念作 318 国道。

普通国道分为四种：

① 首都放射线，格式为"G1××"，表示以首都北京为中心，呈放射状的国道，例如：G101（北京—沈阳）。

② 南北纵线，格式为"G2××"，表示南北走向的国道，例如：G201（鹤岗—大连）。

③ 东西横线，格式为"G3××"，表示东西走向的国道，例如：G301（绥芬河—满洲里）。

④ 联络线，格式为"G5××"，例如：G501（集贤—当壁）。

中国国家高速公路网又称为"71118"工程（即 7 条首都放射线、11 条南北纵线、18 条东西横线），国家高速公路路线名称由路线起、终点地名加连接符"—"组成，路线简称由起终点地名的首位汉字组合表示，也可采用起讫点城市或所在省（区、市）简称表示。国家高速公路的阿拉伯数字编号采用1位、2位和4位数，与3位数的普通国道相区别。国家高速公路编号由字母和阿拉伯数字组成。首都放射线编号为1位数，由正北方向按顺时针方向升序编排，编号区间1～9，格式为"G×"；纵横线采用2位数，其中纵向路线编号为2位奇数，由东向西升序编排，编号区间11～89，横向路线编号为2位偶数，由北向南升序编排，编号区间10～90，格式为"G××"；城市绕城环线采用2或4位数，编号"G××"或"G××××"；并行线、联络线采用4位数。

第二节　国家标准的基本规定

根据投影原理、标准或有关规定，表示工程对象，并有必要的技术说明的图称为图样。图样被喻为工程界的语言，是工程技术人员用来表达设计思想，进行技术交流的重要工具。为了使工程图样规格统一，便于施工和交流，国家标准管理机构依据国际标准化组织制定的国际标准，制定并颁布了各种工程图样的制图国家标准，简称"国标"，代号"GB"。其中，《技术制图》标准适用于工程界各种专业技术图样。在道桥工程的识图工作中，工程建设人员应熟悉并严格遵守国家标准的有关规定。

一、图幅和格式

1. 图幅

图幅即图纸幅面的大小，图纸的幅面是指图纸宽度与长度组成的图面。为了使用和管理图纸方便、规整，所有的设计图纸的幅面必须符合国家标准的规定，见表1-1。

表1-1　图纸幅面及图框尺寸　　　　　　　　　　　　　　　　　　mm

尺寸代号＼幅面代号	A0	A1	A2	A3	A4
$b \times l$	841×1189	594×841	420×594	297×420	210×297
c	10			5	
a	25				

注：表中b为幅面短边尺寸，l为幅面长边尺寸，c为图框线与幅面线间宽度，a为图框线与装订边间宽度。

必要时允许选用规定的加长幅面，图纸的短边一般不应加长，长边可以加长，但应符合表1-2的规定。

表1-2　图纸长边加长尺寸　　　　　　　　　　　　　　　　　　mm

幅面代号	长边尺寸	长边加长后的尺寸				
A0	1189	1486 (A0+1/4l)	1783 (A0+1/2l)	2080 (A0+3/4l)	2378 (A0+l)	
A1	841	1051 (A1+1/4l)	1261 (A1+1/2l)	1471 (A1+3/4l)	1682 (A1+l)	1892 (A1+5/4l)
		2102 (A1+3/2l)				
A2	594	743 (A2+1/4l)	891 (A2+1/2l)	1041 (A2+3/4l)	1189 (A2+l)	1338 (A2+5/4l)
		1486 (A2+3/2l)	1635 (A2+7/4l)	1783 (A2+2l)	1932 (A2+9/4l)	2080 (A2+5/2l)

续表

幅面代号	长边尺寸	长边加长后的尺寸				
A3	420	630 (A3+1/2l)	841 (A3+l)	1051 (A3+3/2l)	1261 (A3+2l)	1471 (A3+5/2l)
		1682 (A3+3l)	1892 (A3+7/2l)			

注：有特殊需要的图纸，可采用 $b×l$ 为 841mm×891mm 与 1189mm×1261mm 的幅面。

2. 图幅格式

图框是图纸上限定绘图区域的线框，是图纸上绘图区域的边界线。图框的格式有横式和立式两种，以短边作为垂直边称为横式，以短边作为水平边称为立式。

横式使用的图纸应如图 1-2 (a)～(c) 所示规定的形式布置。

立式使用的图纸应如图 1-2 (d)～(f) 所示规定的形式布置。

3. 图框线

图框线是图纸上限定绘图区域的线框，是图纸上绘图区域的边界线，如图 1-2 所示。

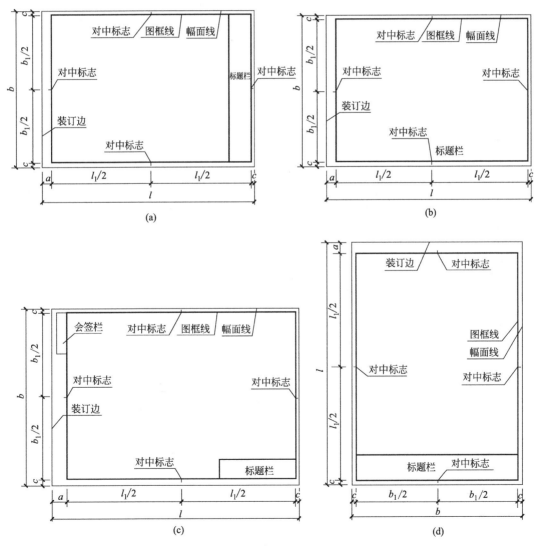

图 1-2

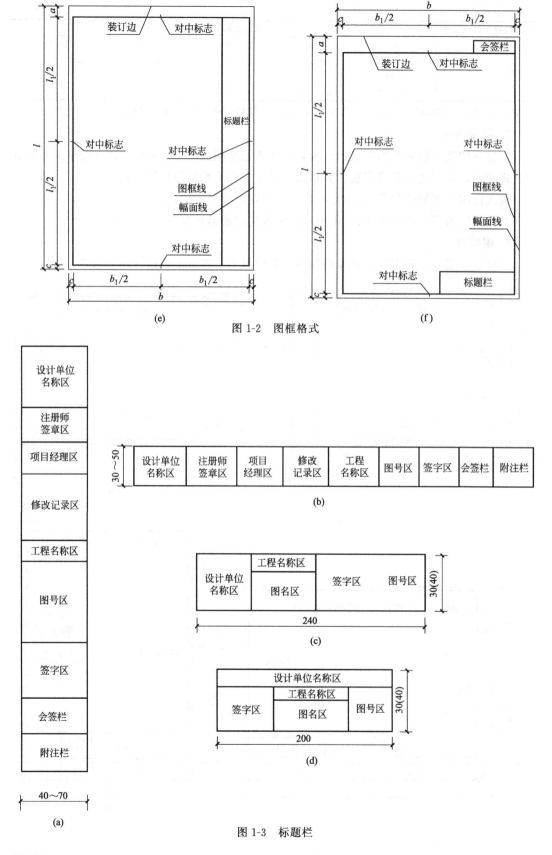

图 1-2 图框格式

图 1-3 标题栏

4. 标题栏

由名称及代号区、签字区、更改区和其他区组成的栏目称为标题栏，简称图标。标题栏是用来标明设计单位、工程名称、图名、设计人员签名和图号等内容的，必须画在规定位置，标题栏中的文字方向代表看图方向。应根据工程的需要确定标题栏，格式如图 1-3 所示。涉外工程的标题栏内，各项主要内容的中文下方应附有译文，设计单位的上方或左方应加注"中华人民共和国"字样。

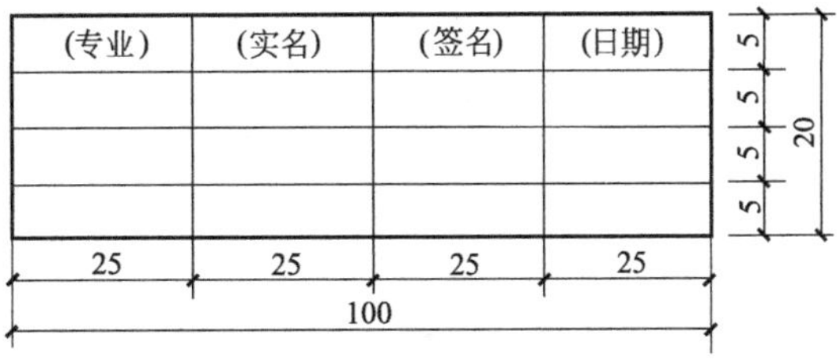

(专业)	(实名)	(签名)	(日期)
25	25	25	25

图 1-4　会签栏

5. 会签栏

会签栏是各设计专业负责人签字用的一个表格，如图 1-4 所示。会签栏宜画在图框外侧，如图 1-2（c）、（f）所示。不需会签的图纸可不设会签栏，如图 1-2（a）、（b）、（d）、（e）所示。

6. 对中标志

需要缩微复制的图纸，可采用对中标志。对中标志应画在图纸各边长的中点处，线宽应为 0.35mm，伸入框区内应为 5mm，如图 1-2 所示。

二、图线

1. 图线宽度

为了使图样表达统一和使图面清晰，国家标准规定了各类工程图样中图线的宽度 b，绘图时，应根据图样的复杂程度与比例大小，从下列线宽系列中选取粗线宽度，$b=$ 1.4mm、1.0mm、0.7mm、0.5mm；工程图样中各种线型分粗、中粗、中、细四种图线宽度。应如表 1-3 所示规定选取。

表 1-3　线宽组　　　　　　　　　　　　　　　　　　mm

线宽比	线宽组			
b	1.4	1.0	0.7	0.5
$0.7b$	1.0	0.7	0.5	0.35
$0.5b$	0.7	0.5	0.35	0.25
$0.25b$	0.35	0.25	0.18	0.13

注：1. 需要缩微的图纸，不宜采用 0.18mm 及更细的线宽。

2. 同一张图纸内，各不同线宽中的细线，可统一采用较细的线宽组的细线。

图纸的图框和标题栏线，可采用如表 1-4 所示线宽。

表 1-4　图框、标题栏的线宽

幅面代号	图框线	标题栏外框线 对中标志	标题栏分格 线幅面线
A0、A1	b	$0.5b$	$0.25b$
A2、A3、A4	b	$0.7b$	$0.35b$

2. 图线线型及用途

各类图线及其主要用途如表 1-5 所示。

表 1-5　图线及其主要用途

名称		线型	线宽	用途
实线	粗		b	主要可见轮廓线
	中粗		$0.7b$	可见轮廓线、变更云线
	中		$0.5b$	可见轮廓线、尺寸线
	细		$0.25b$	图例填充线、家具线
虚线	粗		b	见各有关专业制图标准
	中粗		$0.7b$	不可见轮廓线
	中		$0.5b$	不可见轮廓线、图例线
	细		$0.25b$	图例填充线、家具线
单点长画线	粗		b	见各有关专业制图标准
	中		$0.5b$	见各有关专业制图标准
	细		$0.25b$	中心线、对称线、轴线等
双点长画线	粗		b	见各有关专业制图标准
	中		$0.5b$	见各有关专业制图标准
	细		$0.25b$	假想轮廓线、成型前原始轮廓线
折断线	细		$0.25b$	断开界线
波浪线	细		$0.25b$	断开界线

3. 图线的要求及注意事项

① 同一张图纸内，相同比例的各个图样，应选用相同的线宽组。

② 相互平行的图例线，其净间隙或线中间隙不宜小于 0.2mm。

③ 虚线、单点长画线或双点长画线的线段长度和间隔宜各自相等。

④ 单点长画线或双点长画线，当在较小图形中绘制有困难时，可用细实线代替，如图 1-5 所示。

⑤ 单点长画线或双点长画线的两端不应是点，单点长画线的两端应超出形体的轮廓 2～5mm，如图 1-6 所示。

图 1-5　细实线代替单点长画线

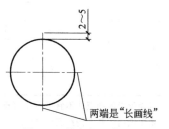

图 1-6　单点长画线画法

⑥ 虚线为实线的延长线时，两者之间不得连接，应留有空隙，如图 1-7 所示。

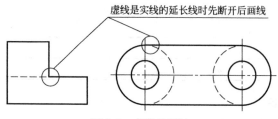

图 1-7　虚线的画法

⑦ 各种图线彼此相交处，都应画成线段，而不应是间隔或画成"点"，如图 1-8 所示。

⑧ 图线不得与文字、数字或符号重叠、混淆，不可避免时，应首先保证文字的清晰，如图 1-9 所示。

图 1-8　各种图线彼此相交的画法　　　　图 1-9　保证文字的清晰

⑨ 各图线用法如图 1-10 所示。

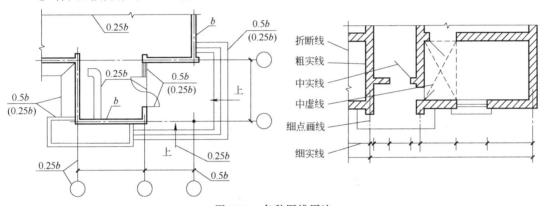

图 1-10　各种图线用法

三、字体

字体指图样上汉字、数字、字母和符号等的书写形式，国家标准规定书写字体均应"字体工整、笔画清晰、排列整齐、间隔均匀"，标点符号应清楚正确。文字、数字或符号的书写大小用号数表示。字体号数表示的是字体的高度，应按表 1-6 所示选择。

表 1-6　字体的高度　　　　　　　　　　　　　　mm

字体种类	汉字矢量字体	Turn type 字体及非汉字矢量字体
字高	3.5、5、7、10、14、20	3、4、6、8、10、14、20

1. 汉字

图样及说明中的汉字应采用国家公布的简化字，宜采用长仿宋体书写，字号一般不小于 3.5，字高与字宽的比例应符合表 1-7 的规定。

表 1-7　长仿宋字高宽关系　　　　　　　　　　　mm

字高	3.5	5	7	10	14	20
字宽	2.5	3.5	5	7	10	14

书写长仿宋体的基本要领：横平竖直、注意起落、结构均匀、填满方格。如图 1-11 所示长仿宋体字示例。

结 构 木 石 土 砂 浆 水 泥 钢 筋 混 凝 砖 瓦

比 例 尺 寸 长 宽 高 厚 断 截 面 楼 梯 门 窗

基 础 地 板 梁 柱 墙 浴 厕 厨 厅 廊 制 定 校

审 核 姓 名 张 王 李 赵 钱 孙 周 吴 郑 刘 金

图 1-11　长仿宋字示例

2. 数字和字母

阿拉伯数字、拉丁字母和罗马字母的字体有正体和斜体（向上倾斜 75°）两种写法。它们的字号一般不小于 2.5。拉丁字母示例如图 1-12 所示，罗马数字、阿拉伯数字示例如 1-13 所示。用作指数、分数、注脚等的数字及字母一般应采用逆时针小一号字体。

图 1-12　拉丁字母示例（正体与斜体）

四、比例

图样中图形与实物相应要素的线性尺寸之比称为比例。绘图所选用的比例是根据图样的用途和被绘对象的复杂程度来确定的。图样一般应选用如表 1-8 所示的常用比例，特殊情况下也可选用可用比例。

表 1-8　绘图比例

常用比例	1：1，1：2，1：5，1：10，1：20，1：30，1：50，1：100，1：150，1：200，1：500，1：1000，1：2000
可用比例	1：3，1：4，1：6，1：15，1：25，1：40，1：60，1：80，1：250，1：300，1：400，1：600，1：5000、1：10000，1：20000，1：50000，1：100000，1：200000

图 1-13　罗马数字、阿拉伯数字示例（正体与斜体）

比例必须采用阿拉伯数字表示，比例一般应标注在标题栏中的"比例"栏内，如 1：50 或 1：100 等。比例一般注写在图名的右侧，与图名下对齐，比例的字高一般比图名的字高小一号或二号，如图1-14 所示。

平面图 1:00　　　⑥ 1:20

图 1-14　比例的注写

比例分为原值比例、放大比例和缩小比例三种。原值比例即比值为 1：1 的比例；放大比例即为比值大于 1 的比例，如 2：1 等；缩小比例即为比值小于 1 的比例，如 1：2 等。

五、尺寸标注

图形只能表达形体的形状，而形体的大小则必须依据图样上标注的尺寸来确定。尺寸标注是识读道桥工程图样的一项重要内容，是道桥施工的依据，应严格遵照国家标准中的有关规定，保证所标注的尺寸完整、清晰、准确。

1. 尺寸的组成与基本规定

图样上的尺寸由尺寸界线、尺寸线、起止符号和尺寸数字四部分组成，如图 1-15（a）所示。

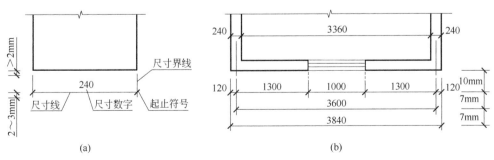

图 1-15　尺寸的组成与标注示例

① 尺寸界线　用细实线绘制，表示被注尺寸的范围。一般应与被注长度垂直，其一端应离开图样轮廓线不小于 2mm，另一端宜超出尺寸线 2～3mm，见图 1-15（a）。必要

时，图样轮廓线可用作尺寸界线，见图 1-15（b）中的 240 和 3360。

②尺寸线　表示被注线段的长度。用细实线绘制，不能用其他图线代替。尺寸线应与被注长度平行，且不宜超出尺寸界线。每道尺寸线之间的距离一般为 7mm，见图 1-15（b）。

③起止符号　一般应用中粗斜短线绘制，其倾斜方向与尺寸界线成顺时针 45°角，高度 h 宜为 2～3mm，见图 1-16（a）。半径、直径、角度与弧长的尺寸起止符号应用箭头表示，箭头尖端与尺寸界线接触，不得超出也不得分开，见图 1-16（b）。

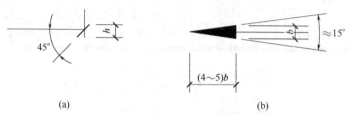

图 1-16　尺寸起止符号

④尺寸数字　表示被注尺寸的实际大小，它与绘图所选用的比例和绘图的准确程度无关。图样上的尺寸应以尺寸数字为准，不得从图上直接量取。尺寸的单位除标高和总平面图以 m（米）为单位外，其他一律以 mm（毫米）为单位，图样上的尺寸数字不再注写单位。同一张图样中，尺寸数字的大小应一致。

尺寸数字应按图 1-17（a）规定的方向注写。若尺寸数字在 30°斜线区内，宜按图 1-17（b）所示的形式注写。

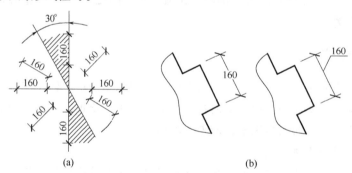

图 1-17　尺寸数字的注写

⑤尺寸的排列与布置　尺寸宜标注在图样轮廓线以外，不宜与图线、文字及符号等相交；互相平行的尺寸线，应从图样轮廓线由内向外整齐排列，小尺寸在内，大尺寸在外；尺寸线与图样轮廓线之间的距离不宜小于 10mm，尺寸线之间的间距为 7～10mm，并保持一致，见图 1-15（b）。

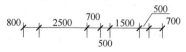

图 1-18　狭小部位的尺寸标注

狭小部位的尺寸界线较密，尺寸数字没有位置注写时，最外边的尺寸数字可写在尺寸界线外侧，中间相邻的可错开或引出注写，见图 1-18。

2. 半径、直径、球的尺寸标注

半径的尺寸线应一端从圆心开始，另一端画箭头指向圆弧。半径数字前应加注符号"R"，如图 1-19（a）所示。较小的圆弧半径，可如图 1-19（b）所示标注。较大的圆弧半径，可如图 1-19（c）所示标注。

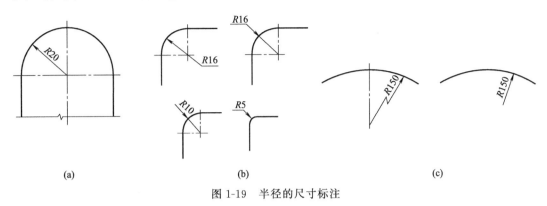

图 1-19　半径的尺寸标注

标注圆的直径尺寸时，在直径数字前应加注符号"ϕ"。在圆内标注的直径尺寸线应通过圆心画成斜线，两端画箭头指向圆弧，如图 1-20（a）所示。较小圆的直径，可如图 1-20（b）所示标注。

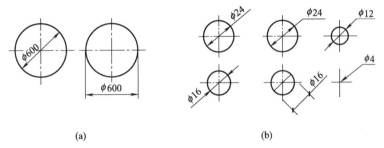

图 1-20　直径的尺寸标注

标注球的直径或半径尺寸时，应在直径或半径数字前加注符号"$S\phi$"或"SR"，注写方法与半径和直径相同，如图 1-21 所示。

直径尺寸线、半径尺寸线不可用中心线代替。

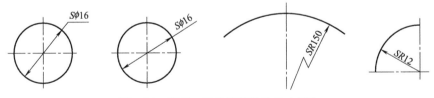

图 1-21　直径、半径及球径的尺寸标注

3. 角度、弧长、弦长的尺寸标注

① 角度的尺寸线画成圆弧，圆心应是角的顶点，角的两条边为尺寸界线。角度数字一律水平书写。如果没有足够的位置画箭头，可用圆点代替箭头，如图 1-22（a）所示。

② 标注圆弧的弧长时，尺寸线应以与该圆弧线同心的圆弧表示，尺寸界限垂直于该圆弧的切线方向，用箭头表示起止符号，弧长数字的上方应加注圆弧符号，如图 1-22（b）所示。

③ 标注圆弧的弦长时，尺寸线应以平行于该弦的直线表示，尺寸界限垂直于该弦，起止符号以中粗斜短线表示，如图 1-22（c）所示。

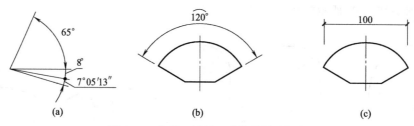

图 1-22 角度、弧长、弦长的尺寸标注

4. 坡度、薄板厚度、正方形、非圆曲线等的尺寸标注

① 坡度可采用百分数或比例的形式标注。在坡度数字下，应加注坡度符号：单面箭头如图 1-23 (a) 所示或双面箭头如图 1-23 (b) 所示。箭头应指向下坡方向，如图 1-23 (c)、(d) 所示；坡度也可用直角三角形形式标注，如图 1-23 (e)、(f) 所示。

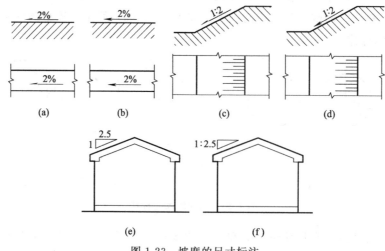

图 1-23 坡度的尺寸标注

② 在薄板板面标注板的厚度时，应在表示厚度的数字前加注符号"t"，如图 1-24 所示。

③ 在正方形的一边标注正方形的尺寸，可以采用"边长×边长"表示法，如图 1-25 (a) 所示。也可以在边长数字前加注表示正方形的符号"□"，如图 1-25 (b) 所示。

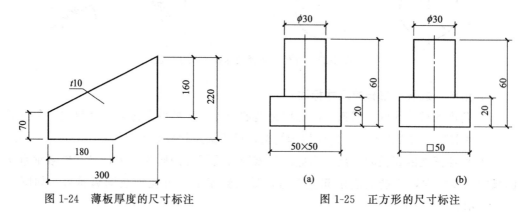

图 1-24 薄板厚度的尺寸标注   图 1-25 正方形的尺寸标注

④ 外形为非圆曲线的构件，一般用坐标形式标注尺寸，如图 1-26 所示。

⑤ 复杂的图形，可用网格形式标注尺寸，如图 1-27 所示。

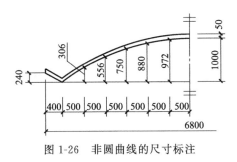

图 1-26　非圆曲线的尺寸标注

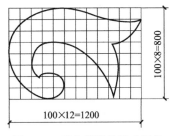

图 1-27　复杂图形的尺寸标注

5. 尺寸的简化标注

① 杆件或管线的长度，在单线图（如桁架简图、钢筋简图、管线简图等）上，可直接将尺寸数字沿杆件或管线的一侧注写，但读数方法依旧按前述规则执行，如图 1-28 所示。

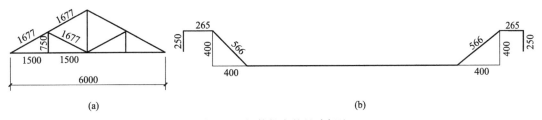

图 1-28　杆件长度的尺寸标注

② 连续排列的等长尺寸，可采用"个数×等长尺寸＝总长"或"总长（等分个数）"的形式表示，如图 1-29 所示。

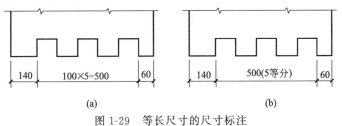

图 1-29　等长尺寸的尺寸标注

③ 构配件内具有诸多相同构造要素（如孔、槽）时，可只标注其中一个要素的尺寸，如图 1-30 所示。

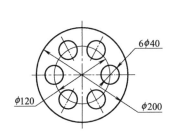

图 1-30　相同构造要素的尺寸标注

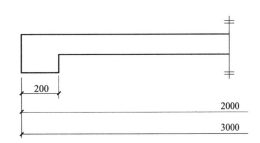

图 1-31　对称杆件的尺寸标注

④ 对称构配件采用对称省略画法时，该对称构配件的尺寸线应略超过对称符号，仅在尺寸线的一端画尺寸起止符号，尺寸数字应按整体全尺寸注写，其注写位置宜与对称符

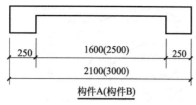

图1-32 形状相似构件的尺寸标注

号对齐，如图1-31所示。

⑤ 两个构配件，如个别尺寸数字不同，可在同一图样中将其中一个构配件的不同尺寸数字注写在括号内，该构配件的名称也应注写在相应的括号内，如图1-32所示。

⑥ 数个构配件，如仅某些尺寸不同，这些有变化的尺寸数字，可用拉丁字母注写在同一图样中，其具体尺寸另列表格写明，如图1-33所示。

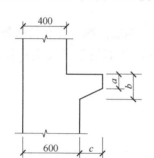

构件编号	a	b	c
Z-1	200	200	200
Z-2	250	450	200
Z-3	200	450	250

图1-33 多个相似构配件尺寸的列表标注

6. 单位

一般来讲，道桥工程图中的单位，标高以米计；里程以公里计；百米桩以米计；钢筋直径及钢结构尺寸以毫米（mm）计，其余均以厘米（cm）计。当不按上述要求采用时，必须在图纸中予以说明。

六、模数

模数是指选定的标准尺寸单位，作为尺度协调中的增值单位，也是建筑设计、施工、建筑材料与制品、建筑设备、建筑组合件等各部门进行尺度协调的基础，其目的是使构配件安装吻合，并有互换性，包括基本模数和导出模数两种。

1. 基本模数

基本模数是模数协调选用的基本尺寸单位。数值为100mm，符号为M（1M＝100mm），整个建筑物及其一部分或建筑组合构件的模数化尺寸应为基本模数的倍数。

2. 导出模数

导出模数是在基本模数的基础上发展出来的，相互之间存在某种内在联系的模数，包括扩大模数和分模数两种。

（1）扩大模数

扩大模数是基本模数的整数倍数。水平扩大模数基数为3M、6M、12M、15M、30M、60M，其相应的尺寸为300mm、600mm、1200mm、1500mm、3000mm、6000mm。竖向扩大模数基数为3M、6M，其相应的尺寸为300mm、600mm。

（2）分模数

分模数是用整数去除基本模数的数值。分模数基数为1/10M、1/5M、1/2M，其相应的尺寸为10mm、20mm、50mm。

3. 模数系列

模数系列是以选定的模数基数为基础而展开的模数系统。它可以保证不同建筑及其组成部分之间尺度的协调统一，有效减少建筑尺寸的种类，确保尺寸合理并有一定的灵活性，除特殊情况，建筑物的所有尺寸均应满足模数系列的要求，模数系列幅度规定如下：

① 水平基本模数的数列幅度为 1M～20M。

② 竖向基本模数的数列幅度为 1M～36M。

③ 水平扩大模数的数列幅度：3M 为（3～75）M；6M 为（6～96）M；12M 为（12～120）M；15M 为（15～120）M；30M 为（30～360）M；60M 为（60～360）M，必要时幅度不限。

④ 竖向扩大模数的数列幅度不受限制。

⑤ 分模数的数列幅度：1/10 M 为（1/10～2）M，1/5 M 为（1/5～4）M；1/2 M 为（1/2～10）M。

4. 模数的适用范围

① 基本模数主要用于门窗洞口、建筑物的层高以及构配件断面尺寸。

② 扩大模数主要用于建筑物的开间或柱距、进深或跨度、构配件尺寸和门窗洞口尺寸。

③ 分模数主要用于缝隙、构造节点、构配件断面尺寸。

七、图例

以图形规定出的画法称为图例，图例应按"国标"规定画法绘出。在道桥施工图中，如用了一些"国标"上没有的图例，应在图纸的适当位置加以说明。

道桥工程图中常用读图图例见表 1-9～表 1-12。

表 1-9　常见平面图图例

序号	名　称	图　例	说　明
1	新建的建筑物	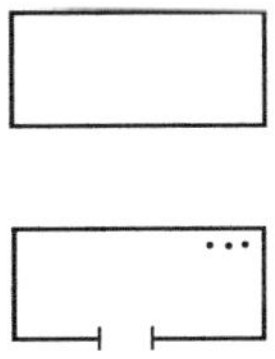	1. 上图为不画出入口图例,下图为画出入口图例 2. 图形内右上角点数(高层用数字)表示层数 3. 用粗实线表示
2	原有的建筑物	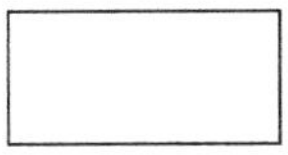	1. 应注明拟利用者 2. 用细实线表示
3	计划扩建的预留地或建筑物		用中虚线表示
4	拆除的建筑物	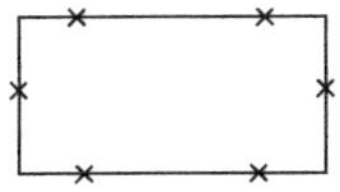	用细实线表示
5	新建的地下建筑物或构筑物		用粗虚线表示

续表

序号	名 称	图 例	说 明
6	建筑物下面的通道	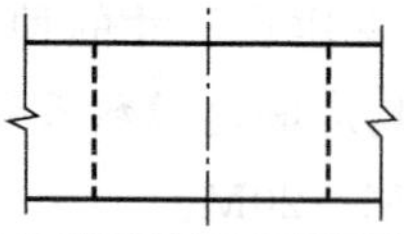	
7	散状材料露天堆场	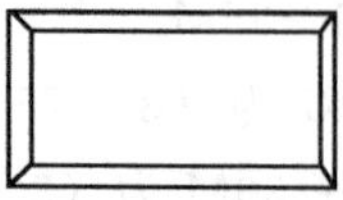	需要时可注明材料名称
8	其他材料露天堆场或露天作业场	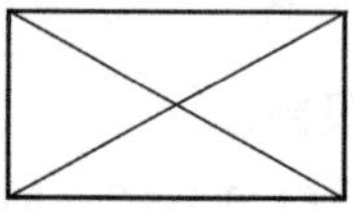	同序号7
9	铺砌场地	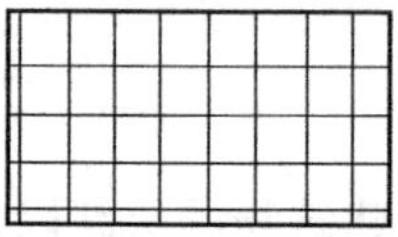	
10	敞棚或敞廊	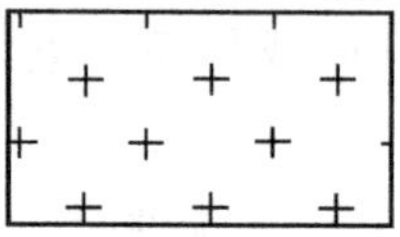	
11	坐标	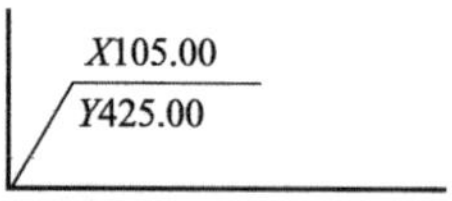 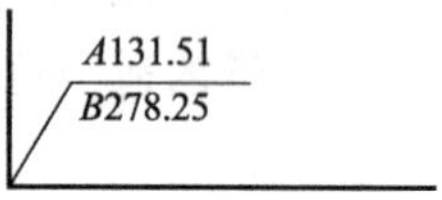 X105.00 Y425.00 A131.51 B278.25	上图表示测量坐标 下图表示施工坐标
12	方格网交叉点标高	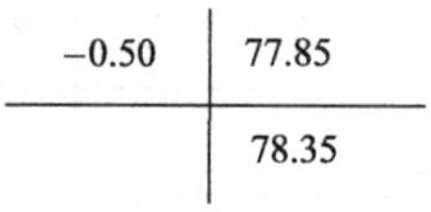 −0.50　77.85 78.35	"78.35"为原地面标高 "77.85"为设计高度 "−0.50"为施工高度 "−"表示挖方("+"表示填方)
13	填方区、挖方区、未整平区及零点线	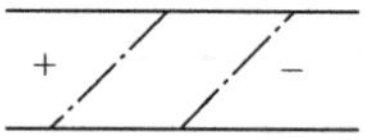 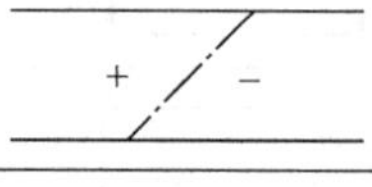 +　− +　−	"+"表示填方区 "-"表示挖方区 中间为未整平区 点划线为零点线
14	添挖边坡	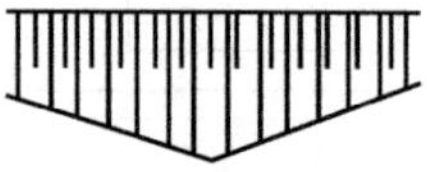	边坡较长时,可在一端或两端局部表示
15	护坡	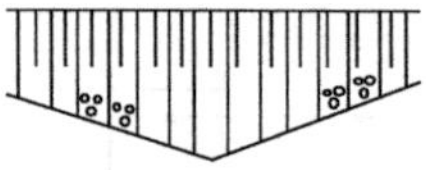	同序号14
16	分水脊线与谷线	 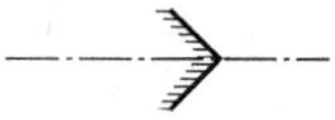	上图表示脊线 下图表示谷线

序号	名　称	图　例	说　明
17	洪水淹没线	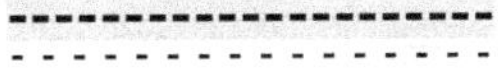	阴影部分表示淹没区,在底图背面涂红
18	室内标高	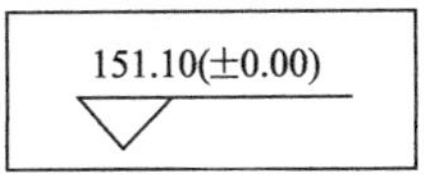 151.10(±0.00)	
19	室外标高	 ▼ 143.00	
20	挡土墙		被挡土在"突出"的一侧
21	台阶	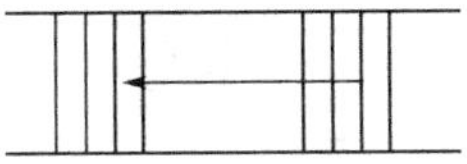	箭头指向表示向上
22	露天桥式起重机		
23	露天电动葫芦	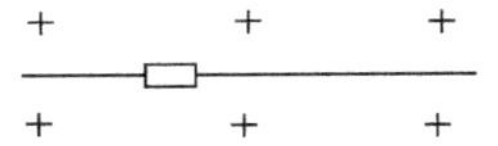 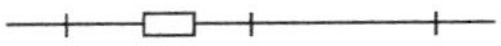	"+"为支架位置
24	门式起重机	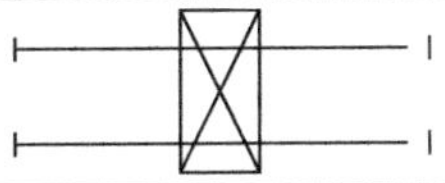 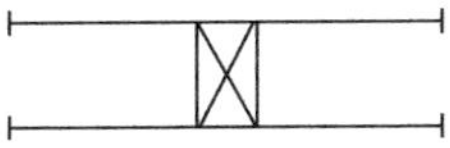	上图表示有外伸臂 下图表示无外伸臂
25	架空索道		"Ⅰ"为支架位置
26	斜坡卷扬机道	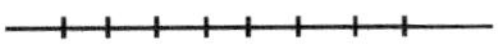	
27	斜坡栈桥 (皮带廊等)	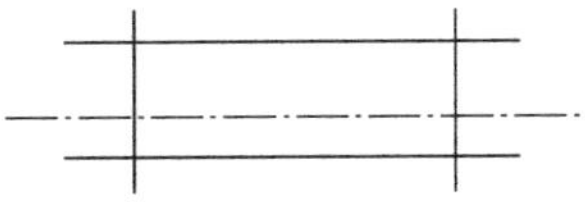	细实线表示支架中心线位置
28	围墙及大门	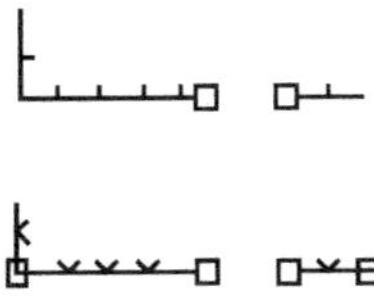	上图为砖石、混凝土或金属材料的围墙 下图为镀锌铁丝网、篱笆等的围墙
29	透水路堤	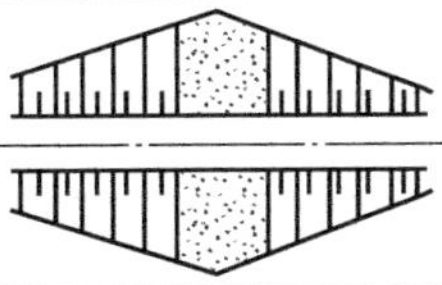	边坡较长时,可在一端或两端局部表示
30	过水路面	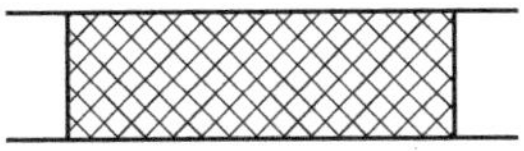	

续表

序号	名 称	图 例	说 明
31	水池、坑槽		
32	烟囱		实线为烟囱下部直径,虚线为基础,必要时可注写烟囱高度和上、下口直径
33	雨水井		
34	消火栓井		
35	急流槽		箭头表示水流方向
36	跌水		
37	拦水(渣)坝		
38	新建的道路		
39	原有的道路		
40	计划扩建的道路		
41	拆除的道路		
42	人行道		

续表

序号	名 称	图 例	说 明
43	针叶乔木		
44	阔叶乔木		
45	针叶灌木		
46	阔叶灌木	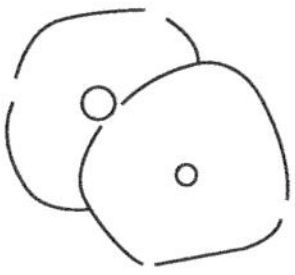	
47	草本花卉		
48	修剪的树篱	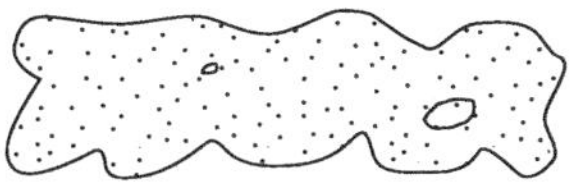	
49	草地	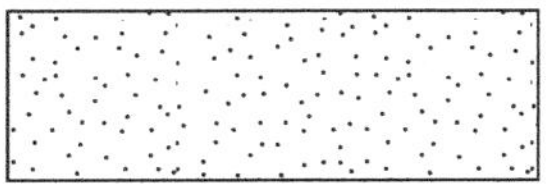	
50	花坛	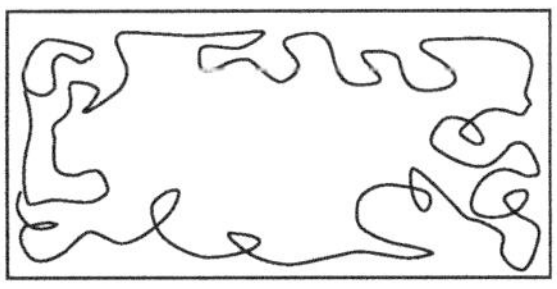	

表 1-10 常用建筑材料图例

序号	名 称	图 例	说 明
1	自然土壤		包括各种自然土壤
2	夯实土壤	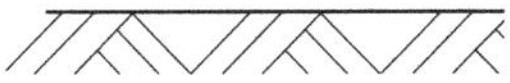	
3	砂、灰土	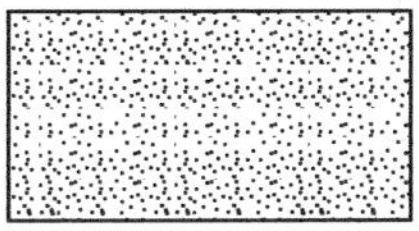	靠近轮廓线点较密

序号	名　称	图　例	说　明
4	砂砾石、碎砖、三合土		
5	天然石材		包括岩层、砌体、铺地、贴面等材料
6	毛石		
7	普通砖		1. 包括砌体、砌块 2. 断面较窄,不易画出图例线时可涂红
8	耐火砖		包括耐酸砖等
9	空心砖		包括各种多孔砖
10	饰面砖		包括铺地砖、陶瓷锦砖、人造大理石等
11	混凝土		1. 本图例仅适用于能承重的混凝土及钢筋混凝土 2. 包括各种标号、骨料、添加剂的混凝土 3. 在剖面图上画出钢筋时,不画图例线 4. 断面较窄,不易画出图例线时,可涂黑
12	钢筋混凝土		
13	焦渣、矿渣		包括与水泥、石灰等混合而成的材料
14	多孔材料		包括水泥珍珠岩、沥青珍珠岩、泡沫混凝土、非承重加气混凝土、泡沫塑料、软木等
15	纤维材料		包括丝麻、玻璃棉、矿渣棉、木丝板、纤维板等

续表

序号	名　　称	图　　例	说　　明
16	松散材料	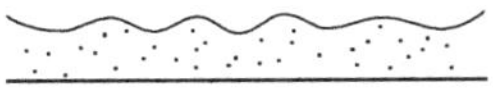	包括木屑、石灰木屑、稻壳等
17	木材	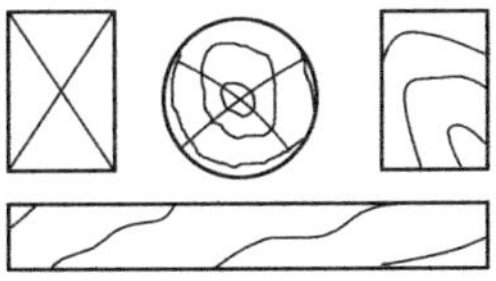	1. 上图为横断面,左上图为垫木、木砖、木龙骨 2. 下图为纵断面
18	胶合板		应注明×层胶合板
19	石膏板	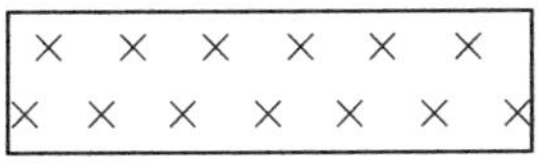	
20	金属	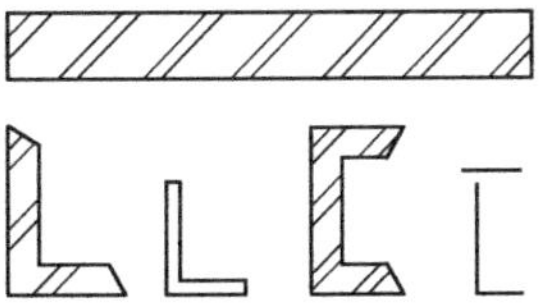	1. 包括各种金属 2. 图形小时,可涂黑
21	网状材料		1. 包括金属、塑料等网状材料 2. 注明材料
22	液体		注明液体名称
23	玻璃	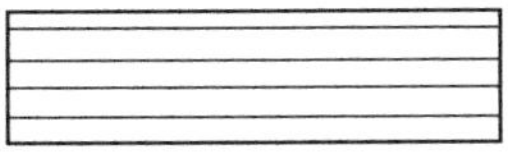	包括平板玻璃、磨砂玻璃、夹丝玻璃、钢化玻璃等
24	橡胶	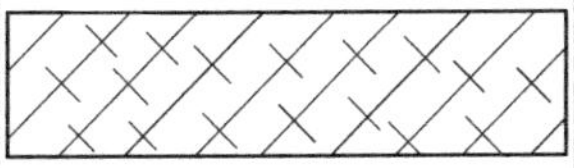	
25	塑料	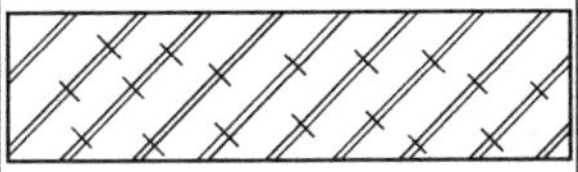	包括各种软、硬塑料及有机玻璃等
26	防水材料	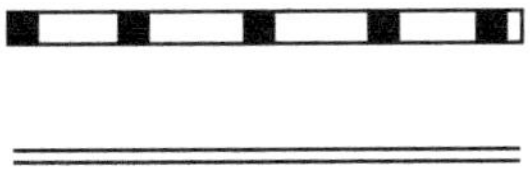	构造层次多或比例较大时,采用上面图例
27	粉刷		本图例点较稀

注：序号1、2、5、7、8、12、14、18、24、25图例中的斜线、短斜线、交叉斜线等一律为45°。

表 1-11 公里沿线构造物编号方法

序号	结构物类型	英文缩写	编号	说　明
1	通道、跨线桥	I	I/N（六边形）	
2	桥梁	Br	B/N（方形）	
3	涵洞	C	C/N（六边形）	表中"N"为序号
4	防护工程	G	G/N（六边形）	
5	线外涵洞	CL、CR	CL/N（六边形）	
6	主线平曲线	L	LN（圆形）	

表 1-12 一般钢筋图例

序号	名　称	图　例	说　明
1	钢筋横断面	●	
2	无弯钩的钢筋端部	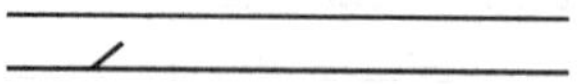	下图表示长短钢筋投影重叠时可在短钢筋的端部用 45°短划线表示
3	带半圆形弯钩的钢筋端部		
4	带直钩的钢筋端部		
5	带丝扣的钢筋端部		
6	无弯钩的钢筋搭接		
7	带半圆弯钩的钢筋搭接		
8	带直钩的钢筋搭接		
9	套管接头（花篮螺丝）	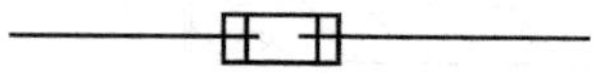	
10	在平面图中配置双层钢筋时，向上或向左的弯钩表示底层钢筋，向上或向右的钢筋表示顶层钢筋	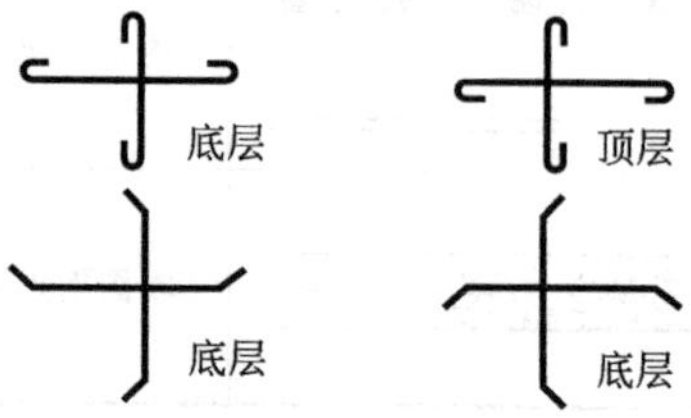 底层　顶层　底层　底层	

序号	名　称	图　例	说　明
11	配双层钢筋的墙体,在配筋立面图中,向上或向左的弯钩表示远面的钢筋,向下或向右的弯钩表示近面钢筋	近面　远面（图） 近面　远面	
12	若在断面图中不能表达清楚的钢筋布置,应在断面图外增加钢筋大样图	（图）　或	

八、常见植物的表示方法

道路不仅仅是连接两地的通道,在很大程度上还是人们公共生活的舞台,尤其是城市道路,不仅是城市人文精神的综合反映,也是一个城市历史文化延续变迁的载体和见证,是一种重要的文化资源,是构成区域文化的灵魂要素。因此,道路绿化成了道路空间的重要景观元素。

道路绿化种类较多,但它们所表现的内容大都是由植物（主要是行道树）、山石、园林小品等基本要素所组成。其常见要素常用不同粗细和疏密的线条（竖线、横线、斜线、交叉线、各种曲线、点和小圈等）加以叠加组合,来表现道路景观的形体轮廓、空间层次、光影变化和材料质感。常用植物图基本笔法见图 1-34。

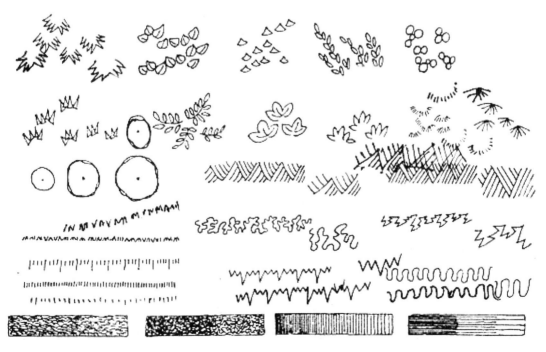

图 1-34　常用植物图基本笔法

1. 行道树的表示法

行道树是指种植在各种道路两侧及分车带的树木，它的分布非常广泛，作用很大，可以补充氧气、净化空气、美化城市、减少噪声等。行道树绿带种植是以行道树为主，与乔木、灌木、地被相结合，形成连接的绿带。行道树的布置主要有间植式、宽带游览式、花坛式、空间开合式和通透式，如图 1-35 所示。

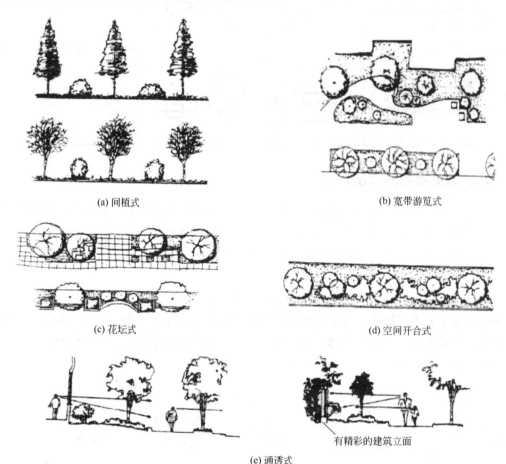

(a) 间植式   (b) 宽带游览式

(c) 花坛式   (d) 空间开合式

有精彩的建筑立面

(e) 通透式

图 1-35　行道树的表示法

2. 山石的表示法

山石应用主要有假山和置石，多用于路边的建筑小品，所用材料有湖石、黄石、青石、石笋等。

假山按材料可分为土山、石山和土石相间的山（土多称土山戴石，石多称石山戴土）；按施工方式可分为筑山（版筑土山）、掇山（用山石掇合成山）、凿山（开凿自然岩石成山）和塑山（传统是用石灰浆塑成的，现代是用水泥、砖、钢丝网等塑成的假山）。假山的组合形态分为山体和水体。山体包括峰、峦、顶、岭、谷、壑、岗、壁、岩、岫、洞、坞、麓、台、磴道和栈道等。

山石的表示法主要是平面图和立面图，一般是用粗线表示其外轮廓，用细线表示内部纹理。画山石常常是大小石穿插，大石间小石或以小石间大石以表现层次，线条的转折要流畅有力，见图 1-36。

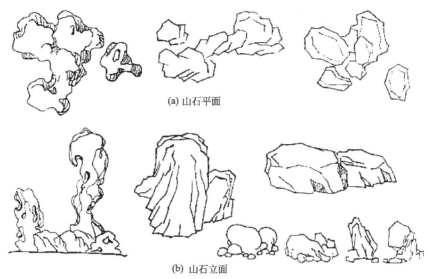

(a) 山石平面

(b) 山石立面

图 1-36　山石的表示法

3. 水体的表示法

道桥中的水面可分为静水和动水。水体的各种造型，能形成不同的景观效果。动态水体主要分为喷水、涌水、瀑布等，可增添道路空间的活跃气氛。静态水体以不同深浅的水池形成平静的水面，增添道路空间的宁静气氛。水体与植物、建筑小品一样，在改善环境小气候、丰富景观、增加视觉层次等方面都有其特有的作用。

为表达水之平静，常用拉长的平行线画水，这些水平线在透视上是近水粗而疏，远水变得细而密，平行线可以断续并留以空白表示受光部分。动水常用网巾线表示，运笔时有规则地扭曲，形成网状，也可用波形短线条来表示动水面，见图 1-37。在平面图上表示水池，最常用的方法是用粗线画水池轮廓，池内画两至三条随水池轮廓的细线（似池底等高线），细线间距不等，线条流畅自然。

图 1-37　水体的表示方法

4. 门洞与景窗的表示法

门洞与景窗也常用于路边的建筑小品中，它们的形式很多，画法比较简单，门洞常见的形式见图 1-38，景窗的常见的形式见图 1-39。

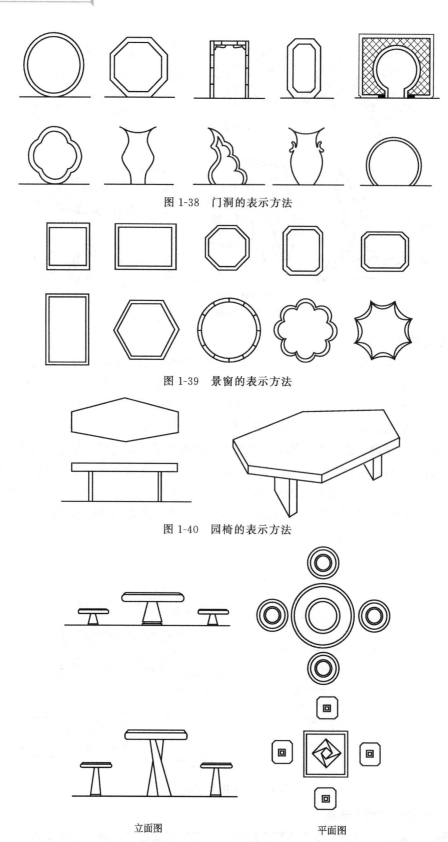

图 1-38 门洞的表示方法

图 1-39 景窗的表示方法

图 1-40 园椅的表示方法

立面图   平面图

图 1-41 园凳、园桌的表示方法

5. 园凳、园椅、园桌的表示法

园凳、园椅是道路景观中分布最广、数量最多的小品，其主要功能是为游人休息、赏景提供停歇处。从功能完善的角度来设计，椅边的植物配置还能起到夏可蔽荫、冬不蔽日的作用。设在落叶大乔木下的园凳、园椅不仅可以带来荫凉，植物高大的树冠也可以作为赏景的"遮光罩"，使透视远景更加明快清晰，使休息者感到空间更加开阔。园凳、园椅、园桌的形状很多，常见的多为长方形、圆形等几何形状。有时园凳、园椅也因地制宜，结合花坛、挡土墙、栏杆、山石等设置。图 1-40、图 1-41 是常见园椅、园凳、园桌的表示法。

第三节　道路交通标志的表示方法及含义

道路养护施工单位在道路上进行养护、维修时，应当按照规定设置规范的安全警示标志和安全防护设施。道路养护施工作业车辆、机械应当安装示警灯，喷涂明显的标志图案，作业时应当开启示警灯和危险报警闪光灯。对未中断交通的施工作业道路，施工单位应协助公安机关交通管理部门维护交通秩序。为了施工工作的顺利和相关人员财产的安全，有必要熟识常见的道路交通标志，通晓它们的含义。

一、道路交通标线

道路交通标线分为指示标线、警告标线、禁止标线。国家标准《道路交通标志和标线》(GB 5768)中规定了道路交通标线的分类、颜色、形状、字符、图形、尺寸等一般要求，以及设计、设置的要求。

道路交通标线是由施划或安装于道路上的各种线条、箭头、文字、图案、立面标记、实体标记、突起路标和轮廓标记等构成的交通设施，它的作用是向道路使用者传递有关道路交通的规则、警告、指引等信息，可以与标志配合使用，也可以单独使用。

道路交通标线的形式、颜色及含义见表 1-13。

表 1-13　道路交通标线的形式、颜色及含义

编号	名称	图　例	含义
1	白色虚线		划于路段中时，用以分隔同向行驶的交通流；划于路口时，用以引导车辆行进
2	白色实线		划于路段中时，用以分隔同向行驶的机动车、机动车和非机动车，或指示车行道的边缘；划于路口时，用作导向车道线或停止线，或用以引导车辆行驶轨迹；划为停车位标线时，指示收费停车位
3	黄色虚线		划于路段中时，用以分隔对向行驶的交通流或作为公交车专用车道线；划于交叉口时，用以告示非机动车禁止驶入的范围或用于连接相邻道路中心线的路口导向线；划于路侧或缘石上时，表示禁止路边长时停放车辆
4	黄色实线		划于路段中时，用以分隔对向行驶的交通流或作为公交车、校车专用停靠站标线；划于路侧或缘石上时，表示禁止路边停放车辆；划为网格线时，标示禁止停车的区域；划为停车位标线时，表示专属停车位

编号	名称	图　例	含　义
5	双白虚线	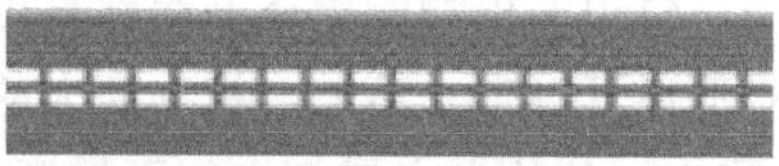	划于路口,作为减速让行线
6	双白实线		划于路口,作为停车让行线
7	白色虚实线		用于指示车辆可临时跨线行驶的车行道边缘,虚线侧允许车辆临时跨越,实线侧禁止车辆跨越
8	双黄实线		划于路段中,用以分隔对向行驶的交通流
9	双黄虚线		划于城市道路路段中,用于指示潮汐车道
10	黄色虚实线	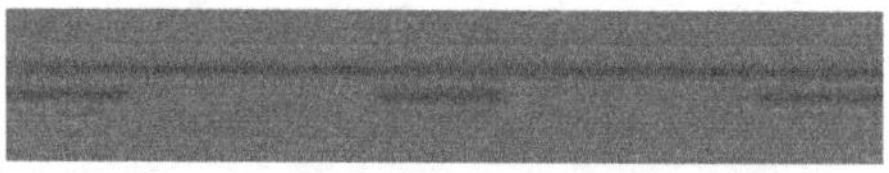	划于路段中时,用以分隔对向行驶的交通流。实线侧禁止车辆越线,虚线侧准许车辆临时越线
11	橙色虚、实线		用于作业区标线
12	蓝色虚、实线		作为非机动车专用道标线;划为停车位标线时,指示免费停车位
13	本部分规定的其他路面线条、图形、图案、文字、符号、凸起路标,轮廓标等		

二、道路交通信号灯

交通信号灯分为机动车信号灯、非机动车信号灯、行人横道信号灯、车道信号灯、方向指示信号灯、闪光警告信号灯、道路与铁路平面交叉道口信号灯,如图1-42所示。

① 机动车信号灯及非机动车信号灯　指导机动车、非机动车通行。绿灯亮时,准许车辆放行;黄灯亮时,已越过停止线的车辆可以继续通行;红灯亮时,禁止车辆通行,但右转弯的车辆在不妨碍被放行的车辆、行人通行的情况下,可以通行。

② 行人横道信号灯　一般设在人流较多的重要交叉路口的人行横道两端,指导行人通行。绿灯亮时,准许行人通过人行横道;红灯亮时,禁止行人进入人行横道,但是已经进入人行横道的,可以继续通过或在道路中心线处停留等候。

(a) 机动车信号灯　　　　(b) 非机动车信号灯　　　　(c) 行人横道信号灯

(d) 车道信号灯　　　　　　　(e) 方向指示信号灯

(f) 闪光警告信号灯　　　　(g) 道路与铁路平面交叉道口信号灯

图 1-42　交通信号灯

③ 车道信号灯　一般安装在需要单独指挥的车道上方，只对该车道行驶的车辆起到指挥作用，其他车道的车辆和行人仍按规定信号行驶。绿色箭头灯亮时，准许本车道按指示方向通行；红色叉形灯或箭头灯亮时，禁止本车道车辆通行。

④ 方向指示信号灯　一般安装在交通繁忙、需要引导交通流的交叉路口，是指挥机动车行驶方向的专用指示信号。信号灯亮的箭头方向向左、向右、向上分别表示左转弯、右转弯和直行。

⑤ 闪光警告信号灯　闪光警告信号灯为持续闪烁的黄灯。一般设在有危险的路口或路段，提示车辆行人通行时注意瞭望，确认安全后通行。

⑥ 道路与铁路平面交叉道口信号灯　两个红灯交替闪烁或者一个红灯亮时，表示禁止车辆、行人通行；红灯熄灭时，表示允许车辆、行人通行。

三、道路交通标志

交通标志分为指示标志、警告标志、禁令标志、指路标志、旅游区标志、道路施工安全标志和辅助标志。

1. 指示标志

指示车辆、行人行进的标志，如图 1-43 所示。

图 1-43 指示标志

2. 警告标志

警告车辆、行人注意危险地点的标志，如图 1-44 所示。

图 1-44 警告标志

3. 禁令标志

禁止或限制车辆行人交通行为的标志，如图 1-45 所示。

4. 指路标志

传递道路方向、地点、距离等信息的标志，如图 1-46 所示。

5. 旅游区标志

提供旅游景点方向、距离等的标志，如图 1-47 所示。

禁止农用运输车通行

禁止某两种车通行

禁止两轮摩托车通行

禁止人力客运三轮车通行

禁止人力车通行

禁止骑自行车下坡

禁止右转弯

禁止直行

禁止向左向右转弯

图 1-45 禁令标志

入口

起点

终点预告

终点提示

终点

下一出口

下一出口

出口编号预告

出口预告

图 1-46 指路标志

6. **道路施工安全标志**

道路施工过程中为施工者或其他人提供注意事项的标志，如图 1-48 所示。

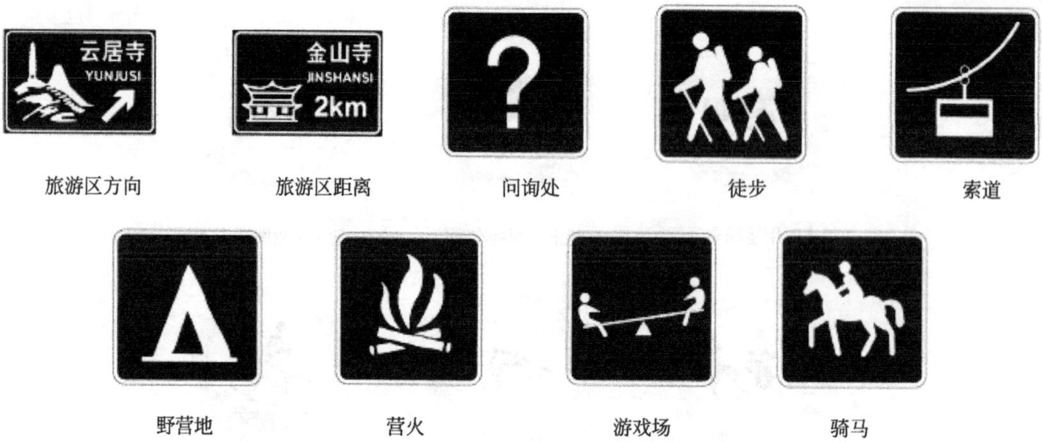

云居寺
YUNJUSI
金山寺
JINSHANSI
2km
旅游区方向
旅游区距离
问询处
徒步
索道
野营地
营火
游戏场
骑马

图 1-47 旅游区标志

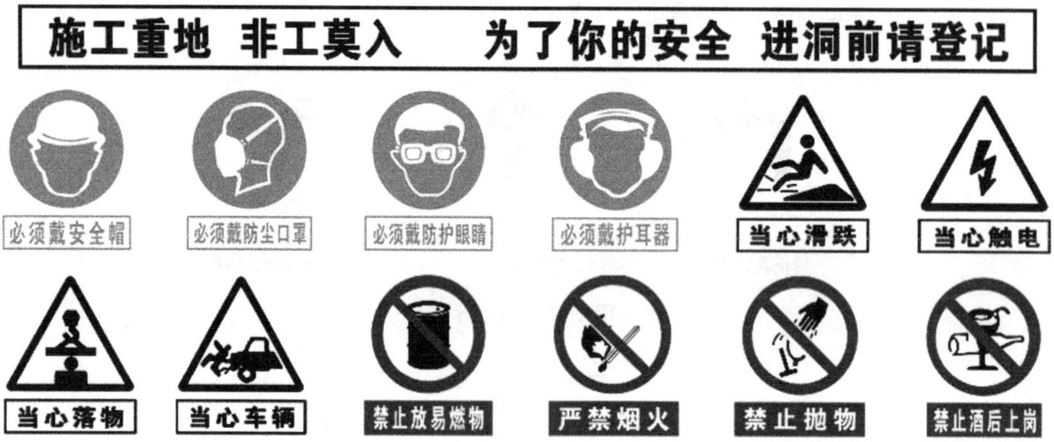

施工重地 非工莫入 为了你的安全 进洞前请登记
必须戴安全帽
必须戴防尘口罩
必须戴防护眼睛
必须戴护耳器
当心滑跌
当心触电
当心落物
当心车辆
禁止放易燃物
严禁烟火
禁止抛物
禁止酒后上岗

图 1-48 道路施工安全标志

7. **辅助标志**

附设在主标识下方，起辅助说明作用的标志，如图 1-49 所示。

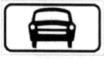

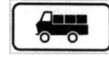

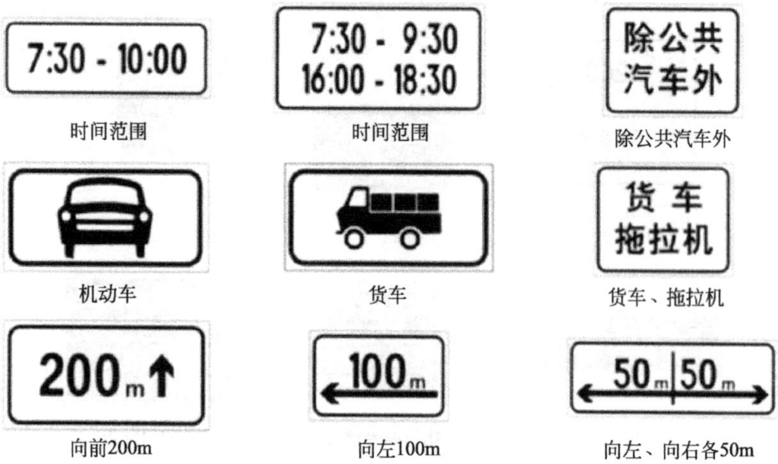

7:30 - 10:00
时间范围
7:30 - 9:30
16:00 - 18:30
时间范围
除公共
汽车外
除公共汽车外
机动车
货车
货 车
拖拉机
货车、拖拉机
200m
向前200m
100m
向左100m
50m 50m
向左、向右各50m

图 1-49 辅助标志

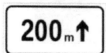

第二章 道桥识图的投影基础

在三维空间中，点、线、面是空间的几何元素，它们没有大小、宽窄、厚薄，由它们构成的空间形状叫做形体。将空间的三维形体转变为平面的二维图形是通过投影法来实现的。

第一节 投影法概述

一、投影法定义

在日常生活中，有一种常见的自然现象：当光线照在物体上时，地面或墙面上必然会产生影子，这就是投影的现象。这种影子只能反映物体的外形轮廓，不能反映内部情况。人们在这种自然现象的基础上，对影子的产生过程进行了科学的抽象，即把光线抽象为投射线，把物体抽象为形体，把地面抽象为投影面，于是就创造出投影的方法。当投射线投射到形体上，就在投影面上得到了形体的投影，这个投影称为投影图，如图 2-1 所示。

投射线、投影面、形体（被投影对象）是产生投影的三要素。

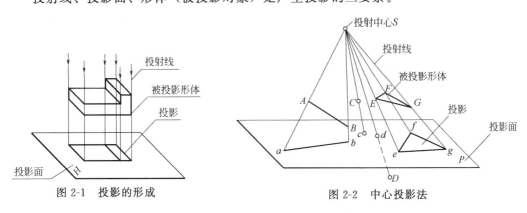

图 2-1　投影的形成　　　　　　图 2-2　中心投影法

如图 2-2 所示，设定平面 P 为投影面，不属于投影面的定点 S（如光源）为投射中心，投射线均由投射中心发出。通过空间点 A 的投射线与投影面 P 相交于点 a，则 a 称作空间点 A 在投影面 P 上的投影。同样，b 也是空间点 B 在投影面 P 上的投影，c 也是空间点 C 在投影面 P 上的投影。

这种按几何法则将空间物体表示在平面上的方法称为投影法。

二、投影法分类

（1）中心投影法

当所有投射线都通过投射中心时，这种对形体进行投影的方法称为中心投影法，如

图 2-2 所示。用中心投影法所得到的投影称为中心投影。由于中心投影法的各投射线对投影面的倾角不同，因而得到的投影与被投影对象在形状和大小上有着比较复杂的关系。

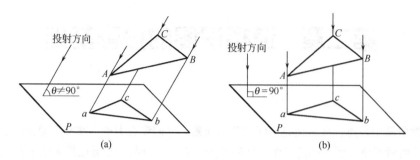

图 2-3 平行投影法

（2）平行投影法

若将投射中心移向无穷远处，则所有的投射线变成互相平行，这种对形体进行投影的方法称为平行投影法，如图 2-3 所示。平行投影法又分为斜投影法和正投影法两种。

① 斜投影法 平行投影法中，当投射线倾斜于投影面时，这种对形体进行投影的方法称为斜投影法，如图 2-3（a）所示。用斜投影法所得到的投影称为斜投影。由于投射线的方向以及投射线与投影面的倾角 θ 有无穷多种情况，故斜投影也可绘出无穷多种；但当投射线的方向和 θ 一定时，其投影是唯一的。

② 正投影法 平行投影法中，当投射线垂直于投影面时，这种对形体进行投影的方法称为正投影法，如图 2-3（b）所示。用正投影法所得到的投影称为正投影。由于平行投影是中心投影的特殊情况，而正投影又是平行投影的特殊情况，因而它的规律性较强，所以工程上把正投影作为工程图的绘图方法。

三、工程上常用的几种投影方法

1. 正投影法

（1）正投影图的形成

用正投影法所绘制的投影图称为正投影图。

① 形体的单面投影图 将形体向一个投影面作正投影所得到的投影图称形体的单面投影图。形体的单面投影图不能反映形体的真实形状和大小，也就是说，根据单面投影图不能唯一确定一个形体的空间形状，如图 2-4 所示。

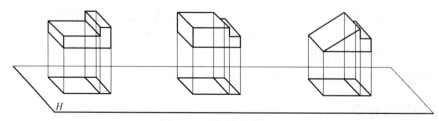

图 2-4 形体的单面投影

② 形体的两面投影图 将形体向互相垂直的两个投影面作正投影所得到的投影图称

形体的两面投影图。根据两个投影面上的投影图来分析空间形体的形状时，有些情况下得到的答案也不是唯一的，如图 2-5 所示。

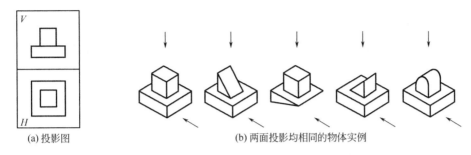

(a) 投影图　　　　　　　　　(b) 两面投影均相同的物体实例

图 2-5　形体的两面投影

　　③ 形体的三面投影图　将形体向互相垂直的三个投影面作正投影所得到的投影图称形体的三面投影图。如图 2-6 （a） 所示，选择三个互相垂直的平面作为投影面，建立了三投影面体系。其中水平放置的投影面称为水平投影面，简称水平面，用字母 H 表示；立在正面的投影面称为正立投影面，简称正面，用字母 V 表示；而立在右侧面的投影面称为侧立投影面，简称侧面，用字母 W 表示。三投影面的交线 OX、OY、OZ 称为投影轴。把被投影的形体放在这三个互相垂直的投影面体系中，并将形体分别向三个投影面作投射。在 H 面上的投影称为水平投影，在 V 面上的投影称为正面投影，在 W 面上的投影称为侧面投影。

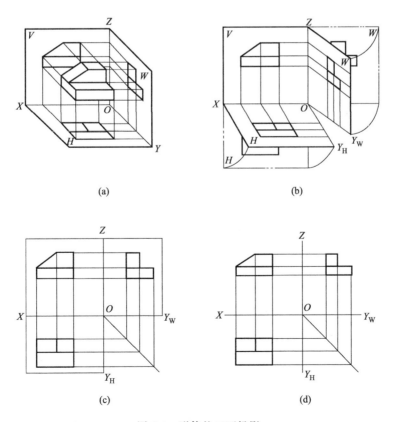

(a)　　　　　　　　　　　　　(b)

(c)　　　　　　　　　　　　　(d)

图 2-6　形体的三面投影

制图标准中规定：形体的可见轮廓线画成粗实线，不可见轮廓线画成虚线。

画投影图时需要把三个投影面展开成一个平面。展开的方法是：正立投影面（V 面）保持不动，水平投影面（H 面）绕 OX 轴向下旋转 $90°$，侧立投影面（W 面）绕 OZ 轴向右旋转 $90°$。此时，OY 轴被一分为二，随 H 面的轴记为 OY_H，随 W 面的轴记为 OY_W，见图 2-6（b）。形体在各投影面上的投影也随其所在的投影面一起旋转，就得到了在同一平面上的三面投影图，见图 2-6（c）。为简化作图，在三面投影图中可以不画投影面的边框和投影轴，投影之间的距离可根据具体情况而定，见图 2-6（d）。

（2）正投影图的特性

① 由图 2-6、图 2-7（b）可以看出，形体的三面投影之间存在着一定的联系：正面投影和水平投影具有相同的长度，正面投影和侧面投影具有相同的高度，水平投影与侧面投影具有相同的宽度。因此，常用"长对正，高平齐，宽相等"概括形体三面投影的规律，简称"三等关系"。上述投影规律对形体的整体尺寸、局部尺寸、每个点都适用。

② 由图 2-7（a）可以看到，空间形体有上、下、左、右、前、后六个方向，它们在三面投影图中也能够准确地反映出来，见图 2-7（c）。在投影图上正确识别形体的方向，是正确识图所必需的。

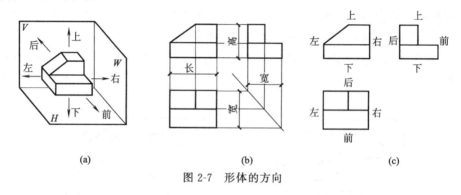

| (a) | (b) | (c) |

图 2-7　形体的方向

正投影图绘图简便，且易于度量，所以在工程上应用最为广泛。这种图示法的缺点是所绘的图形直观性较差，识图时需要几个投影互相对照才能想象出其空间形状，因而没经过专业训练的人不易读懂。

2. 轴测投影法

轴测投影法是一种平行投影法，它是一种单面投影。这一方法是把空间形体连同确定该形体位置的直角坐标系一起沿不平行于任一坐标平面的方向平行地投射到某一投影面上，从而得出其投影图的方法。用此法所绘制的投影图称为轴测投影图，简称轴测图。

如图 2-8（a）所示，就是把一个形体连同所选定的直角坐标体系按投射方向 S 投射到一个称为轴测投影面的平面 P 上，这样，在平面 P 上就得到了一个具有立体感的轴测图；如图 2-8（b）所示就是去掉投影面边框后得到的轴测图。

轴测图虽然能同时反映物体三个方向的形状，但不能同时反映各表面的真实形状和大小，所以度量性较差，绘制不便。轴测图以其良好的直观性，经常用作书籍、产品说明书中的插图或工程图样中的辅助图样。

3. 透视投影法

透视投影法属于中心投影法，而且也是一种单面投影。这一方法是由视点把形体按中

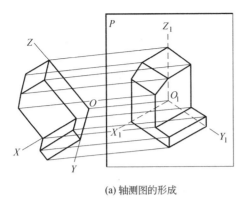
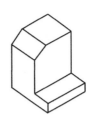

(a) 轴测图的形成　　　　　　　　　　　(b) 形体的轴测图

图 2-8　轴测投影法

心投影法投射到画面上，从而得出该形体投影图的方法。用此法所绘制的投影图称为透视投影图，简称透视图。

图 2-9（a）是一个建筑物透视图的形成过程，而图 2-9（b）则是该建筑物的透视图。

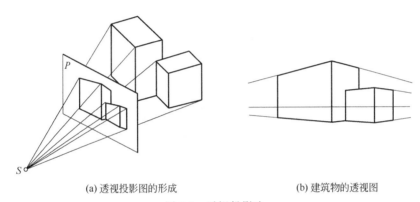

(a) 透视投影图的形成　　　　　　　　　(b) 建筑物的透视图

图 2-9　透视投影法

用透视投影法绘制的图形与人们日常观看物体所得的形象基本一致，符合近大远小的视觉效果。工程中常用此法绘制外部和内部的表现图。但这种方法的手工绘图过程较繁杂，而且根据图形一般不能直接度量。

透视图可分为一点透视（心点透视、平行透视）、两点透视（成角透视）和三点透视。三点透视一般用于表现高大的建筑物或其他大型的产品设备。

透视投影广泛用于工艺美术及宣传广告图样。虽然它直观性强，但由于作图复杂且度量性差，故在工程上只用于土建工程及大型设备的辅助图样。若用计算机绘制透视图，可避免人工作图过程的复杂性。因此，在某些场合广泛地采用透视图，以取其直观性强的优点。

4. 标高投影法

标高投影法也是一种单面投影。这一方法是用一系列不同高度的水平截平面剖切形体，然后依次作出各截面的正投影，并用数字把形体各部分的高度标注在该投影上，该投影图称为标高投影图。

如图 2-10（a）所示，取高差为 10m 的一系列水平面与山峰相交，得到一系列等高线，并将这些曲线投影到水平面上，即为标高投影图，如图 2-10（b）所示。

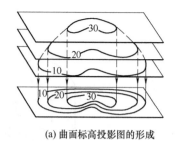
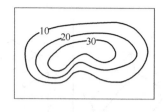

(a) 曲面标高投影图的形成   (b) 曲面的标高投影图

图 2-10　标高投影法

对于不规则且复杂的工程曲面，往往是采用标高投影和正投影结合的方法来表达。标高投影法是绘制地形图和土工结构物的投影图的主要方法。

第二节　点、线、面的投影

一、点的投影

1. 点的三面投影及投影规律

将一空间点 A 置于三投影面体系中，由点 A 分别向 H、V 和 W 面投射，可得到点 A 的水平投影 a、正面投影 a' 和侧面投影 a''。空间点用大写字母表示，例如 A；水平投影用相应的小写字母表示，例如 a；正面投影用相应的小写字母加“'”表示，例如 a'；侧面投影用相应的小写字母加“″”表示，例如 a''，见图 2-11（a）。

将各投影面展开后，得到点 A 的三面投影图，见图 2-11（b）。通常在投影图中不画投影面的边框，见图 2-11（c）。

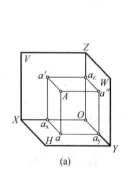
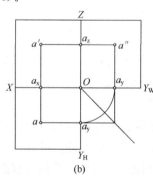
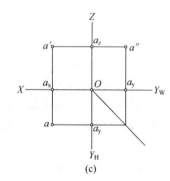

(a)　　　　　　　　　　(b)　　　　　　　　　　(c)

图 2-11　点的三面投影

从图中可见，点的三面投影之间有如下的投影规律：

① 点的正面投影与水平投影的连线垂直于 OX 轴，即 $a'a \perp OX$；

② 点的正面投影与侧面投影的连线垂直于 OZ 轴，即 $a'a'' \perp OZ$；

③ 点的水平投影到 OX 轴的距离，等于其侧面投影到 OZ 轴的距离，即 $aa_x = a''a_z$。

可见，点的投影规律与三面投影的规律“长对正，高平齐，宽相等”是完全一致的。

用作图方法表示 a 与 a'' 的关系时，可以用 $aa_x = a''a_z$；也可以原点 O 为圆心，以 Oa_y 为半径作圆弧求得；或自点 O 作 $45°$ 辅助线求得，见图 2-11（b）。

例 2-1　如图 2-12（a）所示，已知空间点 A 的正面投影 a' 和水平投影 a，求作该点

的侧面投影 a''。

分析：已知点的两面投影求作点的第三面投影，利用的是点的投影规律。本例已知点的正面和水平投影求作侧面投影，要用到"宽相等"，即点到 V 面的距离。共有四种作图方法。

作图步骤：

（1）**方法一**：由 a' 作 OZ 轴的垂线与 OZ 轴交于 a_z，在此垂线上自 a_z 向前量取 $a_z a'' = a a_x$，则得到点 A 的侧面投影 a''，如图 2-12（b）所示。

（2）**方法二**：由 a' 作 OZ 轴的垂线与 OZ 轴交于 a_z，并延长；过 a 作 OY_H 轴垂线与 OY_H 轴相交得 a_y 点；以 O 为圆心，以 Oa_y 长为半径画弧与 OY_W 轴相交得 a_y 点；过 a_y 作 OY_W 轴垂线与过 a' 所作 OZ 轴垂线的延长线相交，即得点 A 的侧面投影 a''，如图 2-12（c）所示。

（3）**方法三**：由 a' 作 OZ 轴的垂线与 OZ 轴交于 a_z，并延长；过 a 作 OY_H 轴垂线与 OY_H 轴相交得 a_y 点；过 a_y 点，作与 OY_H 轴成 $45°$ 直线，与 OY_W 轴相交得 a_y 点；过 a_y 作 OY_W 轴垂线与过 a' 所作 OZ 轴垂线的延长线相交，即得点 A 的侧面投影 a''，如图 2-12（d）所示。

（4）**方法四**：作 $Y_H O Y_W$ 的角平分线（$45°$直线）；过 a' 作 OZ 轴的垂线与 OZ 轴交于 a_z，并延长；过 a 作 OY_H 轴垂线与 OY_H 轴相交于 a_y 点，延长与 $45°$角平分线相交；过交点作 OY_W 轴垂线与 OY_W 轴相交得 a_y 点；过 a_y 作 OY_W 轴垂线与过 a' 所作 OZ 轴垂线的延长线相交，即得点 A 的侧面投影 a''，如图 2-12（e）所示。

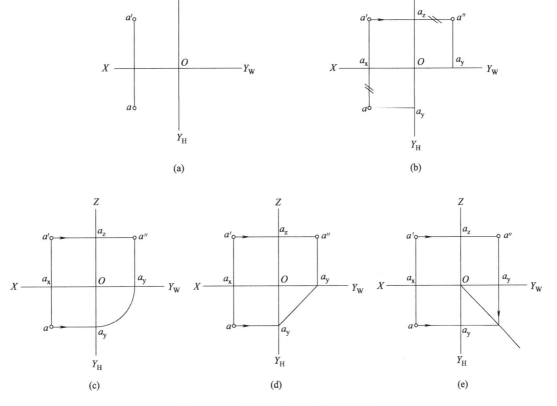

图 2-12　由点的两个投影求作第三投影

2. 投影面和投影轴上点的投影

如图 2-13（a）所示，点 A 在 V 面上，点 B 在 H 面上，点 C 在 W 面上，图 2-13（b）是投影图，从图中可以看出投影面上的点的投影规律：点在所在的投影面上的投影与空间点重合，在另外两个投影面上的投影分别在相应的投影轴上。

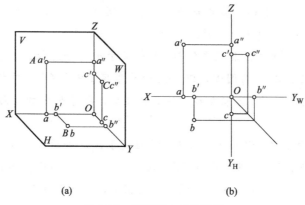

(a)   (b)

图 2-13　投影面上点的投影

如图 2-14（a）所示，点 A 在 OX 轴上，点 B 在 OY 轴上，点 C 在 OZ 轴上，图 2-14（b）是投影图，从图中可以看出投影轴上的点的投影规律：点在包含这条投影轴的两个投影面上的投影与空间点重合，在另一投影面上的投影与投影原点重合。

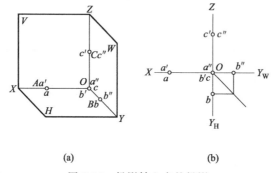

(a)   (b)

图 2-14　投影轴上点的投影

3. 点的投影与坐标的关系

如果把三投影面体系看作空间直角坐标系，即把投影面 H、V、W 视为坐标面，投影轴 OX、OY、OZ 视为坐标轴，则点 A 到三个投影面的距离 Aa''、Aa'、Aa 可用点 A 的三个直角坐标 x_A、y_A 和 z_A 来表示，记为 $A(x_A, y_A, z_A)$，见图 2-15（a）。这样，点 A 的三个投影 a、a' 和 a'' 也可以用坐标来确定，如水平投影 a 可由 x_A 和 y_A 确定，反映了点 A 到 W 面和 V 面的距离；正面投影 a' 可以由 x_A 和 z_A 确定，反映了点 A 到 W 面和 H 面的距离；侧面投影 a'' 可由 y_A 和 z_A 确定，反映了点 A 到 V 面和 H 面的距离。即空间点 A 的三个投影的坐标分别是：$a(x_A, y_A)$、$a'(x_A, z_A)$、$a''(y_A, z_A)$，见图 2-15（b）。

由于点的任意两个投影的坐标值中包含了该点的三个坐标，所以，由点的任意两个投影可以求出该点的第三投影；同样，若给出点的三个坐标，则该点在三投影面体系中的投

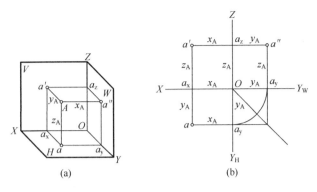

图 2-15　点的投影与坐标的关系

影也是唯一确定的。

4. 两点间的相对位置

两点间的相对位置是指上下、前后、左右的位置关系。V 面投影反映出形体的上下、左右关系；H 面投影反映出形体的左右、前后关系；W 面投影反映出形体的前后、上下关系。由此可见，空间两个点的相对位置，在它们的三面投影中完全可以反映出来。

如图 2-16 所示，将 A、B 两点的投影进行比较，即可分析两点的相对位置。

① 从正面投影及水平投影可以看出，$x_A > x_B$，即点 A 在点 B 左面；

② 从水平投影及侧面投影可以看出，$y_A > y_B$，即点 A 在点 B 前面；

③ 从正面投影及侧面投影可以看出，$z_A < z_B$，即点 A 在点 B 下面。

比较结果是：点 A 在点 B 的左、前、下方。

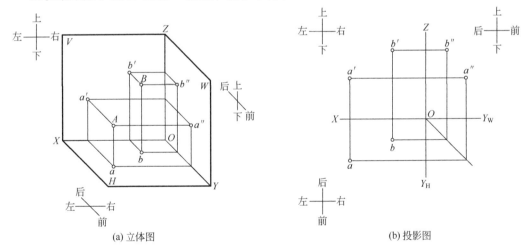

(a) 立体图　　　　　　　　　　　(b) 投影图

图 2-16　两点的相对位置

如果图 2-16 中的 A、B 两点是长方体的两个顶点，如图 2-17（a）所示，那么，这个长方体的尺寸，就是这两点的坐标差：高 $= |z_A - z_B|$；长 $= |x_A - x_B|$；宽 $= |y_A - y_B|$。

只要保持坐标差数值不变，改变长方体与投影面的距离，并不影响长方体的尺寸，如图 2-17（b）所示，所以画图时可以不画投影轴，如图 2-17（c）所示。不设投影轴的投影图称为无轴投影图。

画形体的三面投影时，往往都是利用相对坐标作图，因此，工程中所绘制的投影图基

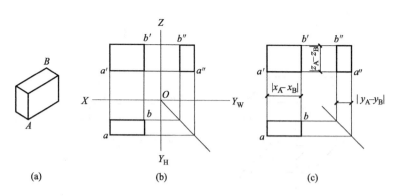

图 2-17　长方体中两点的相对位置

本上都是使用这种无轴投影图。

根据点的三面投影规律，以及空间点的相对位置，可以进一步了解为什么形体的三个投影会保持"长对正，高平齐，宽相等"的投影规律。

5. 重影点及其可见性

在某一投影面上投影重合的两个点，称为该投影面的重影点。见图 2-18 (a)，A、B 两点的 x、z 坐标相等，而 y 坐标不等，则它们的正面投影重合为一点，所以 A、B 两个点就是 V 面的重影点。同理，C、D 两点的水平投影重合为一点，所以 C、D 两个点就是 H 面的重影点。

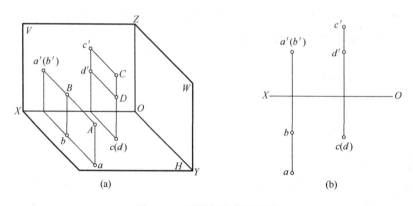

图 2-18　重影点及其可见性

在投影图中往往需要判断并标明重影点的可见性。如 A、B 两点向 V 面投射时，由于点 A 的 y 坐标大于点 B 的 y 坐标，即点 A 在点 B 的前方，所以，点 A 的 V 面投影 a' 可见，点 B 的 V 面投影 b' 不可见。通常在不可见的投影标记上加括号表示。见图 2-18 (b)，A、B 两点的 V 面投影为 a' (b')。同理，图 2-18 (a) 中的 C、D 两点是 H 面的重影点，其 H 面的投影为 c (d)，见图 2-18 (b)。由于点 C 的 z 坐标大于点 D 的 z 坐标，即点 C 在点 D 的上方，故点 C 的 H 面投影 c 可见，点 D 的 H 面投影 d 不可见，其 H 面投影为 c (d)。

由此可见，当空间两点有两对坐标对应相等时，则此两点一定为某一投影面的重影点；而重影点的可见性是由不相等的那个坐标决定的：坐标大的投影为可见，坐标小的投影为不可见。重影点在立体表面的应用见表 2-1。

表 2-1 重影点在立体表面的应用

名称	水平重影点	正面重影点	侧面重影点
形体表面上的点	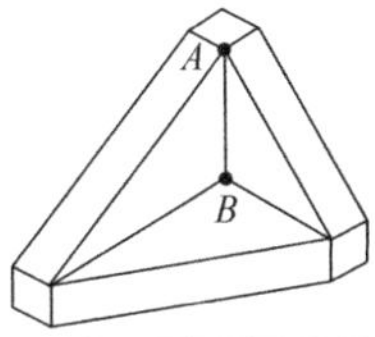	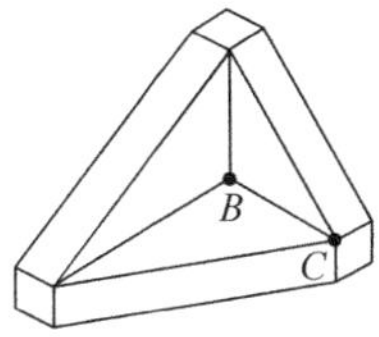	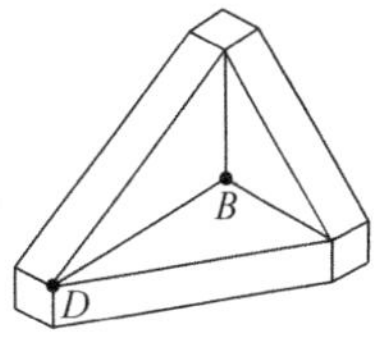
立体图	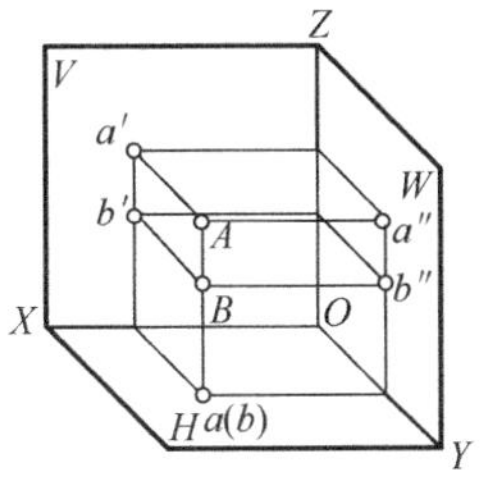	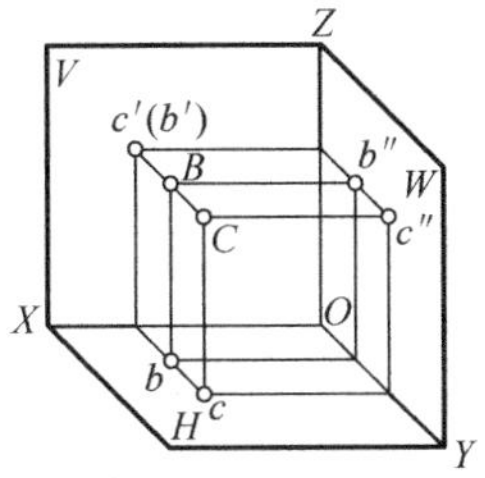	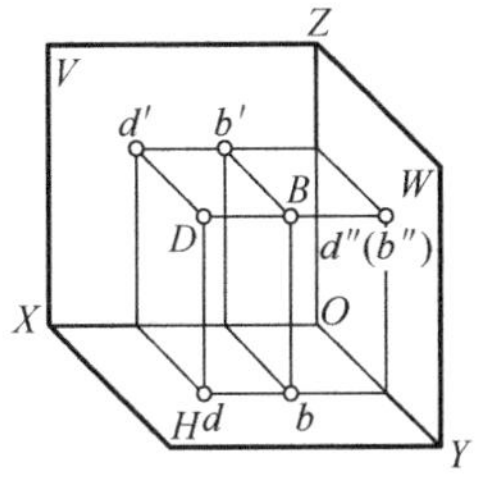
投影图	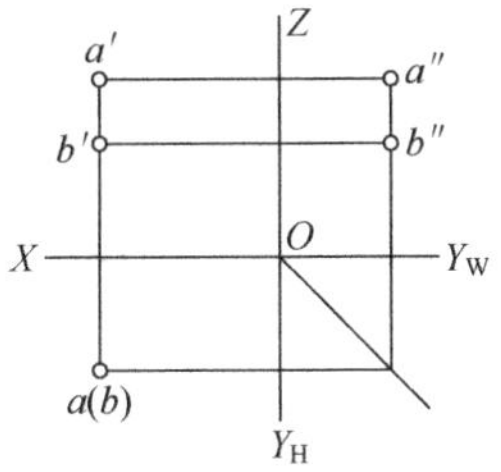	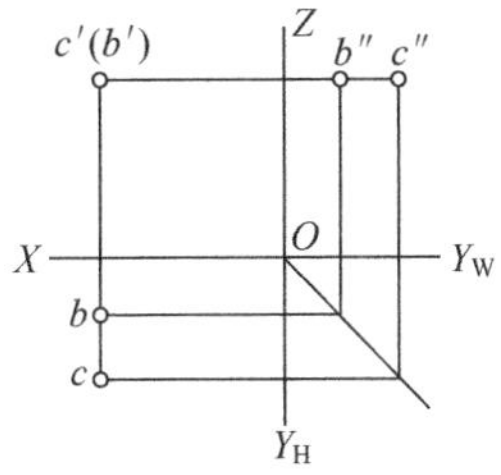	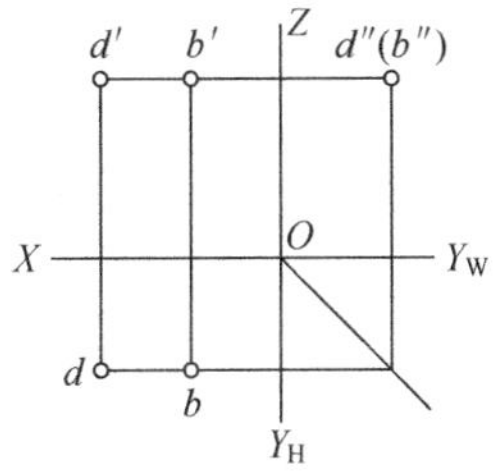
投影特性	1. 正面投影和侧面投影反映两点的上下位置,上面一点可见,下面一点不可见 2. 两点水平投影重合,不可见的点 B 的水平投影用(b)表示	1. 水平投影和侧面投影反映两点的前后位置,前面一点可见,后面一点不可见 2. 两点正面投影重合,不可见的点 B 的正面投影用(b')表示	1. 水平投影和正面投影反映两点的左右位置,左面一点可见,右面一点不可见 2. 两点侧面投影重合,不可见的点 B 的侧面投影用(b'')表示

二、直线的投影

直线通常用线段来表示,在不考虑线段本身的长度时,也常把线段称为直线。直线的投影一般仍为直线,特殊情况投影为点,如图 2-19(a)所示。从几何学得知,直线的空间位置可以由直线上任意两点的位置来确定。因此,直线的投影可以由直线上两点在同一投影面上的投影(称为同面投影)相连而得。例如,要作出直线 AB 的三面投影,可以首先作出直线两端点 A 和 B 的三面投影 a、a'、a'' 和 b、b'、b'',见图 2-19(b),然后将其同面投影相连,即得到直线 AB 的三面投影 ab、$a'b'$、$a''b''$,一般画成粗实线,见图 2-19(c)。

直线按其与投影面相对位置的不同,可以分为一般位置直线、投影面平行线和投影面垂直线,后两种直线统称为特殊位置直线。

1. 一般位置直线

同时倾斜于三个投影面的直线称为一般位置直线。空间直线与投影面之间的夹角称为直线对投影面的倾角。直线对 H 面的倾角用 α 表示,直线对 V 面的倾角用 β 表示,直线对 W 面的倾角用 γ 表示。一般位置直线的投影与投影轴之间的夹角不反映 α、β、γ 的真实大小,见图 2-20。

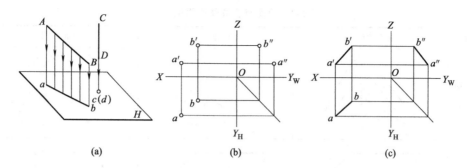

图 2-19 直线的投影

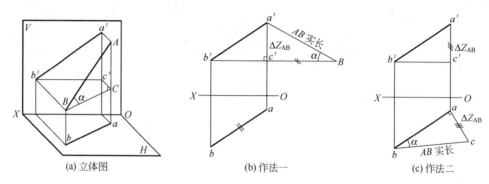

图 2-20 一般位置直线的实长与倾角

一般位置直线的投影特点如下。

① 一般位置直线的三个投影均为直线，而且投影长度都小于线段的实长。

② 一般位置直线的三个投影都倾斜于投影轴，且与投影轴的夹角均不反映空间直线与投影面倾角的真实大小。

一般位置直线的投影不反映线段的真实长度，也不反映它对各投影面的倾角的真实大小。但是，如果已知直线的两个投影，就可以在投影图上作出线段的实长及其对各投影面的倾角。工程上常用的方法是直角三角形法，见图 2-21。

在直角三角形中有四个参数：投影、坐标差、实长、倾角，它们之间的关系如图 2-21 所示。利用线段的任意一个投影和相应的坐标差，均可求出线段的实长；但所用投影不同（H 面、V 面、W 面投影），则求得的倾角亦不同（对应的倾角分别为 α、β、γ）。

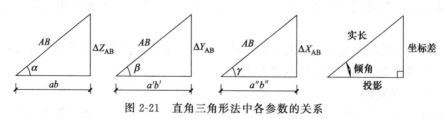

图 2-21 直角三角形法中各参数的关系

上述利用作直角三角形求线段实长和倾角的作图要领归纳如下：

① 以线段在某投影面上的投影长为一直角边；

② 以线段的两端点相对于该投影面的坐标差为另一直角边（该坐标差可在线段的另

一投影上量得）；

③ 所作直角三角形的斜边即为线段的实长；

④ 斜边与线段投影的夹角为线段对该投影面的倾角。

2. 投影面平行线

平行于一个投影面，同时倾斜于另两个投影面的直线，称为投影面平行线。平行于水平投影面的直线称为水平线；平行于正立投影面的直线称为正平线；平行于侧立投影面的直线称为侧平线。投影面平行线的投影特性见表2-2。

表2-2 投影面平行线的投影特性

名　　称	水　平　线	正　平　线	侧　平　线
形体表面上的线			
立体图			
投影图			
投影特性	1. $ab=AB$ 2. $a'b'//OX$；$a''b''//OY_W$ 3. ab 与 OX 所成的 β 角等于 AB 与 V 面所成的倾角；ab 与 OY_H 所成的 γ 角等于 AB 与 W 面所成的倾角	1. $c'd'=CD$ 2. $cd//OX$；$c''d''//OZ$ 3. $c'd'$ 与 OX 所成的 α 角等于 CD 与 H 面的倾角；$c'd'$ 与 OZ 所成的 γ 角等于 CD 与 W 面的倾角	1. $e''f''=EF$ 2. $e'f'//OZ$；$ef//OY_H$ 3. $e''f''$ 与 OY_W 所成的 α 角等于 EF 与 H 面的倾角；$e''f''$ 与 OZ 所成的 β 角等于 EF 与 V 面的倾角
共性	1. 直线在其所平行投影面的投影反映直线的实长（显实性），该投影与相应投影轴的夹角反映直线与另外两个投影面的倾角 2. 直线在另外两个投影面的投影平行于该直线所平行投影面的坐标轴，且均小于直线的实长		

3. 投影面垂直线

垂直于某一投影面，同时平行于另两个投影面的直线，称为投影面垂直线。垂直于水平投影面的直线称为铅垂线；垂直于正立投影面的直线称为正垂线；垂直于侧立投影面的直线称为侧垂线。投影面垂直线的投影特性见表 2-3。

表 2-3　投影面垂直线的投影特性

名　称	铅　垂　线	正　垂　线	侧　垂　线
形体表面上的线			
立体图			
投影图			
投影特性	1. $a(b)$ 积聚为一点 2. $a'b' \perp OX$，$a''b'' \perp OY_W$ 3. $a'b' = a''b'' = AB$	1. $c'(b')$ 积聚为一点 2. $cb \perp OX$，$c''b'' \perp OZ$ 3. $cb = c''b'' = CB$	1. $d''(b'')$ 积聚为一点 2. $db \perp OY_H$，$d'b' \perp OZ$ 3. $db = d'b' = DB$
共性	1. 直线在其所垂直的投影面的投影积聚为一点（积聚性） 2. 直线在另外两个投影面的投影反映直线的实长（显实性），并且垂直于相应的投影轴		

应该注意投影面平行线与投影面垂直线两者之间的区别。例如，铅垂线垂直于 H 面，且同时平行于 V 面和 W 面，但该直线不能称为正平线或侧平线，而只能称为铅垂线。

空间两直线的相对位置关系有平行、相交和交叉三种情况。

三、平面的投影

1. 平面的表示法

平面的空间位置可以用确定该平面的几何元素的投影来确定和表示，常见有五种形式，见图 2-22。

① 不在同一直线上的三点，见图 2-22（a）；

② 一直线和直线外一点，见图 2-22（b）；

③ 两相交直线，见图 2-22（c）；

④ 两平行直线，见图 2-22（d）；

⑤ 任意一平面图形，见图 2-22（e）。

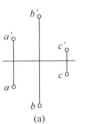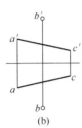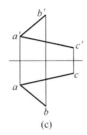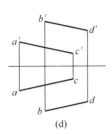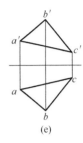

| (a) | (b) | (c) | (d) | (e) |

图 2-22　平面的表示法

平面按其对投影面相对位置的不同，分为一般位置平面、投影面平行面和投影面垂直面，后两种平面统称为特殊位置平面。

2. 一般位置平面

对三个投影面都倾斜的平面，称为一般位置平面，见图 2-23。

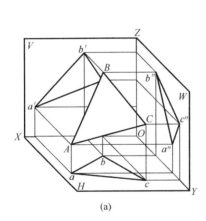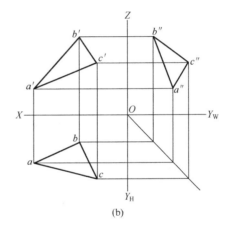

| (a) | (b) |

图 2-23　一般位置平面的投影

一般位置平面的投影特点：它的三个投影既不反映实形，也不积聚为一直线，而只具有与其空间形状的类似性。

3. 投影面平行面

平行于某一投影面，称为投影面平行面。平行于水平投影面的平面称为水平面；平行于正立投影面的平面称为正平面；平行于侧立投影面的平面称为侧平面。投影面平行面的投影特性见表 2-4。

表 2-4　投影面平行面的投影特性

名　称	水　平　面	正　平　面	侧　平　面
形体表面上的面			

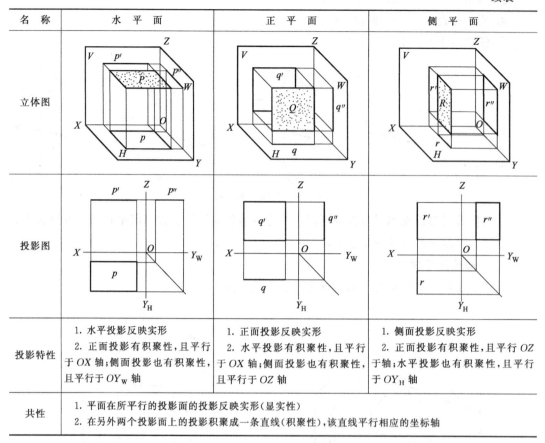

名　称	水　平　面	正　平　面	侧　平　面
立体图			
投影图			
投影特性	1. 水平投影反映实形 2. 正面投影有积聚性,且平行于 OX 轴;侧面投影也有积聚性,且平行于 OY_W 轴	1. 正面投影反映实形 2. 水平投影有积聚性,且平行于 OX 轴;侧面投影也有积聚性,且平行于 OZ 轴	1. 侧面投影反映实形 2. 正面投影有积聚性,且平行 OZ 于轴;水平投影也有积聚性,且平行于 OY_H 轴
共性	1. 平面在所平行的投影面的投影反映实形(显实性) 2. 在另外两个投影面上的投影积聚成一条直线(积聚性),该直线平行相应的坐标轴		

4. 投影面垂直面

垂直于某一投影面,同时倾斜于另两个投影面的平面,称为投影面垂直面。垂直于水平投影面的平面称为铅垂面;垂直于正立投影面的平面称为正垂面;垂直于侧立投影面的平面称为侧垂面。投影面垂直面的投影特性见表 2-5。

表 2-5　投影面垂直面的投影特性

名　称	铅　垂　面	正　垂　面	侧　垂　面
形体表面上的面			
立体图			

续表

名 称	铅 垂 面	正 垂 面	侧 垂 面
投影图	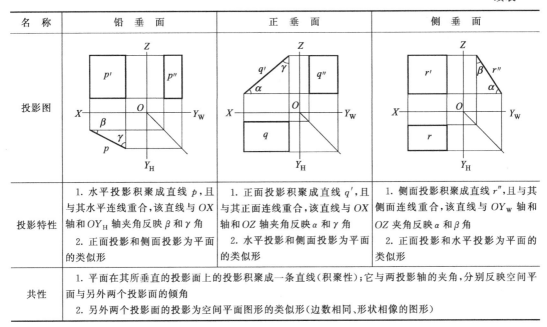		
投影特性	1. 水平投影积聚成直线 p，且与其水平连线重合，该直线与 OX 轴和 OY_H 轴夹角反映 β 和 γ 角 2. 正面投影和侧面投影为平面的类似形	1. 正面投影积聚成直线 q'，且与其正面连线重合，该直线与 OX 轴和 OZ 轴夹角反映 α 和 γ 角 2. 水平投影和侧面投影为平面的类似形	1. 侧面投影积聚成直线 r''，且与其侧面连线重合，该直线与 OY_W 轴和 OZ 夹角反映 α 和 β 角 2. 正面投影和水平投影为平面的类似形
共性	1. 平面在其所垂直的投影面上的投影积聚成一条直线（积聚性）；它与两投影轴的夹角，分别反映空间平面与另外两个投影面的倾角 2. 另外两个投影面的投影为空间平面图形的类似形（边数相同、形状相像的图形）		

直线与平面、平面与平面的相对位置关系有平行、相交（包括垂直）两种。

第三节　立体的投影

一、基本几何体

道桥工程中的形体，不管它的构造多么复杂，都可以看作是由若干基本几何体按一定的方式组合而成的。这些简单的立体称为基本几何体，常见的基本几何体有平面立体和曲面立体两类。

1. 平面立体的投影

表面由平面所围成的立体称为平面立体。在建筑工程中，建筑物以及组成建筑物的构配件大多是平面立体，如梁、板、柱等。平面立体的形状多种多样，最常见的有棱柱和棱锥。

（1）棱柱的投影

棱柱的表面由棱面和上下两个底面组成。底面通常为多边形，相邻两棱面的交线为棱线，且棱线互相平行。按棱线的数目可分为三棱柱、四棱柱等。棱线垂直于底面的棱柱称为直棱柱，棱线倾斜于底面的棱柱称为斜棱柱。

如图 2-24 所示为直六棱柱的直观图和投影图。此直六棱柱的上、下两底面均为水平面，它们的水平投影重合并反映实形，正面及侧面投影积聚为两条相互平行的直线。六个棱面中的前、后两个为正平面，它们的正面投影反映实形，水平投影及侧面投影积聚为一直线。其他四个棱面均为铅垂面，其水平投影均积聚为直线，正面投影和侧面投影均为其空间类似形。

正棱柱的投影特征：当棱柱的底面平行于某一个投影面时，则棱柱在该投影面上投影的外轮廓为与其底面全等的正多边形，而另外两个投影则由若干个相邻的矩形线框所组成。

为保证六棱柱投影间的对应关系，三面投影图必须保证：正面投影和水平投影长对正，正面投影和侧面投影高平齐，水平投影和侧面投影宽相等的"三等关系"。

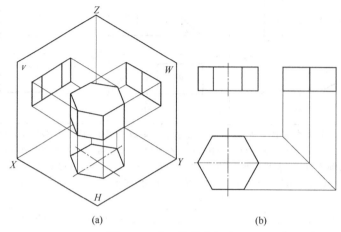

(a)　　　　　　　　　　　(b)

图 2-24　直六棱柱的投影

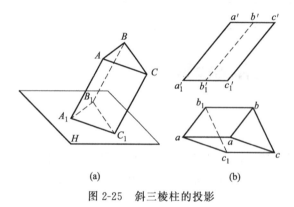

(a)　　　　　　(b)

图 2-25　斜三棱柱的投影

图 2-25 为斜三棱柱的直观图和投影图。斜三棱柱的上下两个底面为互相平行的水平面，三个棱面均为一般位置面，三条棱线为正平线，与上下底面倾斜。

棱柱在道桥工程中的应用如图 2-26 所示。

（2）棱锥的投影

棱锥由一个多边形的底面和侧棱线交于锥顶的平面组成。棱锥的侧棱面均为三角形平面，棱锥有几条侧棱线就称为几棱锥。如图 2-27（a）所示为一正三棱锥，它的表面由一个底面（正三角形）和三个侧棱面（等腰三角形）围成，设将其放置成底面与水平投影面平行，并有一个棱面垂直于侧投影面。把正三棱锥向三个投影面作正投影，如图 2-27（b）所示为三棱锥的三面投影图。

图 2-26　棱柱在道桥工程中的应用

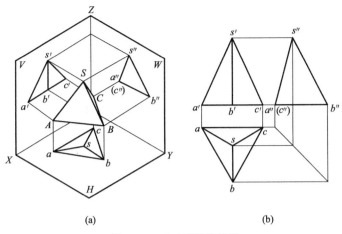

(a)　　　　　　　　　　　(b)

图 2-27　正三棱锥的投影

　　由于锥底面△ABC 为水平面，所以它的水平投影反映实形，正面投影和侧面投影分别积聚为直线段 $a'b'c'$ 和 $a''(c'')b''$。棱面△SAC 为侧垂面，它的侧面投影积聚为一段斜线 $s''a''(c'')$，正面投影和水平投影为类似形△$s'a'c'$ 和△sac，前者为不可见，后者可见。棱面△SAB 和△SBC 均为一般位置平面，它们的三面投影均为类似形。

　　棱线 SB 为侧平线，棱线 SA、SC 为一般位置直线，棱线 AC 为侧垂线，棱线 AB、BC 为水平线。

　　如图 2-28 所示为斜三棱锥的直观图和投影图。此斜三棱锥的底面为水平面，三个棱面为一般位置平面。

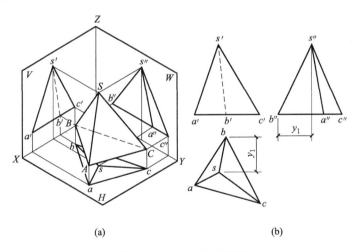

(a)　　　　　　　　　　　(b)

图 2-28　斜三棱锥的投影

　　平面立体的投影实质上是围成平面立体各表面的投影。作投影时，应先作出平面立体的底面的投影，然后作出各棱面的投影。由于各棱面又是由棱线与底边组成，而这些棱线和底边是分别交于棱柱体的不同顶点的，因此作棱面的投影也就是棱柱体上顶点对应的连线。

　　棱锥在道桥工程中的应用如图 2-29 所示。

2. 曲面立体的投影

道桥工程中的护坡、桥墩、洞体以及常见的设备管道等大都是曲面立体。曲面立体指

图 2-29　棱锥在道桥工程中的应用

立体表面由曲面或曲面和平面所围成的立体。在工程实践中，曲面可看作由一动线在空间连续运动所经过位置的总和。

（1）曲面的形成和分类

① 形成　形成曲面的动线叫作曲面的母线，曲面在形成过程中，母线运动的限制条件称为运动的约束条件。约束条件可以是直线或曲线（称为导线），也可以是平面（称为导平面），母线在平面上任一位置时，称为素线。因此曲面也可以看作是素线的集合。

如图 2-30（a）所示，直母线沿着曲导线运动，并始终平行于空间一条直导线，形成了柱面；如图 2-30（b）所示，直母线沿着曲导线运动，并始终通过定点 S，形成了锥面；如图 2-30（c）所示，直母线绕旋转轴旋转一周形成了圆柱面；如图 2-30（d）所示，曲母线绕旋转轴旋转一周形成了花瓶状曲面。如图 2-30（d）所示：由曲线旋转生成的旋转面，母线称为旋转面上的经线或子午线；母线上任一点的运动轨迹为圆，称为纬线或纬圆；纬圆所在的平面一定垂直于旋转轴。旋转面上较两侧相邻纬圆都小的纬圆称为喉圆，较两侧相邻纬圆都大的纬圆称为赤道圆，简称赤道。

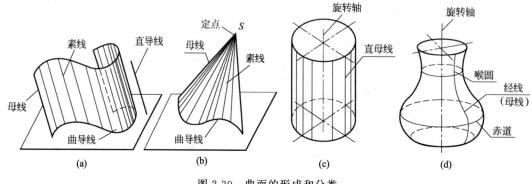

图 2-30　曲面的形成和分类

② 分类

a. 据运动方式不同曲面可分为回转面和非回转面。回转面是由母线绕轴（中心轴）旋转而形成（如圆柱面、圆锥面、球面等）；非回转面是母线根据其他约束条件（如沿曲线移动等）而形成（如双曲抛物面、平螺旋面等）。

b. 根据母线形状不同曲面可分为直线面和曲线面。凡由直母线运动而形成的曲面是直线面（如圆柱面、圆锥面等）；由曲母线运动而形成的曲面是曲线面（如球面、圆环面等）。

c. 根据母线运动规律不同曲面可分为规则曲面和不规则曲面。母线有规律地运动形成规则曲面；不规则运动形成不规则曲面。

③ 曲面的表示法　曲面的表示与平面相似，只要画出形成曲面几何元素的投影，如：母线、定点、导线、导平面等的投影，曲面就确定了。为了表示得更清楚，曲面还要绘出曲面的边界线和曲面外形轮廓线（轮廓线可能是边界线的投影），有时还需要画出一系列素线的投影。

道桥工程中常见的曲面立体是回转体，如圆柱、圆锥、球和环等。

（2）圆柱的投影

圆柱是由圆柱面和两个圆平面所围成的立体。圆柱面可看成是由一条直母线绕与其平行的轴线旋转一周所形成的，母线上两端点的运动轨迹为两个等径的圆，即为圆柱上下两底面圆的圆周。

如图 2-31 所示为圆柱的直观图和投影图。圆柱的轴线为铅垂线，圆柱上、下两底面圆均为水平面，圆柱面上所有素线与其轴线平行，均为铅垂线。图中单点长画线表示圆柱轴线的投影。

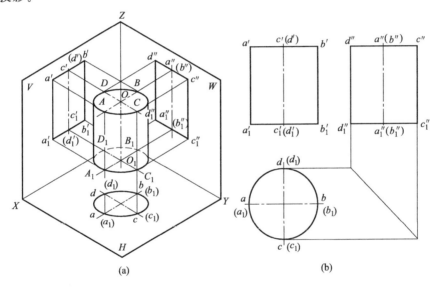

图 2-31　圆柱的投影

圆柱在道桥工程中有着广泛的应用，如图 2-32 所示。

图 2-32　圆柱在道桥工程中的应用

（3）圆锥的投影

圆锥是由圆锥面和一个底面圆围成的立体。圆锥面可看成是一条直母线绕与其相交的轴线旋转所形成的曲面。母线与轴线相交点即为圆锥面顶点，母线另一端运动轨迹为圆锥底面圆的圆周。

如图 2-33 所示为圆锥的直观图和投影图。圆锥的轴线铅垂放置，则圆锥的底面为水平面，圆锥面上所有素线与水平面的倾角均相等。

如图 2-34 所示为圆锥在道桥工程中的应用。

（4）圆球的投影

圆球是由圆球面围成的立体。圆球面可看成是母线圆绕其直径旋转所形成的曲面。

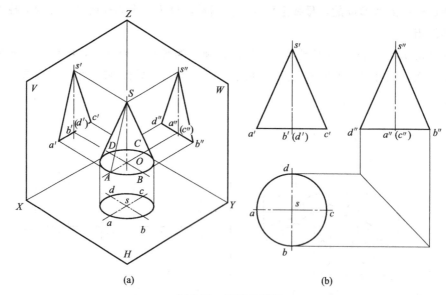

图 2-33　圆锥的投影

图 2-34　圆锥在道桥工程中的应用

如图 2-35 所示为圆球的直观图和投影图。圆球的三个投影均为等径的圆，是圆球在三个投影方向上球面转向轮廓线的投影。

如图 2-36 所示为圆球在道桥工程中的应用。

（5）圆环的投影

圆环是由圆环面围成的。圆环面可看成是母线圆绕圆外且与圆平面共面的轴线旋转所

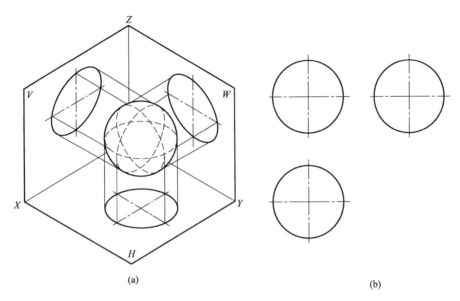

(a)　　　　　　　　　　　　　　　　(b)

图 2-35　圆球的投影

图 2-36　圆球在道桥工程中的应用

形成的曲面。

如图 2-37 所示为圆环的直观图和投影图。圆环的轴线为铅垂线，母线圆上外半圆弧绕轴线旋转形成内环面，内半圆弧绕轴线旋转形成内环面。母线的上半圆弧、下半圆弧旋转形成上半环面、下半环面。

曲面可看成是母线运动后的轨迹，也是曲面上所有素线的集合。曲面立体的投影实质上是曲面立体表面上曲面轮廓素线或曲面轮廓素线和平面的投影。工程中还会用到由柱状面、锥状面、双曲抛物面、螺旋面等曲面组成的曲面立体。

其他曲面体在道桥工程中的应用如图 2-38 所示。

二、切割体

被平面截切后的立体称为切割体，如图 2-39（a）所示。截切立体所用的平面称为截平面，截平面与立体表面的交线称为截交线，如图 2-39（b）所示。立体截交线的形状取决于立体表面的性质和截平面与立体间的相对位置。

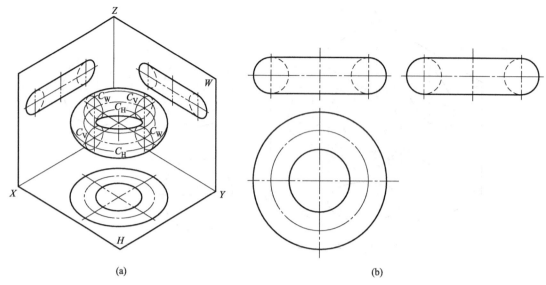

图 2-37 圆环的投影

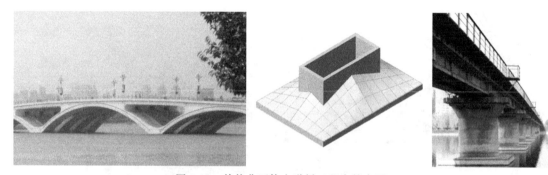

图 2-38 其他曲面体在道桥工程中的应用

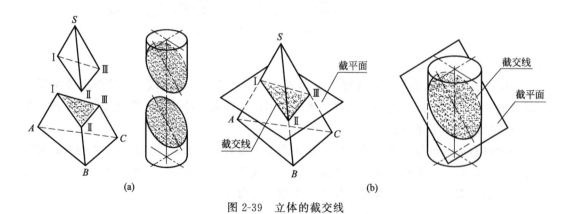

图 2-39 立体的截交线

1. 平面立体的截交线

平面立体截交线的形状是由直线段组成的平面多边形。多边形的顶点为平面立体上棱线（或底边）与截平面的交点，各条边是平面立体上参与相交的各棱面（或底面）与截平面的交线。求解平面与平面立体的截交线问题，实质上是求平面与平面立体上各表面的交线或求平面与平面立体上各棱线交点的集合问题。

例 2-2　如图 2-40 (a) 所示，求作切口五棱柱的正面投影和水平投影。

分析：从侧面投影可以看出，五棱柱上的切口是被一个正平面 P 和一个侧垂面 Q 所截切，将五棱柱的右上角切去一部分。截交线的侧面投影与 P_W 和 Q_W 平面积聚投影重合，两截平面交于一条直线。正平面 P 与五棱柱截交线的正面投影为矩形实形，水平投影积聚成一条直线段；侧垂面 Q 与五棱柱截交线的正面投影和水平投影均为与空间形状类似的五边形。

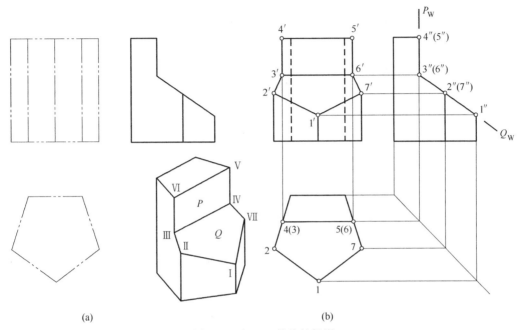

(a) (b)

图 2-40　切口五棱柱的投影

作图步骤：

(1) 在五棱柱的侧面投影切口处，标出切口的各交点：$1''$、$2''(7'')$、$3''(6'')$、$4''(5'')$，如图 2-40 (b) 左视图所示。

(2) 根据棱柱表面的积聚性，找出各交点的水平投影：1、2、4 (3)、5 (6)、7 (其中 3456 积聚成了线段)，如图 2-40 (b) 俯视图所示。

(3) 根据交点的水平投影和侧面投影，利用点的投影规律，作出各交点的正面投影：$1'$、$2'$、$3'$、$4'$、$5'$、$6'$、$7'$，如图 2-40 (b) 主视图所示。

(4) 依次连接正面投影中各点即得截交线的正面投影 (其中 $3'4'5'6'$ 是矩形的实形，$1'2'3'6'7'$ 为与空间形状类似的五边形)，连接过程中注意判断可见性，截交线正面投影可见，故连成实线，如图 2-40 (b) 主视图所示。

(5) 补全其他轮廓线，完成五棱柱切口体的投影，如图 2-40 (b) 所示。

例 2-3　如图 2-41 (a) 所示，求作四棱柱被穿三棱柱形通孔后的侧面投影和水平投影。

分析：从正面投影可以看出，四棱柱上的通孔是被两个正垂面和一个水平面所截切而成。水平面与四棱柱截交线的水平投影为六边形实形，正面投影和侧面投影积聚为一条直线段；正垂面与四棱柱截交线的侧面投影和水平投影均为与空间形状类似的四边形。

作图步骤：

(1) 补形：根据主、俯视图用细实线作出完整四棱柱的侧面投影。

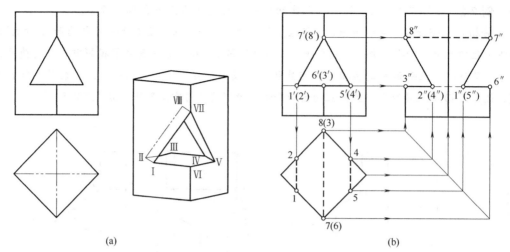

图 2-41　四棱柱穿孔体的投影

（2）求解：

① 在四棱柱的正面投影切口处，标出切口的各交点，如图 2-41（b）主视图所示。

② 根据棱柱表面的积聚性，找出各交点的水平投影，注意不可见的线画成虚线，如图 2-41（b）俯视图所示。

③ 根据交点的水平投影和侧面投影，利用点的投影规律，作出各交点的侧面投影，如图 2-41（b）左视图所示。

（3）连线并判断可见性：依次连接侧面投影中各点即得截交线的侧面投影（其中 7″8″1″2″ 和 7″8″4″5″ 为与空间形状类似的对称四边形），连接过程中注意判断可见性，截交线侧面投影不可见，故连成虚线，如图 2-41（b）左视图所示。

（4）整理轮廓线：补全其他轮廓线，完成四棱柱穿孔体的投影，四棱柱的左侧棱线侧面投影可见，应画成实线，右侧棱线侧面投影不可见，应画成虚线，虚线与实线重合画实线，如图 2-41（b）所示。

例 2-4　如图 2-42（a）所示，完成五棱锥被平面 P、Q 截切后的水平投影和侧面投影。

分析：截平面 P 与五棱锥四个棱面相交，故其截交线为空间五边形。截平面 Q 与五棱锥底面平行，与其四个棱面相交，截交线为空间五边形。

作图步骤：

（1）补形：用细实线作出五棱锥的侧面投影。

（2）求解：

① 在正面投影上，标出各点的正面投影，如图 2-42（b）主视图所示。

② 求截平面 Q 与五棱锥各交点：过棱线上 $1'$ 作投影线得水平投影 1，利用两直线平行投影特性，作出四条交线的水平投影 15、54、12、23，其侧面投影落在截平面 Q 的侧面积聚性投影上，其中 $2''$、$3''$、$4''$、$5''$ 为侧面重影点，左面 $2''$、$5''$ 为可见，如图 2-42（b）左视图所示。

③ 求截平面 P 与五棱锥交点：利用点的投影规律求截平面 P 与五棱锥交点的水平投影 8 和侧面投影 $8''$、$7''$、$6''$，根据"二补三"求出交点 Ⅵ 和 Ⅶ 的水平投影 6 和 7，如图 2-42（b）所示。

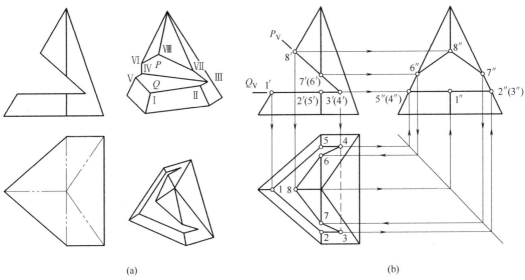

(a)　　　　　　　　　　　　　　　(b)

图 2-42　切口五棱锥的投影

（3）连线并判断可见性：截交线水平投影和侧面投影均可见，故连成实线。截平面之间的交线水平投影 34 不可见画虚线，侧面投影与水平面积聚画实线。

（4）整理轮廓线：分析棱线被截切情况，截切掉的棱线擦除，可见棱线（或底边）用粗实线加深，如图 2-42（b）所示。

2. 曲面立体截交线

曲面立体截交线一般情况下为平面曲线。当截平面与直线曲面交于直素线，或与曲面体的平面部分相交时，截交线可为直线。

（1）圆柱的截交线

根据截平面与圆柱的相对位置不同，圆柱上的截交线有矩形、圆、椭圆三种，如表 2-6 所示。

表 2-6　圆柱的三种截交线

截平面位置	与轴线平行	与轴线垂直	与轴线倾斜
截交线形状	矩形	圆	椭圆
立体图			
投影图			

当截平面平行于圆柱的轴线时，截交线一般为两条平行的直线；当截平面垂直于圆柱的轴线时，截交线为圆；当截平面倾斜于圆柱的轴线时，截交线为椭圆，此椭圆的短轴等于圆柱的直径，长轴随着截平面与轴线的角度变化而变化。

例 2-5　如图 2-43（a）所示，已知圆柱上通槽的正面投影，求其水平投影和侧面投影。

分析：通槽可看作是圆柱被两平行于圆柱轴线的侧平面及一个垂直于圆柱轴线的水平面所截切，两侧平面截圆柱的截交线为矩形，水平面截圆柱为前后各一段圆弧。

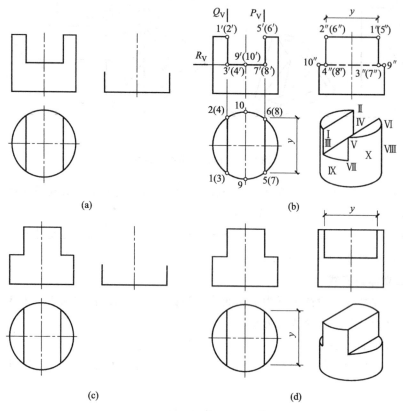

图 2-43　圆柱开通槽

作图步骤：

（1）补形：用细实线绘制完整圆柱的侧面投影。

（2）求解、连线并判别可见性：

① 作截平面 R 与圆柱面的交线。交线圆弧 Ⅲ Ⅸ Ⅶ 和 Ⅳ Ⅹ Ⅷ 的水平投影 397、4108 落在圆柱面的水平积聚性投影上，其侧面投影 $3''9''7''$ 和 $4''10''8''$ 为水平直线段，如图 2-43（b）所示，其中 $3''9''$ 与 $7''9''$、$4''10''$ 与 $8''10''$ 重合，画实线。

② 作截平面 Q、P 与圆柱面的交线。Q 与圆柱面的交线为直线段，其正面投影 $1'3'$、$2'4'$ 重合，落在截平面 Q 的正面积聚性投影上，其水平投影积聚为点 1（3）、2（4），落在圆柱面水平积聚性投影上，其侧面投影 $1''3''$ 和 $2''4''$ 可利用坐标差 y 作出，长度与正面投影长度相等，如图 2-43（b）所示；同样方法作出 P 与圆柱面交线的投影。由于 Q、P 截平面左右对称，故它们的交线侧面投影重合。

③ 作 Q、P 截平面与 R 截平面的交线。交线为正垂线，其水平投影 34 和 78 分别落

在 Q、P 的水平积聚性投影上，侧面投影 $3''4''$ 和 $7''8''$ 为水平直线段，落在 R 截平面的侧面积聚性投影上，交线不可见，应画虚线，如图 2-43（b）所示。

（3）整理轮廓线：圆柱最前、最后素线上部分被截切掉，故其侧面投影的（$9''$、$10''$点上部）上部分应擦除。如图 2-43（b）所示。

图 2-43（a）与图 2-43（c）所示的圆柱上部切口，前者切除圆柱上部中间部分，后者切除圆柱上部两侧部分。由于两者的截平面 Q、P 的截切位置相同，故它们截交线投影完全相同，其作图方法一样；截平面 R 的位置不同，前者交线圆弧位于前后圆柱面上，后者交线圆弧位于左右圆柱面上且侧面投影重合；前者截平面间的交线侧面投影不可见，而后者可见；前者位于 R 截平面上部的侧面投影轮廓线（圆柱最前、最后素线）被截切去除，如图 2-43（b）所示，而后者侧面轮廓素线（圆柱最前、最后素线）没有被截切，其侧面投影是完整的，如图 2-43（d）所示。

桥梁中的木榫结构即为此类切割体间的组合。

例 2-6 如图 2-44（a）所示，求圆柱被开通孔后的水平投影和侧面投影。

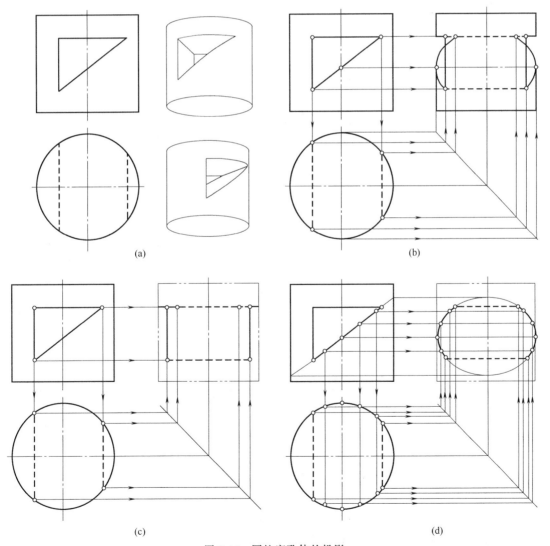

(a) (b) (c) (d)

图 2-44 圆柱穿孔体的投影

分析：从正面投影可以看出，圆柱上的通孔是被一个水平面、一个正垂面和一个侧平面所截切而成。水平面与圆柱截交线的水平投影为圆实形，正面投影和侧面投影积聚为一条直线段；正垂面与圆柱截交线的侧面投影和水平投影均为与空间形状类似的形状：椭圆和圆；侧平面与圆柱截交线的侧面投影为矩形实形，正面投影和水平投影积聚为一条直线段。

作图步骤：

（1）补形：根据主、俯视图用细实线作出完整圆柱的侧面投影。

（2）求解：

① 分别求水平面和侧平面与圆柱的截交线，如图 2-44（c）所示。

② 求正垂面与圆柱的截交线，如图 2-44（d）所示。

（3）连线并判断可见性：侧面投影的椭圆轮廓注意光滑连接，三个截面间的两条交线水平投影和侧面投影均不可见，要画成虚线，如图 2-44（b）所示。

（4）整理轮廓线：补全其他轮廓线，完成圆柱穿孔体的投影，如图 2-44（b）所示。

（2）圆锥的截交线

圆锥体表面上截交线的形状取决于截平面与圆锥的相对位置，截交线的形状有五种，如表 2-7 所示。

表 2-7　圆锥的五种截交线

截平面位置	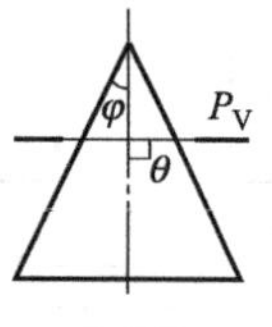 $\theta=90°$	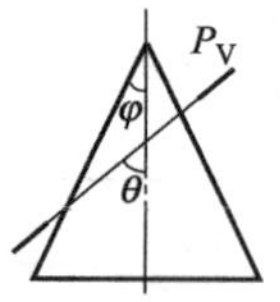 $\theta>\varphi$	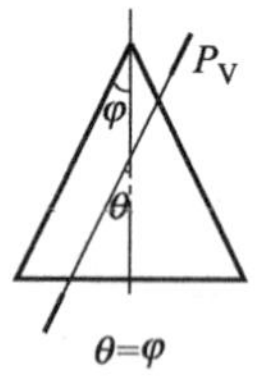 $\theta=\varphi$	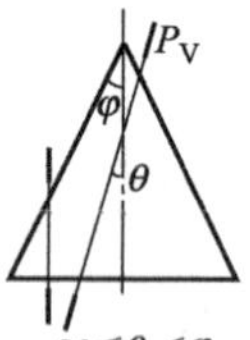 $0°\leqslant\theta<\varphi$	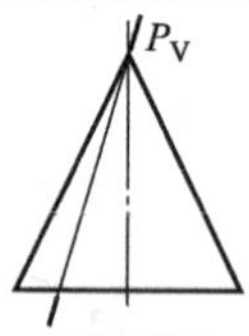 过锥顶点
截交线形状	圆	椭圆	抛物线	双曲线	三角形
立体图	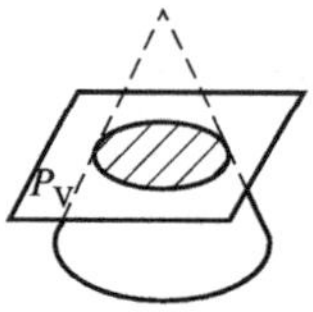	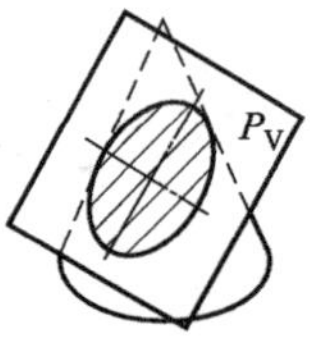	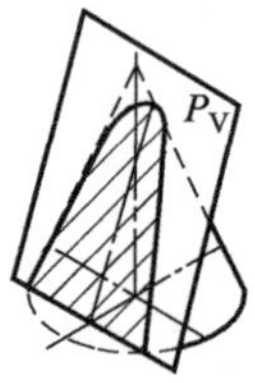	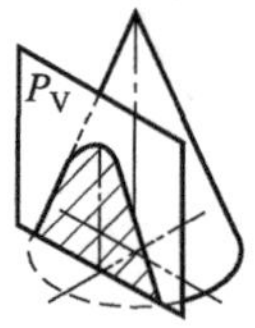	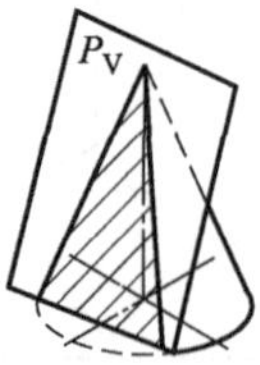
投影图	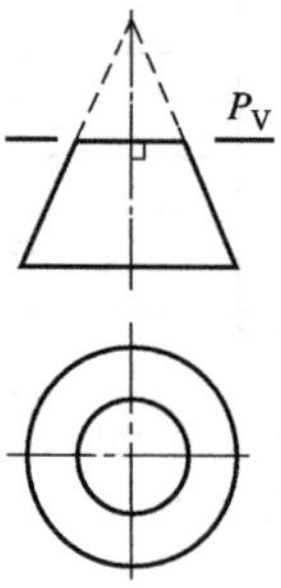	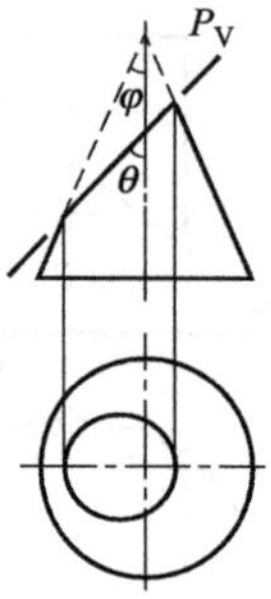	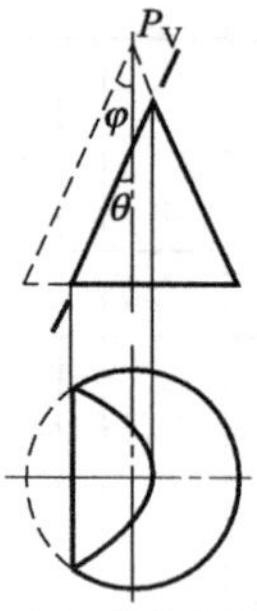	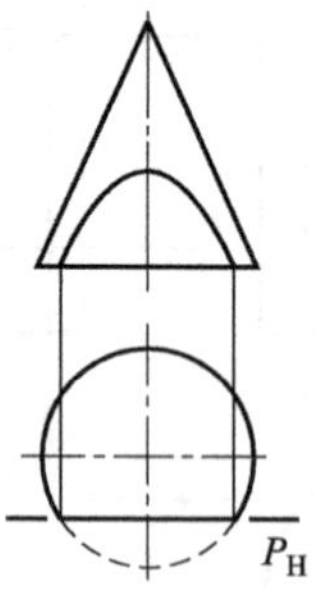	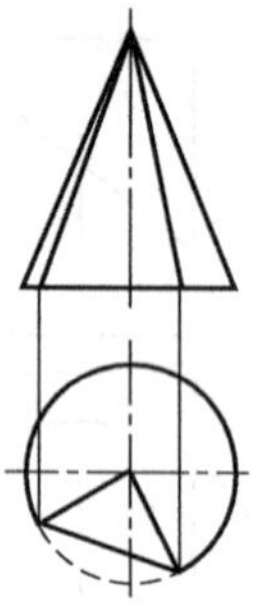

当截平面垂直于圆锥的轴线时，截交线为圆；当截平面倾斜于圆锥的轴线且与所有的素线均相交时，截交线为椭圆；当截平面只平行于圆锥面上的一条素线时，截交线为抛物线；当截平面平行于圆锥面上的两条素线时，截交线为双曲线；当截平面通过圆锥的顶点时，截交线为直线，一般为两条相交直线。

例 2-7　如图 2-45（a）所示，求圆台被穿通孔后的水平投影和侧面投影。

分析： 由主视图可知，圆台穿孔体可看成是实体圆台被四个平面截切而成。其中两个水平面和两个对称的正垂面。水平面与圆台轴线垂直，截交线为圆；正垂面与圆台交角为锥角，截交线为抛物线。

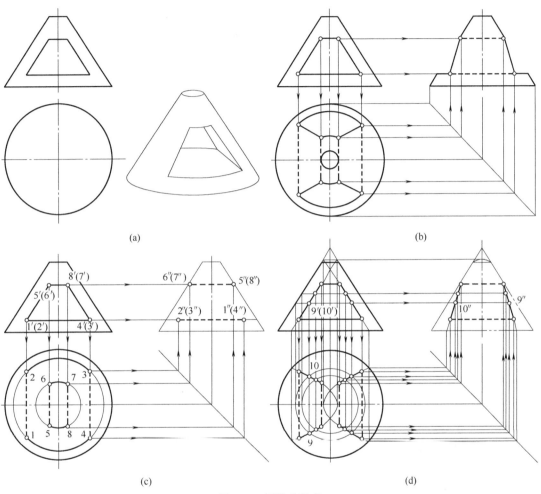

图 2-45　圆锥穿孔体

作图步骤：

（1）补形：补画出完整圆台的侧面投影。

（2）求解：

① 求两个水平面的截交线投影，如图 2-45（c）所示。水平面的水平投影为实形，侧面投影积聚为直线段，必须注意的是高的水平面，其侧面投影 6″（7″）和 5″（8″）不在侧面转向线（侧面轮廓线）上。

② 求正垂面的截交线投影，如图 2-45（d）所示。正垂面的水平投影和侧面投影为与空间类似的抛物线，用描点法做出，本例只给出Ⅸ、Ⅹ两点的求法，其他点求法与其方法相同。

（3）连线并判断可见性：抛物线轮廓注意光滑连接，四个截面间的四条交线水平投影和侧面投影均不可见，要画成虚线。

（4）整理轮廓线：整理轮廓线，完成圆台穿孔体的投影，如图 2-45（b）所示。

（3）球的截交线

平面截切圆球的截交线只有一种，其交线的形状为圆。当截平面平行于某一投影面时，截交线在该投影面上的投影为圆的实形，在其他两面上的投影都积聚为线段（长度等于截圆直径）。当截平面垂直于某一投影面时，截交线在该投影面上的投影为线段（长度等于截圆直径），在其他两面上的投影都为椭圆，如表 2-8 所示。

表 2-8　球的截交线

截平面位置	为投影面平行面		为投影面垂直面	
立体图				
投影图				
截交线形状	圆			

例 2-8　如图 2-46 所示，完成开槽半圆球的截交线。

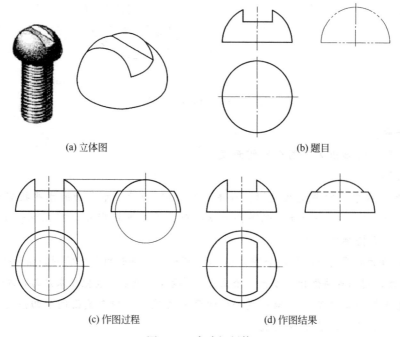

(a) 立体图　　　　　　　　　　　　　　　(b) 题目

(c) 作图过程　　　　　　　　　　　　　　(d) 作图结果

图 2-46　半球切割体

分析：半球表面的凹槽由两个侧平面和一个水平面切割而成，两个侧平面和半球的交线为两段平行于侧面的圆弧，水平面与半球的交线为前后两段水平圆弧，截平面之间的交线为正垂线。

作图步骤：

（1）求水平面与半球的交线。交线的水平投影为圆弧，如图 2-46（c）所示，侧面投影为直线。

（2）求侧平面与半球的交线。交线的侧面投影为圆弧，如图 2-46（c）所示，水平投影为直线。

（3）补全半球轮廓线的侧面投影，并作出两截面的交线的侧面投影，交线的侧面投影为虚线，如图 2-46（d）所示。

三、相贯体

两立体相交又称两立体相贯，相交两立体的表面交线称为相贯线。相贯线上的点称为相贯点。两立体相贯线的形状取决于参与相交的两立体表面形状，以及两立体之间的相对位置。

相贯线可分为两平面立体相贯［如图 2-47（a）所示］、平面立体与曲面立体相贯［如图 2-47（b）所示］、两曲面立体相贯［如图 2-47（c）所示］三种情况。

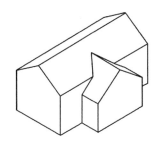 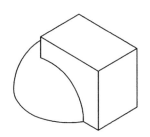 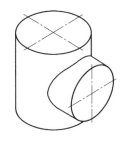

(a) 两平面立体相贯　　　(b) 平面立体与曲面立体相贯　　　(c) 两曲面立体相贯

图 2-47　相贯线的三种类型

一般情况下相贯线总是闭合的，特殊情况下可能不闭合。当一个立体全部贯穿到另一立体时，在立体表面形成两条相贯线，这种相贯形式称为全贯，如图 2-48（a）所示；当两个立体各有一部分参与相贯时，在立体表面只形成一条相贯线，这种相贯形式称为互

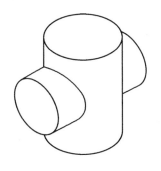 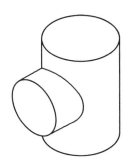

(a) 全贯　　　　　　　　　　　(b) 互贯

图 2-48　相贯线的两种形式

贯，如图 2-48（b）所示。

1. 两平面立体相贯

相贯线通常为由直线段组成的空间闭合折线，当两个立体有公共表面时，其相贯线为非闭合的空间折线。每段折线是两平面立体表面的交线，折点是一平面立体上参与相交的棱线（或底边）与另一平面立体上参与相交的棱面（或底面）的交点。

两平面立体相贯线投影作图方法与平面立体截交线投影作图方法相同。

例 2-9 如图 2-49（a）所示，已知两三棱柱相交，完成其表面的交线的投影。

分析： 如图 2-49（a）所示，已知竖直放置的三棱柱上左、右铅垂棱面均与侧立放置三棱柱的三个棱面相交，为互贯，相贯线为一条闭合的空间折线。相贯线的水平投影落在竖直放置三棱柱左、右铅垂棱面的水平积聚性投影上，相贯线的侧面投影落在侧立放置三棱柱的三个棱面的侧面积聚性投影上，所要求的是相贯线的正面投影。相贯线上的六个顶点，其中顶点Ⅱ、Ⅲ、Ⅴ、Ⅵ为侧立放置三棱柱的两条棱线与竖直放置三棱柱左右两铅垂棱面的交点，顶点Ⅰ、Ⅳ为竖直放置三棱柱最前棱线与侧立放置三棱柱前面的两个侧垂棱面的交点。本例可利用直线与平面求交点的方法作出相贯线上六个顶点的投影，并将同时位于两立体同一表面上两个顶点的同面投影依次连线即可。

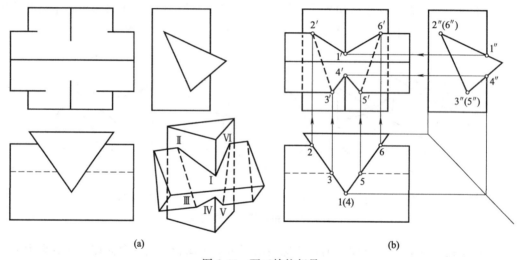

图 2-49 两三棱柱相贯

作图步骤：

（1）作出相贯线上各顶点的投影。顶点Ⅱ、Ⅲ、Ⅴ、Ⅵ位于侧立放置的三棱柱的侧垂棱线上，已知它们的水平投影 2、3、5、6，利用从属性作出其正面投影 2′、3′、5′、6′，如图 2-49（b）所示；顶点Ⅰ、Ⅳ位于竖直放置三棱柱的最前铅垂棱线上，已知其侧面投影 1″、4″，利用从属性作出其正面投影 1′、4′，如图 2-49（b）所示。

（2）判别可见性并连线。由于竖直三棱柱左、右铅垂棱面的正面投影可见，侧立三棱柱的前面两个侧垂棱面的正面投影也可见，故交线ⅠⅡ、ⅠⅥ、ⅢⅣ、ⅣⅤ的正面投影 1′2′、1′6′、3′4′、4′5′可见，画粗实线；由于侧立三棱柱的后面的侧垂棱面的正面投影不可见，交线ⅡⅢ、ⅤⅥ的正面投影 2′3′、5′6′不可见，画中粗虚线，如图 2-49（b）所示。

（3）整理立体棱线。将两立体上参与相交的棱线延长至相贯线顶点；位于立体内部不存在棱线，故不能画虚线，如图 2-49（b）所示。

例 2-10 求三棱锥与四棱柱相贯的水平投影和侧面投影,如图 2-50（a）所示。

分析：从三面投影可以看出,四棱柱从前向后整个贯入三棱锥,为全贯。全贯时相贯线应是两组空间折线。

因为四棱柱的正面投影有积聚性,那么相贯线的正面投影必然积聚在四棱柱的正面投影轮廓线上,所以只需求出相贯线的水平投影和侧面投影。

从立体图中可以看出,四棱柱的四条棱线和三棱锥的一条棱线 SB 参与相交,相贯线上总共有十个折点,连接各点便求出相贯线的未知投影。

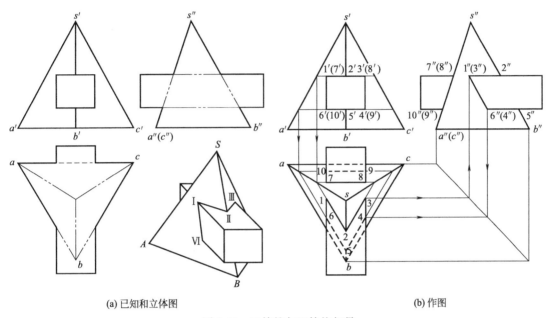

(a) 已知和立体图   (b) 作图

图 2-50 三棱锥与四棱柱相贯

作图步骤：

（1）在相贯线的正面投影上标出十个折点的投影 1′(7′)、2′、3′(8′)、4′(9′)、5′、6′(10′)；

（2）利用棱锥表面定点的方法求出其水平投影 1、2、3、…、10；

（3）用"二补三"作图,求出各折点的侧面投影 1″、2″、3″、…、10″；

（4）顺序连接各点：水平投影 6 至 1、1 至 2、2 至 3、3 至 4 可见连成实线,4 至 5、5 至 6 为不可见连虚线；10 至 7、7 至 8、8 至 9 为可见连实线,9 至 10 为不可见连虚线。侧面投影 2″至 1″、1″至 6″、6″至 5″连线,7″8″9″10″积聚在棱锥的后棱面上；

（5）补画棱线和外轮廓的投影,如图 2-50（b）所示。

2. 平面立体与曲面立体相贯

平面立体与曲面立体的相贯线,一般情况下是由若干段平面曲线组成的,特殊情况下包含直线段。每段平面曲线或直线均是平面立体的棱面与曲面立体的截交线,相邻平面曲线的连结点是平面立体棱线与曲面立体的交点。因此,平面立体与曲面立体相贯线的求解可归结为曲面立体截交线的求解问题。

例 2-11 如图 2-51（a）所示,已知三棱柱与圆柱相交,求作相贯线的投影。

分析：如图 2-51（a）所示,由侧面投影可知,三棱柱的三个棱面均与圆柱面相交。

在三棱柱上与圆柱轴线垂直的棱面,其交线为两段圆弧;与圆柱轴线平行的棱面,其交线为两直线段;与圆柱轴线斜交的棱面,其交线为两段椭圆弧。两立体为全贯型,相贯线左右对称于圆柱轴线,每条相贯线均由圆弧、直线段和椭圆弧组成,相贯线上的转折点为三棱柱上三条棱线与圆柱面的交点。由于圆柱面的水平投影具有积聚性,故所求相贯线的水平投影与圆柱面的积聚性投影重合;又由于三棱柱的三个棱面的侧面投影具有积聚性,故相贯线的侧面投影与三个棱面的侧面积聚性投影重合,因此,只要作出相贯线的正面投影。依次作出三个棱面与圆柱的截交线,即为所求三棱柱与圆柱的相贯线投影。

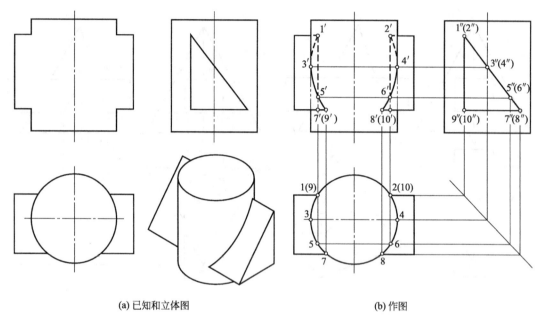

(a) 已知和立体图　　　　　　　　　　　　　(b) 作图

图 2-51　三棱柱与圆柱的相贯线

作图步骤:

(1) 作直线段的投影。如图 2-51 (b) 所示,直线段的侧面投影 $1''9''$、$2''10''$ 位于棱面的侧面积聚性投影上,也在圆柱面上,利用圆柱面的水平积聚性投影,作出其水平投影 1 (9)、2 (10),然后作出正面投影 ($1'$) ($9'$)、($2'$) ($10'$);

(2) 作圆弧的投影。如图 2-55 (b) 所示,由于交线圆弧为水平圆弧,其正面投影 $7'$ ($9'$)、$8'$ ($10'$) 为水平方向直线段;

(3) 作椭圆弧的投影。如图 2-51 (b) 所示,在椭圆弧的侧面投影上取短轴端点 $3''$ ($4''$),此两点位于圆柱面最左、最右素线上,利用点的从属性作出其正面投影 $3'$、$4'$;在椭圆弧的侧面投影上,适当位置处取一般点 $5''$ ($6''$),利用圆柱面上取点方法作出其正面投影 $5'$、$6'$;

(4) 判别可见性并连线。两段直线段位于两个不可见的立体表面,用中粗虚线连接;两段圆弧位于前半圆柱面上的可见,后半圆柱面上的不可见,其正面投影重合,画实线;椭圆弧位于前半圆柱面上 $3'5'7'$ 和 $4'6'8'$ 可见,画粗实线,位于后半圆柱面上的 ($1'$) $3'$、($2'$) $4'$ 不可见,画中粗虚线;

(5) 整理立体棱线和转向轮廓素线。三棱柱上三条棱线的正面投影延伸至表面相贯线上的顶点,应注意的是在圆柱内部不存在三棱柱棱线,故不能画虚线。同样在三棱柱内部也不存在圆柱正面转向轮廓素线，如图 2-51（b）所示。

3. 两曲面立体相贯

两个曲面立体相贯，由于相贯两立体的形状和相对位置不同，相贯线的表现形式也有所不同。其相贯线一般情况下是封闭的光滑的空间曲线，特殊情况下可能为平面曲线或直线段。

求两曲面立体的相贯线，一般要先作出一系列的相贯点，然后顺次光滑地连结成曲线。相贯点是两曲面的共有点，要根据两曲面的形状、大小、位置以及投影特性来作图。

例 2-12　*如图* 2-52（a）*所示两圆柱交叉垂直，求其相贯线的投影。*

分析： *相贯线为一条闭合的空间曲线。其水平投影与圆柱面水平积聚性投影重合，侧面投影与半圆柱的侧面积聚性投影重合，所要求的是相贯线的正面投影。相贯线上的公有点可运用曲面取点法获得，首先求出相贯线上所有特殊点和一般点的投影，然后判别相贯线的可见性，并用光滑曲线连接各点，即为所求相贯线的投影。*

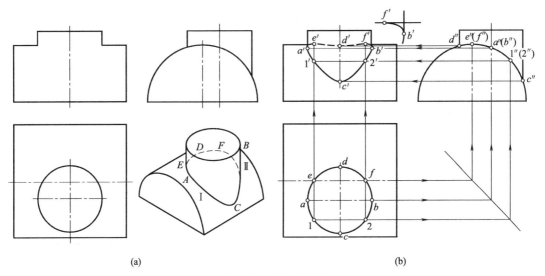

(a)　　　　　　　　　(b)

图 2-52　两圆柱相贯

作图步骤：

（1）作相贯线上特殊点的投影。已知相贯线上最高点 E、F（也是半圆柱正面转向轮廓素线的点）、最前点 C、最后点 D、最左点 A、最右点 B 的水平投影和侧面投影，作出它们的正面投影 e'、f'、c'、d'、a'、b'，如图 2-52（b）所示。

（2）作出相贯线上一般点的投影。在相贯线上适当位置处取一般点Ⅰ、Ⅱ的水平投影 1、2 和侧面投影 $1''$、$2''$，并作出其正面投影 $1'$、$2'$。

（3）判别可见性并连线。位于前半圆柱面上的相贯线 $a'1'c'2'b'$ 可见，画粗实线，位于后半圆柱面上相贯线 $a'e'd'f'b'$ 不可见，画中粗虚线。

（4）整理圆柱面的正面轮廓素线。将两圆柱面的正面轮廓素线延长至相贯线，可见画实线，不可见则画中粗虚线，如图 2-52（b）所示。

两立体相交可能是它们的外表面，也可能是内表面，在两圆柱相交中有三种形式，如图 2-53 所示。

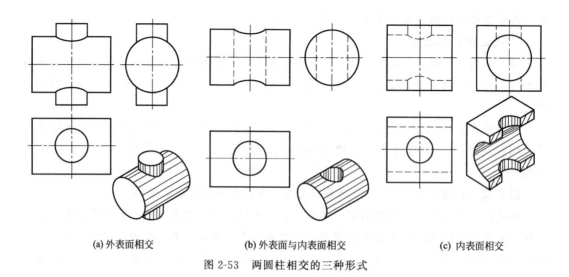

(a) 外表面相交　　　　　　　　　(b) 外表面与内表面相交　　　　　　　(c) 内表面相交

图 2-53　两圆柱相交的三种形式

当相交两圆柱轴线的相对位置变动时，其相贯线的形状也发生变化，如图 2-54 所示。

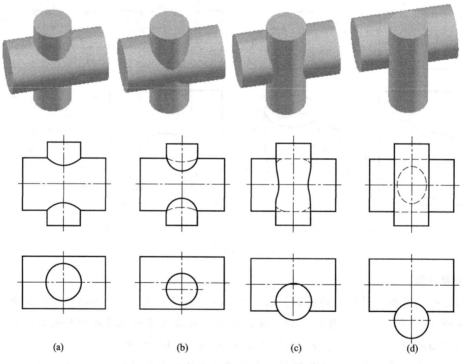

(a)　　　　　　　　　(b)　　　　　　　　　(c)　　　　　　　　　(d)

图 2-54　两圆柱轴线相对位置变动对相贯线的影响

外切于同一球面的圆柱与圆柱、圆柱与圆锥相交，其相贯线为平面曲线——椭圆，如图 2-55 所示。

当两个具有公共轴线的回转体相交，或回转体轴线通过球心时，其相贯线为圆，如图 2-56 所示。

两个轴线相互平行的圆柱相交，或两个共顶点的圆锥相交时，其相贯线为直线段，如图 2-57 所示。

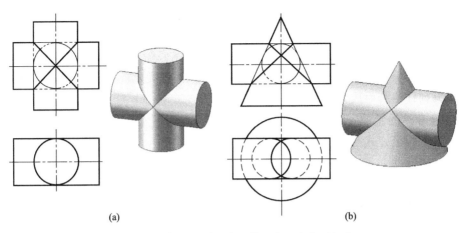

(a)   (b)

图 2-55 外切于同一球面的两个二次曲面相交

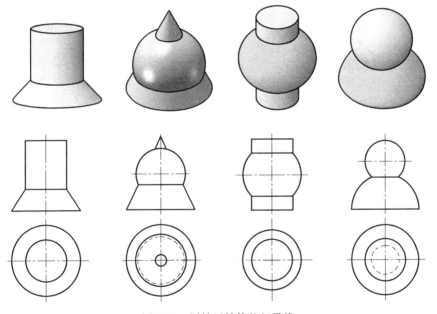

图 2-56 同轴回转体的相贯线

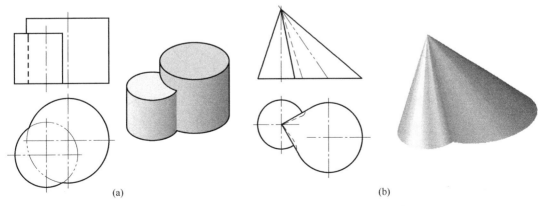

(a)   (b)

图 2-57 轴线平行的两圆柱及共顶点两圆锥的相贯线

四、组合体

1. 组合体的构成

由基本几何体组合而成的形体称为组合体。从几何角度分析：任何形体都可以视为由若干基本几何体组合而成。

（1）组合体的组成

组合体的组合方式主要为叠加式和挖切式。

如图 2-58 所示，该叠加式组合体为一肋式杯形基础，其可以看成由四棱柱底板Ⅰ、中间四棱柱Ⅱ和六个梯形肋板Ⅳ叠加而成，然后再在中间四棱柱中挖去一楔形块Ⅲ。该组合体的叠加方式主要有叠合、相交和共面。

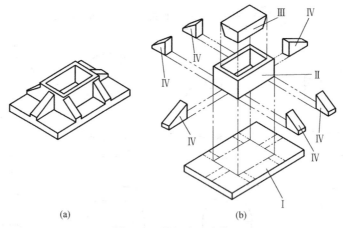

(a)   (b)

图 2-58　叠加式组合体

如图 2-59 所示，该形体为切割式组合体，该组合体可看成为由一个长方体经过四次挖切后所形成，在其左、右两侧分别挖切两块狭长的三棱柱Ⅱ；在其上方中部前、后方向挖切一个半圆柱体Ⅲ，形成前、后半圆形通槽；再在其上部左、右方向挖切两块四棱柱切块Ⅳ，形成矩形通槽。该组合体的切割方式主要有截切、开槽和穿孔。

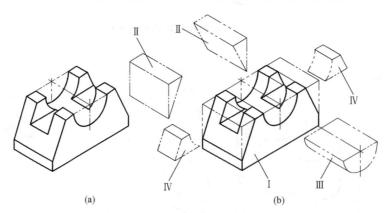

(a)   (b)

图 2-59　切割式组合体

分析组合体时经常使用形体分析法。所谓的形体分析法就是将一个复杂的组合体假想分解成若干个简单的基本几何体，并分析这些基本几何体之间的相对位置、组合方式以及各表面连接关系等。形体分析法的分析过程可以概括为"先分解，后综合：分解时确定局部，综合时考虑整体"。

（2）组合体邻接表面的连接关系

基本几何体在相互叠加时，两个基本几何体之间的相对位置不同，其各表面的连接关系也不相同，主要存在四种邻接表面连接关系，即共面、不共面、相交和相切。在绘制组合体的视图时，应明确区分各邻接表面的连接关系。表 2-9 列举了简单组合体邻接表面的连接关系。

表 2-9　简单组合体邻接表面的连接关系

组合方式		组合体示例	形体分析	注意画法
叠加式	叠加	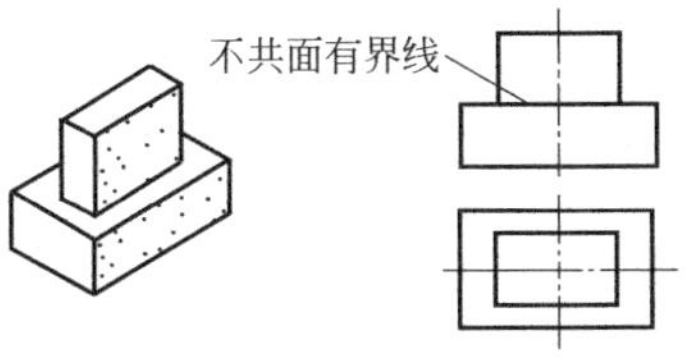 不共面有界线	两个四棱柱上下叠合，中间的水平面为结合面 两个四棱柱前后棱面、左右棱面均不共面	不共面的两个平面之间有界线
		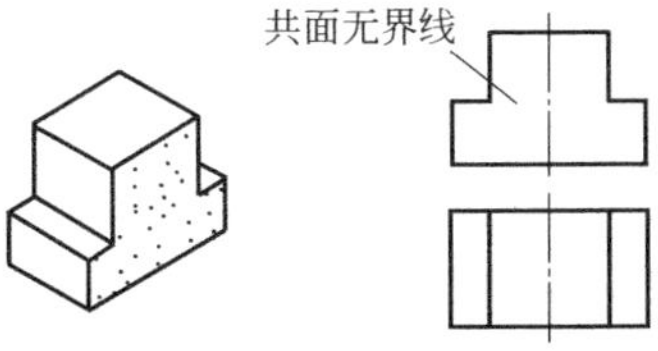 共面无界线	两个四棱柱上下叠合，中间的水平面为结合面 两个四棱柱左右棱面不共面，而前后棱面共面	共面的两个平面之间无界线
	相交	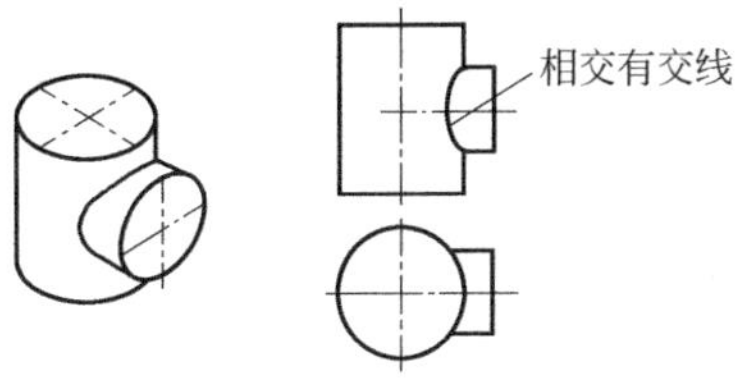 相交有交线	两直径不等的大、小圆柱垂直相交，表面有相贯线	两立体相贯，则应画出其表面交线（相贯线）
	相切	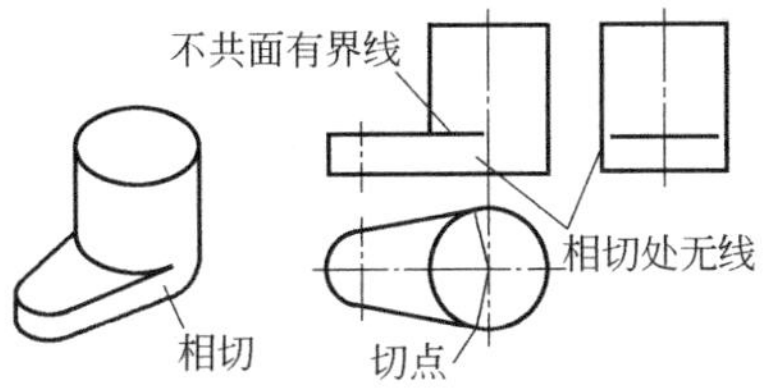 不共面有界线　相切处无线　相切　切点	底板的前后立面与圆柱相切 注意主视图和左视图中底板上表面的投影宽度应画至切点处	圆柱与底板不共面，则有界线；平面与圆柱面相切，则不画切线
切割式	截切	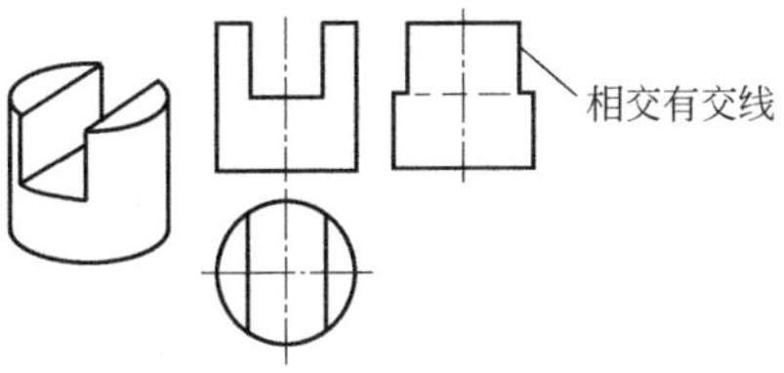 相交有交线	在圆柱体上由两个侧平面和一个水平面挖切成矩形槽，表面有截交线	平面与立体相交，应画出其表面交线（截交线）
	穿孔	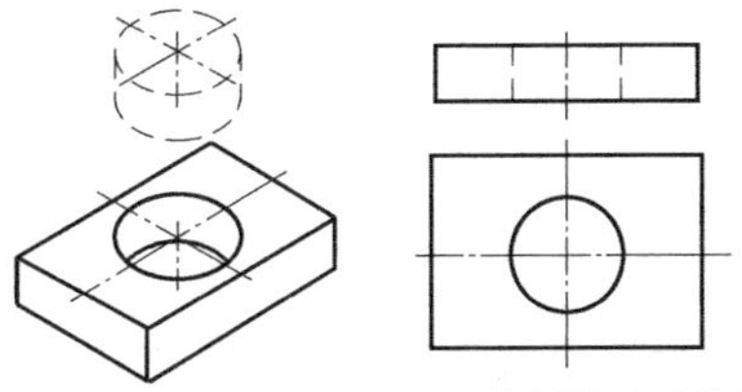	在长方形底板正中挖去一个圆柱后，形成一个圆孔	圆孔不可见画成虚线

2. 组合体读图的要点

读图是重要环节，读图的过程，即依据正投影法原理，通过视图想象出组合体空间结构形状的过程。也是培养、提升空间想象力和空间思维能力的过程。

（1）几个视图相互联系进行构思

通常只通过一个视图并不能唯一确定复杂组合体的空间形状，如图 2-60（a）所示，仅给出组合体的主视图（正立面图），充分发挥想象即可构思出多个不同形状特点的组合体与之对应。如图 2-60（b）～（f）所示，根据相同主视图（正立面图），构思出五种不同形状特点的组合体。

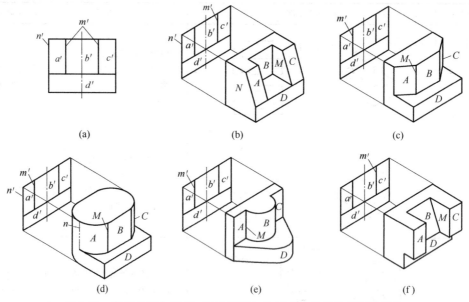

图 2-60　根据相同主视图（正立面图）构思组合体的各种可能形状

如图 2-61（a）所示，给出组合体的主视图和俯视图（正立面图和平面图），来构思不同形状特点的组合体。如图 2-61（b）～（d）所示，通过想象构思出来的三种组合体，都具有相同的主视图和俯视图（正立面图和平面图）。由此可见，已知两个视图也不能唯一确定该组合体的空间形状。

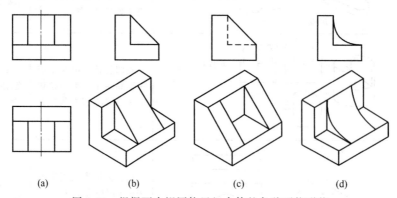

图 2-61　根据两个视图构思组合体的各种可能形状

综上所述，读图时应依据正投影法，通过多个视图进行分析、想象，才能构思出组合体的空间形状。如图 2-62 所示，给出组合体的三视图，来构思该组合体的空间形状。图 2-62（a）为组合体的三视图；如图 2-62（b）所示，根据主视图（正立面图），能够想象出该组合体为一个 L 形的形体；如图 2-62（c）所示，根据俯视图（平面图），能够确定该组合体为前、后对称的形体，且该组合体左侧部分中间开了一个长方形通槽，其左前角和左后角各有一个 45°的倒角；如图 2-62（d）所示，根据左视图（左侧立面图），能够确定该组合体右侧为一个顶部为半圆形的立板，其中间开了一个圆柱形通孔。经过上述分析和想象，最终完整地构思出该组合体的空间形状。

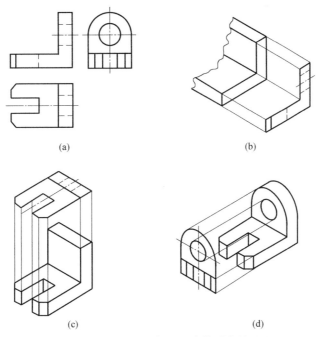

(a)

(b)

(c)

(d)

图 2-62 根据三视图构思组合体形状的过程

（2）找出特征视图

特征视图即为最能反映组合体的形状特征和其组合部分中各基本形体间的位置特征的那个视图，一般情况多为主视图，也可能是其他的一个或几个视图的组合。如图 2-61 所示，组合体的左视图（左侧立面图）即为反映其形状特征最明显的形状特征视图。如图 2-63（a）所示，给出组合体的主视图和俯视图（正立面图和平面图），来构思该组合体的空间形状。只通过其主视图和俯视图（正立面图和平面图），不能确定 A、B 两部分的

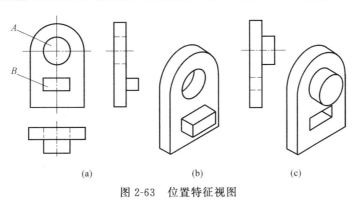

(a)

(b)

(c)

图 2-63 位置特征视图

凸、凹情况。如图 2-63（b）、（c）所示，通过分析、想象，分别构思出两个不同特点的组合体，分别对应两个不同的左视图（左侧立面图）。因此，该组合体的左视图（左侧立面图）即为反映其各组合部分之间相对位置特征最明显的位置特征视图。

3. 组合体读图的基本方法

（1）形体分析法

形体分析法为最基本的读图方法。形体分析的过程为：首先从最能反映组合体形状特征的主视图着手，分析该组合体是由哪些基本形体组成及其组成形式；然后依据三等规律，逐一找出每个基本形体的三面投影，从而想象出各个基本形体的空间形状以及各基本形体之间的相对位置关系，最后构思出整个组合体的空间形状。

如图 2-64（a）所示，给出组合体的三视图。通过形体分析可知，该组合体由三个基本形体组合而成，如图 2-64（b）～（d）所示，分别表示三个基本形体组成该组合体的读

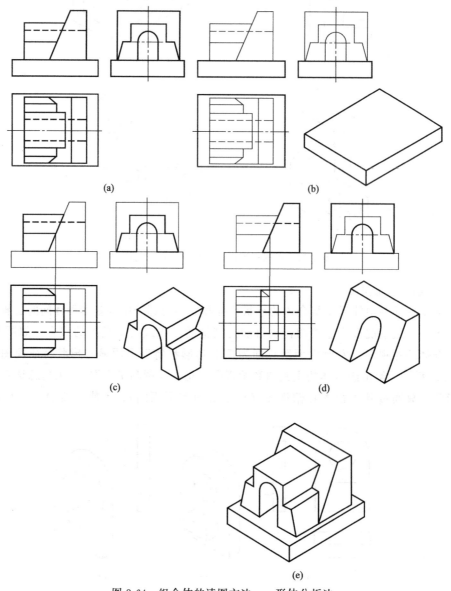

图 2-64 组合体的读图方法——形体分析法

图分析过程。图 2-64（b）为底板部分的投影，其空间形状为一个长方体薄板；图 2-64（c）为在长方体底板上方叠加了一个端面为八边形的形体，其中间开有半圆柱和四棱柱组合而成的左、右通孔；图 2-68（d）为在长方体底板上方、八边形形体右侧叠加的另一个形体，其空间形状为端面是直角梯形的四棱柱，其中间开有相同的半圆柱和四棱柱组合而成的左、右通孔；如图 2-64（e）所示，将三个基本形体综合考虑，构思出整个组合体的空间形状。

（2）线面分析法

线面分析法为根据线与面的空间性质和投影规律，对组合体视图中的每一条线段和每一个封闭线框都进行投影分析，以确定其三面投影以及位于该组合体表面的空间位置情况，这种逐线逐面进行组合体分析读图的方法称为线面分析法。读图时，在运用形体分析法的基础上，对于组合体的复杂局部，常常需要结合线面分析法来辅助读图。

① 组合体视图中线段的含义

a. 一条线段（圆弧）可以表示为平面或曲面的积聚性投影。如图 2-65 所示，底部正六棱柱的六个侧棱面均垂直于 H 面，其水平投影均积聚为直线段；正六棱柱的上下底面为水平面，其正面投影均积聚为水平直线段。中间圆柱体的圆柱面垂直于 H 面，其水平投影积聚为圆。

b. 一条线段可以表示为两个表面交线的投影。如图 2-65 所示，正六棱柱各侧棱面的交线（棱线）为铅垂线，其正面投影为直线段，反映该正六棱柱的高度；顶部圆台的圆锥面与圆柱面的表面交线为圆，其水平投影反映该圆的实形，其正面投影积聚为水平直线段。

c. 一条线段可以表示为曲面立体（回转体）转向轮廓线的投影。如图 2-65 所示，圆柱面、圆锥面转向轮廓线的正面投影均为直线段。

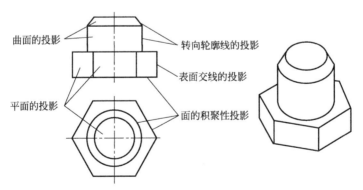

图 2-65　投影图中线段、封闭线框的含义

② 组合体视图中封闭线框的含义

a. 一个封闭的线框可以表示为平面的投影。如图 2-65 所示，正六棱柱其左、右四个侧棱面均为铅垂面，其正面投影分别积聚为两个等大的矩形，具有类似性。而前、后两个侧棱面为正平面，其正面投影积聚为一个矩形，且反映前、后两个侧棱面的实形。顶部圆台的上底面为水平面，其水平投影为圆形，反映其上底面的实形。

b. 一个封闭的线框可以表示为曲面（回转面）的投影。如图 2-65 所示，中间圆柱面的正面投影为矩形，顶部圆台其圆锥面的正面投影为梯形。

c. 一个封闭的线框可以表示为孔、洞的投影。如图 2-63（a）所示，A、B 部分的凸、凹情况，通过如图 2-63（b）、（c）所示的分析过程可以看出，其分别对应为四棱柱孔和圆柱孔。

例 2-13　如图 2-66（a）所示，已知组合体的主、俯视图，要求补画其左视图。

分析： 首先使用形体分析法，根据已知的主、俯视图分析出该组合体为上、下两个基本形体叠加组合而成，下部形体为一个长方体被一个正垂面切去其左上角，再被一个铅垂面切去其左前角，而上部形体为底面是直角梯形的四棱柱，且该上、下两部分形体的后立面与右侧立面共面。然后依据三等规律，分别确定其在主、俯视图上的投影，从而分析、想象两个基本形体的空间形状，并进一步结合线面分析法确定两基本形体之间的相对位置关系，最后构思出整个组合体的空间形状。

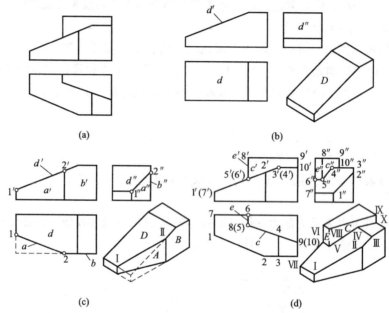

图 2-66　组合体补画视图的分析方法——分析各表面的交线

作图步骤：

（1）如图 2-66（b）所示，下部形体为一个长方体被正垂面 D 切去其左上角，补画出其左视图。

（2）如图 2-66（c）所示，该下部形体再被铅垂面 A 切去其左前角，铅垂面 A 与正垂面 D 的交线为 Ⅰ Ⅱ，确定该交线的正面投影 $1'2'$ 和水平投影 12，依据三等规律，在左视图上确定该交线的侧面投影 $1''2''$。此处特别注意，A、D 面倾斜于投影面的两个投影均为缩小的类似形。

（3）如图 2-66（d）所示，上部形体为底面是直角梯形的四棱柱，且该上、下两部分形体的后立面与右侧立面共面。该上部形体的左侧立面 E 为侧平面，其侧面投影 e'' 为矩形实形，侧平面 E 与正垂面 D 的交线为正垂线 Ⅴ Ⅵ，依据三等规律，在左视图上确定该交线的侧面投影 $5''6''$。该上部形体的前立面为铅垂面 C，铅垂面 C 与正垂面 D 的交线为 Ⅳ Ⅴ，根据该交线的正面投影 $4'5'$ 和水平投影 45 即可确定其侧面投影 $4''5''$。必须注意正垂面 D 的侧面投影 $1''2''3''4''5''6''7''$ 和水平投影 1234567 均为缩小的类似形。同理，铅垂面

C 的正面投影和侧面投影也均为缩小的类似形，依据三等规律，确定其侧面投影 $4''5''8''9''$ $10''$，即完成该组合体的左视图。

③ 分析组合体各表面的形状 当平面与投影面平行时，其在该投影面上的投影反映实形；当平面与投影面倾斜时，其在该投影面上的投影必为一个缩小的类似形。如图 2-67 所示，四个组合体中阴影平面的投影均反映该相似特性。如图 2-67（a）所示，该组合体中有一个凹形十边形正垂面，其正面投影积聚为直线，水平投影和侧面投影均为与空间实形类似的十边形。如图 2-67（b）所示，该组合体中有一个凹形八边形侧垂面，其侧面投影积聚为直线，水平投影和正面投影均为与空间实形类似的八边形。如图 2-67（c）所示，该组合体中有一个凹形十边形铅垂面，其水平投影积聚为直线，正面投影和侧面投影均为与空间实形类似的十边形。如图 2-67（d）所示，该组合体中有一个平行四边形的一般位置平面，其在三视图中的投影均为与其空间实形类似的平行四边形。

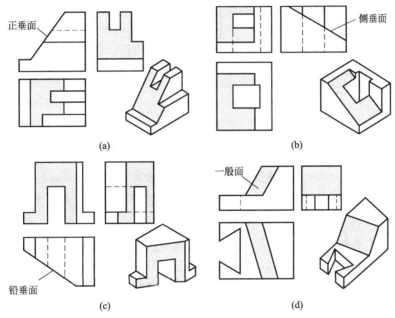

图 2-67 倾斜面的投影为其缩小的类似形

下面举例说明该分析方法在读图中的应用。

例 2-14 如图 2-68（a）所示，已知组合体的主、左视图，要求补画其俯视图。

分析： 首先使用形体分析法，根据给出的主、左视图分析出该组合体为一长方体的前、后、左、右均被倾斜地切去四角后，再在其上部左、右两侧各挖去一角而形成，然后依据三等规律，并进一步结合线面分析法分析、想象出该组合体各表面的空间形状及其相对位置关系，最后构思出整个组合体的空间形状。

作图步骤：

（1）如图 2-68（b）所示，分析出该组合体为一长方体的前、后、左、右均被倾斜地切去四角。补画俯视图时，应先画出其外轮廓矩形，再画出其各倾斜表面之间的交线的投影，如正垂面 P_1 和侧垂面 Q_1 的交线的投影。正垂面 P_1 的空间实形为梯形，其水平投影和侧面投影均为梯形。侧垂面 Q_1 的空间实形也为梯形，其水平投影和正面投影也均为梯形。水平面 R 为矩形，其水平投影为实形，其正面投影和侧面投影均积聚为直线段。

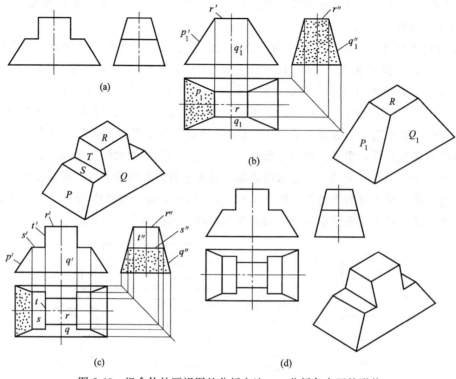

图 2-68　组合体补画视图的分析方法——分析各表面的形状

（2）如图 2-68（c）所示，该组合体的上部左、右两侧分别用对称的水平面 S 和侧平面 T 各挖去一角。此时正垂面 P 的水平投影和侧面投影应为其空间实形的类似形；侧垂面 Q 的水平投影和正面投影应为其空间实形的类似形。依据三等规律，作出正垂面 P 和侧垂面 Q 的水平投影。S 面为水平面，其水平投影为矩形实形，其正面投影和侧面投影均积聚为直线段。T 面为侧平面，其侧面投影为梯形实形，其正面投影和水平投影均积聚为直线段。

（3）图 2-68（d）为最后完成的组合体三视图，本例主要通过分析当组合体的表面为投影面的垂直面时，其倾斜于投影面的两个投影均为缩小的类似形，从而构思出组合体的空间形状。

④ 分析组合体各表面的相对位置关系　组合体视图上任何相邻的封闭线框，必处于其表面相交或前、后不同位置的两个面的投影。该两个面的相对位置究竟如何，应分别根据其三个视图的相对位置关系来分析。现仍以图 2-60（b）和（f）为例，图 2-69 为其分析方法。如图 2-69（a）所示，首先比较面 A、B、C 和面 D，由于俯视图中均为粗实线，故只可能是 D 面凸出在前，A、B、C 面凹进在后。然后再比较面 A、C 和面 B，由于其左视图上出现虚线，从主、俯视图来看，只可能 A、C 面在前，B 面在后。又因为其左视图中，与其等高处分别对应一条垂直虚线和一条倾斜粗实线，故 A、C 面为侧垂面，B 面为正平面。弄清楚各表面的前后位置关系，即可想象出该组合体的空间形状。如图 2-69（b）所示，由于俯视图的左、右两侧出现虚线，而中间为粗实线，故可断定 A、C 面相对 D 面凸出在前，B 面处于 D 面的后部。又因为左视图中出现一条斜虚线，故可知凹进的 B 面是一侧垂面，其与 D 面相交。下面举例说明该分析方法

在读图中的应用。

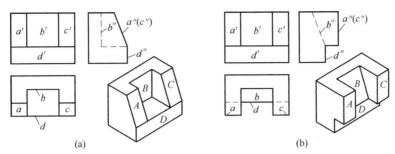

图 2-69　分析组合体各表面的相对位置关系

例 2-15　如图 2-70（a）所示，已知组合体的主、俯视图，要求补画其左视图。

分析：首先使用形体分析法，根据已知的主、俯视图分析出该组合体是由三个基本形体叠加组合而成，再挖去一个圆柱形通孔；然后依据三等规律，分别找出每个基本形体在主、俯视图上的投影，从而想象出各个基本形体的空间形状。同时，应进一步结合线面分析法确定各基本形体之间的相对位置关系，最后构思出整个组合体的空间形状。

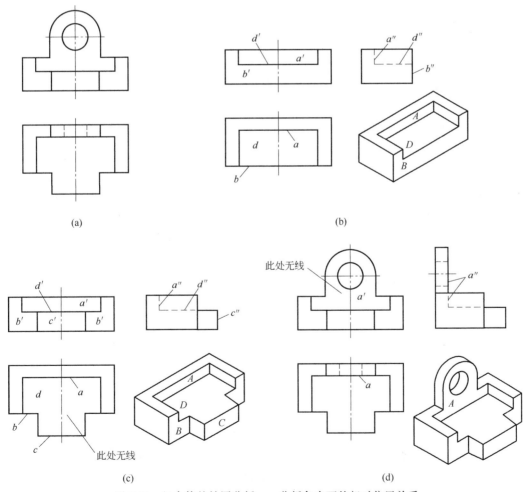

图 2-70　组合体的补图分析——分析各表面的相对位置关系

作图步骤：

（1）如图 2-70（b）所示，该组合体底部为一个长方体，通过分析面 A 和面 B 的相对位置，可知 B 面在前，A 面在后，故该底部形体为一个凹形长方体。补出该长方体的左视图，凹进部分用中粗虚线表示。

（2）如图 2-70（c）所示，由主视图上的 c 面正面投影 c' 可知在底部长方体的前端中部还有一个凸出的四棱柱，需在左视图上补出该四棱柱的侧面投影。

（3）如图 2-70（d）所示，在底部长方体上方与其后立面平齐处叠加了一个被挖去圆柱形通孔的立板，因图中引出线所指处没有任何形体的轮廓线，可知该立板的前立面与上述的 A 面共面。补齐该立板的左视图，即完成整个组合体的左视图。

4. 组合体读图步骤小结

根据上述读图实例，即可总结组合体读图的具体步骤如下：

① 对组合体进行形体分析　根据组合体的已知视图，初步了解该组合体的基本空间形状。通常先从最能反映该组合体形状特征的主视图着手，利用形体分析法分析该组合体由哪些基本形体组成及其组合形式。然后依据三等规律，逐一确定每个基本形体的三视图，进一步分析、想象各个基本形体的空间形状及其相对位置关系。

② 对组合体进行线面分析　对于复杂的组合体或组合体中的复杂局部，在形体分析法的基础上应进一步使用线面分析法，对该部分形体逐线逐面（每一条线段、每一个封闭线框）进行三面投影对照分析，从而确定其三面投影及其空间相对位置，进一步明确该组合体复杂局部的空间形状。

③ 综合考虑整体构思组合体的空间形状　综合分析、想象各个基本形体的空间形状和相对位置关系，整体构思该组合体的空间形状。

总之，在组合体读图的过程中，一般以形体分析法为主，进一步结合线面分析法，边分析、边想象、边作图，即可快速、有效地识读组合体的视图。

5. 组合体的尺寸标注

形体的视图只能反映它的形状，而各形体的真实大小及其相对位置，则要通过标注尺寸来确定。道桥形体尺寸标注的基本原则是要符合正确、完整和清晰的要求。正确，是指尺寸标注要符合国家标准的有关规定。完整，是指尺寸标注要齐全，不能遗漏。清晰，是指尺寸布置要整齐，不重复，便于看图。

（1）基本体的尺寸标注

常见的基本形体有棱柱、棱台、棱锥、圆柱、圆锥、圆台、球等。这些常见的基本形体的定形尺寸标注，如图 2-71 所示。

对于被切割的基本几何体，除了要注出基本形体的尺寸外，还要注出截平面的位置尺寸，但不能注出截交线的尺寸，如图 2-72 所示。

（2）组合体的尺寸分类

组合体的尺寸可分为定形尺寸、定位尺寸和总体尺寸三类。

① 定形尺寸　确定基本形体大小的尺寸，称为定形尺寸。如图 2-73（a）所示底板中的 180、110、15 和 $\phi16$。如图 2-73（b）所示立板中的 60、110、80、15 和 $\phi30$。如图 2-73（c）所示肋板中的 40、25 和 15。它们分别确定了底板、立板和肋板的形状大小。

② 定位尺寸　确定各基本形体之间相互位置所需要的尺寸，称为定位尺寸。标注定

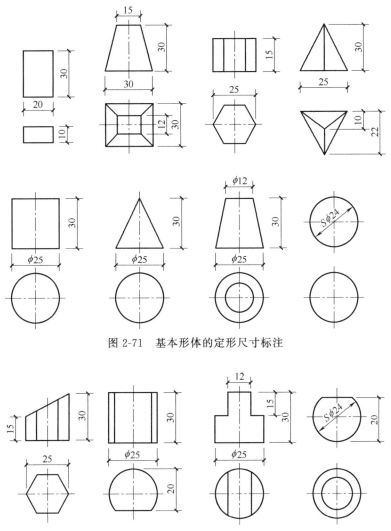

图 2-71　基本形体的定形尺寸标注

图 2-72　基本几何体被切割后的尺寸标注

位尺寸的起始点，称为尺寸的基准。在组合体的长、宽、高三个方向上标注的尺寸都要有基准。通常把组合体的底面、侧面、对称线、轴线、中心线等作为尺寸基准。如图 2-73 (a) 所示底板中的 140 和 70，它们确定了底板上四个 $\phi16$ 通孔的位置。如图 2-73 (b) 所示立板中的 50，因为立板上 $\phi30$ 通孔位于左右对称轴上，因此只要再给出通孔距离立板下表面尺寸即可确定 $\phi30$ 通孔的位置。

　　③ 总体尺寸　确定形体外形总长、总宽和总高的尺寸，称为总体尺寸。为了能够知道形体所占面积或体积的大小，一般需标注出组合体的总体尺寸。如图 2-73 (d) 所示的 180、110 和 95，它们确定了铰支承的总长、总宽和总高。

　　如图 2-73 (d) 所示为整个形体的尺寸注法。它是根据形体标注的定形尺寸，加注了基本形体的定位尺寸，而且为了统一尺寸基准及标注总体尺寸，对其中一些尺寸进行了调整。如图中加注了确定两立板在长度方向上相互位置的定位尺寸 70，并将立板中 $\phi30$ 通孔高度方向的定位尺寸调整为 65；为了加注总体高度 95，减去了原立板的定形尺寸 80。

　　如图 2-73 (d) 所示还可以看出标注铰支承尺寸的基准：在长度方向为形体的左右对

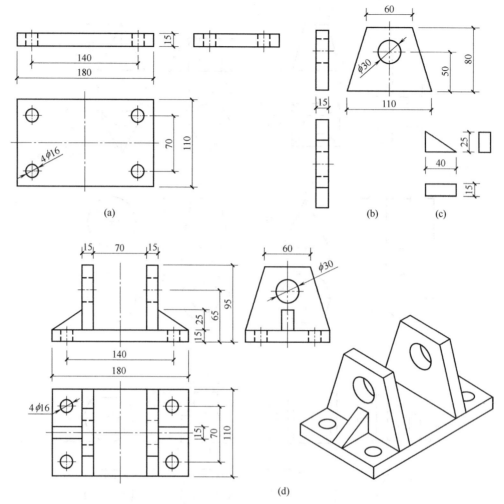

图 2-73 建筑形体的尺寸标注

称面，在宽度方向为前后对称面，在高度方向为铰支承的底面。

在形体的尺寸标注中，只有把上述三类尺寸都准确地标注出来，尺寸标注才符合完整要求。

（3）尺寸标注要注意的几个问题

① 尺寸标注尽量做到能直接读出各部分的尺寸，不用临时计算。

② 尺寸标注要明显，一般布置在视图的轮廓之外，并位于两个视图之间。通常属于长度方向的尺寸应标注在正立面图与平面图之间；高度方向的尺寸应标注在正立面图与左侧立面图之间；宽度方向的尺寸应标注在平面图与左侧立面图之间。

③ 同一方向的尺寸尽量集中起来，排成几道，小尺寸在内，大尺寸在外，相互间要平行等距，距离约 7～10mm。

④ 某些简单的组合体结构在形体中出现频率较多，其尺寸标注方法已经固定，对于初学者只要模仿标注即可。如图 2-74 所示，仅供参考。

（4）尺寸标注的步骤

标注组合体尺寸的步骤如下：

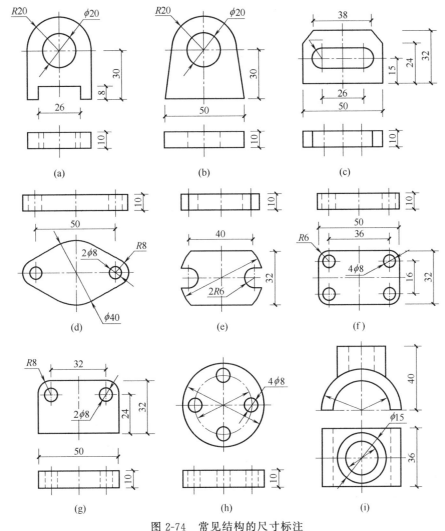

图 2-74 常见结构的尺寸标注

① 确定出每个基本形体的定形尺寸；

② 选定各个方向的定位基准，确定出每个基本形体相互间的定位尺寸；

③ 确定出总体尺寸；

④ 确定这三类尺寸的标注位置，分别画出尺寸界线、尺寸线、尺寸起止等符号；

⑤ 注写尺寸数字；

⑥ 检查调整。

现举例说明组合体尺寸标注。

例 2-16 标注如图 2-75 所示肋式杯形基础的尺寸。

分析： 该肋式杯形基础是由四棱柱形底板、中空四棱柱、前后肋板和左右肋板组合而成的形体。

作图步骤：

① 标注定形尺寸：四棱柱形底板的长、宽、高分别为 3000、2000、250；中空四棱柱外形长 1500，宽 1000，高 750，孔长 1000，宽 500，高 750；前后肋板长 250、宽 500、高 600 和 100；左右肋板长 750、宽 250、高 600 和 100。

② 标注定位尺寸的确定：中空四棱柱在底板的上面，其中心与底板的中心对齐，前后肋板对称，左右肋板亦对称。整个基础为前后、左右对称图形，因此，在长度方向选形体的左右对称面为基准，在宽度方向选前后对称面为基准，在高度方向选底面为基准。

中空四棱柱沿底板长、宽、高方向的定位尺寸是 750、500、250；左右肋板的定位尺寸是沿底板宽 875，高 250，长度因与底板左右对齐，故不用标注。同理，前后肋板的定位尺寸是 750、250。

③ 标注总体尺寸：肋式杯形基础的总长和总宽与四棱柱形底板的长、宽一致，为 3000 和 2000，不用另加标注，总高为 1000。

对于该基础，应标注杯口中线的尺寸，以便于施工。如图 2-76 所示俯视图中的 1500 和 1000。

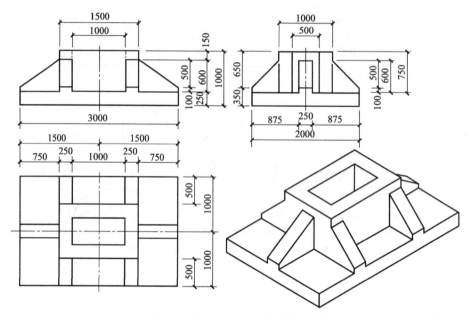

图 2-75　肋式杯形基础的尺寸标注

第四节　轴测投影

多面正投影图能准确而完整地表达形体各个向度的形状和大小，且作图简便，因此在工程实践中被广泛采用。但是这样的图缺乏立体感，要有一定的投影知识才能看懂。如图 2-76 所示的形体，如果画出它的三面投影图，每个投影只能反映长、宽、高三个尺度中的两个，缺乏立体感。如画出它的轴测投影图，就比较容易看出各部分的形状，具有较好的立体感。

轴测图具有较好的立体感，形象直观，便于度量，一般人都能看懂。但由于它是在一个投影面上反映形体三个尺度的形状，属单面投影图，有时对形体的表达不够全面，且绘制复杂形体的轴测图也比较麻烦，故工程上常用来作为辅助图样。在产品说明书、广告设计及书刊插图等方面应用广泛。

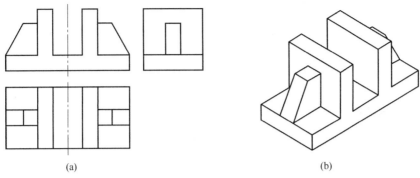

(a)　　　　　　　　　　　(b)

图 2-76　正投影图和轴测图

一、基本知识

1. 轴测投影的形成

将物体和确定该物体位置的直角坐标系，按投影方向 S 用平行投影法投影到某一选定的投影面 P 上得到的投影图称为轴测投影图，简称轴测图；该投影面 P 称为轴测投影面。通常轴测图有以下两种基本形成方法，如图 2-77 所示。

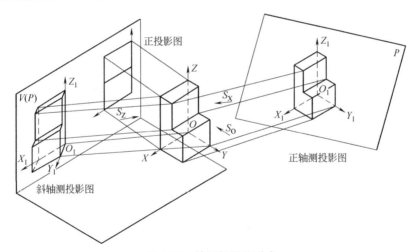

图 2-77　轴测投影的形成

① 投影方向 S_Z 与轴测投影面 P 垂直，将物体倾斜放置，使物体上的三个坐标面和 P 面都斜交，这样所得的投影图称为正轴测投影图。

② 投影方向 S_X 与轴测投影面 P 倾斜，这样所得的投影图称为斜轴测投影图。把正立投影面 V 当作轴测投影面 P，所得斜轴测投影叫正面斜轴测投影；把水平投影面 H 当作轴测投影面 P，所得斜轴测投影叫水平斜轴测投影。

2. 轴测轴、轴间角和轴向伸缩系数

① 轴测轴：空间直角坐标轴 OX、OY、OZ 在轴测投影面 P 上的投影 O_1X_1、O_1Y_1、O_1Z_1 称为轴测投影轴，简称轴测轴。

② 轴间角：轴测轴之间的夹角 $\angle X_1O_1Y_1$、$\angle X_1O_1Z_1$ 和 $\angle Y_1O_1Z_1$ 称为轴间角。三个轴间角之和为 $360°$。

③ 轴向变形系数：也叫轴向伸缩系数。轴测轴上单位长度与相应坐标轴上单位长度之比称为轴向变形系数，分别用 p、q、r 表示。即 $p=O_1X_1/OX$、$q=O_1Y_1/OY$、$r=O_1Z_1/OZ$，则 p、q、r 分别称为 X、Y、Z 轴的轴向变形系数。

轴测轴、轴间角及轴向变形系数是绘制轴测图时的重要参数，不同类型的轴测图其轴间角及轴向变形系数是不同的。

3. 轴测投影的投影特性

因为轴测投影仍然是平行投影，所以它必然具有平行投影的投影特性。即：

① 平行性：形体上互相平行的直线，其轴测投影仍平行。

② 定比性：形体上与轴平行的线段，其轴测投影平行于相应的轴测轴，其轴向伸缩系数与相应轴测轴的轴向伸缩系数相等。只要给出各轴测轴的方向以及各轴向伸缩系数，即可根据形体的正投影图画出它的轴测投影图。画轴测图时，形体上凡平行于坐标轴的线段，都可按其原长度乘以相应的轴向伸缩系数得到轴测长度，这就是轴测图"轴测"二字的含义。

4. 轴测图的分类

已如前述，根据投影方向和轴测投影面的相对关系，轴测投影图可分为：正轴测投影图和斜轴测投影图。这两类轴测投影，根据轴向变形系数的不同，又可分为三种：

① 当 $p=q=r$，称为正（或斜）等轴测投影，简称为正（或斜）等测。

② 当 $p=r\neq q$，或 $p=q\neq r$ 或 $q=r\neq p$，称为正（或斜）二等轴测投影，简称为正（或斜）二测。

③ 当 $p\neq q\neq r$，称为正（或斜）三轴测投影，简称为正（或斜）三测。

工程中最常用的是正等轴测图（简称正等测）和斜二等轴测图（简称斜二测）。

二、正等轴测图

当形体的三个坐标轴与轴测投影面倾角相同时，用正投影法绘制的轴测图称为正等轴测图，简称正等测。在正等测轴测图中，各轴测轴之间的夹角均为 120°，各轴的轴向伸缩系数均相等，即 $p=q=r=0.82$。为了作图方便，一般将轴向伸缩系数均简化为 1，即沿轴向尺寸可按实长量取。用简化的轴向伸缩系数画出的轴测图比原轴测图等比例放大了约 1.22 倍。正等轴测图的轴测轴和画法如图 2-78 所示。

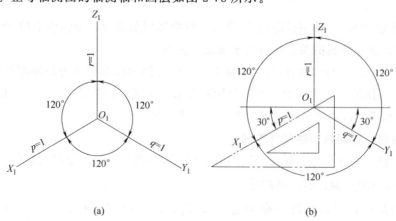

(a)　　　　　　　　　　　　(b)

图 2-78　正等轴测图的参数及画法

1. 平面立体正等轴测图的画法

画轴测图的基本方法是坐标法，即根据形体各顶点的坐标值定出其在轴测投影中的位置，画出轴测图。但在实际作图时，还应根据物体的形状特点不同，结合端面法（拉伸法）、切割法、组合法（叠加法）等，灵活采用不同的作图步骤。

（1）坐标法

绘制正等轴测图一般将 O_1Z_1 轴画成铅垂，另外两个方向按物体所要表达的内容和形体特征选择，所绘图样尽可能将物体要表达的部分清晰表达出来。

例 2-17 已知三棱锥的正投影，如图 2-79（a）所示，画出其正等轴测图。

分析： 选锥底所在平面为 XOY 平面，建立坐标系。用坐标法作出各定点的正等测，依次连线即可。

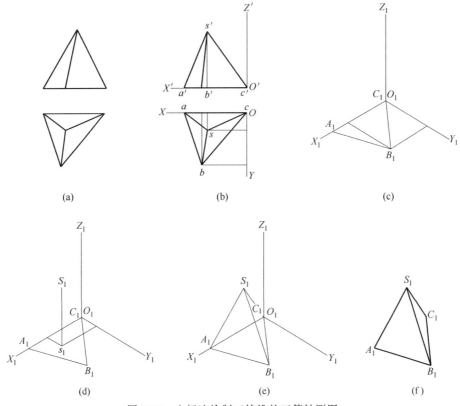

图 2-79　坐标法绘制三棱锥的正等轴测图

作图步骤：

（1）在三视图上设置直角坐标系：如图 2-79（b）所示，选锥底所在平面为 XOY 平面，以锥底 C 为坐标原点 O，以 AC 作为 X 轴，高方向为 Z 轴方向。

（2）画轴测轴：根据坐标画出底面各顶点的轴测图，如图 2-79（c）所示。

（3）根据顶点 S 的坐标，先定出锥顶 S 的水平投影 s 的轴测图 s_1，再由 s_1 升高，得锥顶 S 的轴测图 S_1，如图 2-79（d）所示。

（4）连接各顶点，构成三棱锥的轴测图，如图 2-79（e）所示。

（5）加深图线，完成作图。注意：轴测图上一般不画虚线，如图 2-79（f）所示。

例 2-17 的作图过程实际上是根据三棱锥各顶点的坐标值定出其在轴测投影中的位置，

并沿轴测轴量出尺寸，从而画出轴测图，这种作图方法称为坐标法。

（2）端面法（拉伸法）

此种方法在计算机建模时显得尤为方便。其作图方法是先作出端面的投影，再根据其长、宽或高的尺寸完成作图。

例 2-18 绘制如图 2-80（a）所示台阶的正等轴测图。

分析： 台阶的踢面和踏面可以看成由不同大小的四棱柱组成，其正等轴测图可以先作出踏步踢步与右侧栏板内侧面的交线（"端面"），再过交线各顶点画 X 轴的平行线，即得踏步。

作图步骤：

（1）从形体左前角开始，画出左右栏板及右侧栏板与踏步踢步交线，如图 2-80（b）所示。

（2）画踏步踢步交线，注意与 X 轴平行，如图 2-80（c）所示。

（3）整理成图，如图 2-80（d）所示。

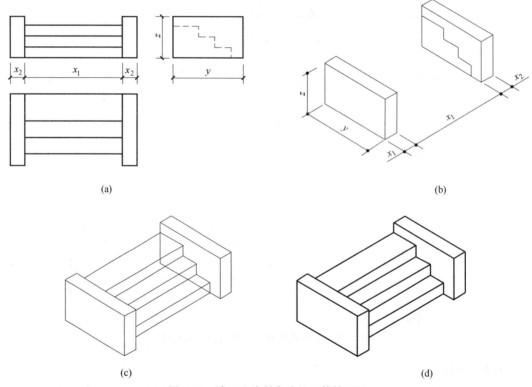

(a)　　　　　　　　　　　　　　　　　　　　　(b)

(c)　　　　　　　　　　　　　　　　　　　　　(d)

图 2-80　端面法绘制台阶的正等轴测图

（3）切割法

切割法是画轴测图最常用的方法，用切割法绘制轴测图一般应遵循先整体后局部的原则。

例 2-19 如图 2-81（a）所示，画形体的正等轴测图。

分析： 该形体可看成是长方形的切割体，其切割顺序为先用侧垂面切去长方体的前上角，然后再用一个正平面和两个侧平面分别切去左前角和右前角，作图时可按切割顺序进行。

作图步骤：

（1）在正投影图上确定坐标系，如图 2-81（a）所示。

（2）画出长方体的正等轴测图，然后用侧垂面切去长方体的前上角，如图 2-81（b）所示。

（3）在正投影图上量取侧平面和正平面的位置，画出被切的左前角和右前角。一定要沿轴向量取距离，如图 2-81（c）所示。

（4）擦去多余和被遮挡的图线，检查、加深，完成作图，图 2-81（d）所示。

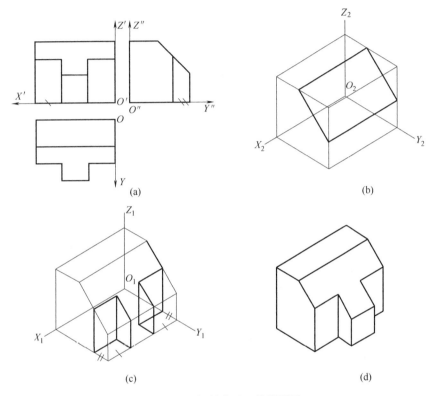

图 2-81 用切割法画正等轴测图

（4）组合法（叠加法）

组合法又称为叠加法，绘图时首先应对形体的构成进行分析，明确它的形状。一般从较大的形体入手，根据各部分之间的关系，逐步画出。

例 2-20 作出如图 2-82（a）所示梁板柱节点的正等测。

分析：通过形体分析，可知梁板柱节点是由若干个棱柱叠加而成的，并上大下小，为了能表示出下部构造，投影方向应为仰视方向，并结合叠加法作出其轴测图。宜选择楼板的下底面作为 XOY 面，楼板中心点为坐标原点 O。

作图步骤：

（1）在投影图上定出坐标轴和原点。取楼板中心点为原点 O，如图 2-82（a）所示。

（2）画轴测轴，按楼板的长、宽、高作出其轴测投影，如图 2-82（b）所示。

（3）按尺寸作出立柱的轴测投影，如图 2-82（c）所示。

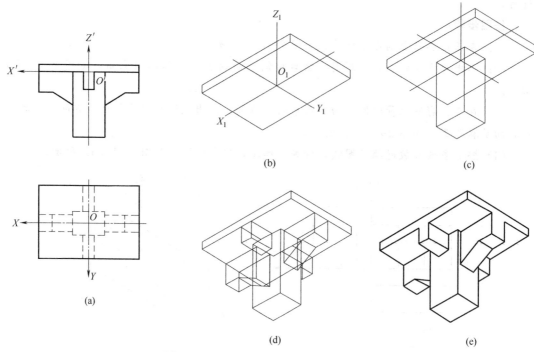

图 2-82 用叠加法画组合体的正等轴测图

（4）按尺寸作出各主次梁的轴测投影，如图 2-82（d）所示。

（5）最后擦去多余的作图线并描深，完成梁板柱节点的正等测，如图 2-82（e）所示。

2. 曲面立体正等轴测图的画法

曲线在正等轴测投影中仍为曲线，形体表面的圆的轴测投影一般为椭圆。在实际作图中，对于曲线，可用坐标法求出曲线上一系列点的轴测投影，然后光滑连接。

（1）平行于坐标面的圆的正等轴测图的画法

如图 2-83 所示，平行于坐标面的圆的正等测投影都是椭圆。对于这些椭圆可用近似画法——四心扁圆法（又称菱形四心法）画出。

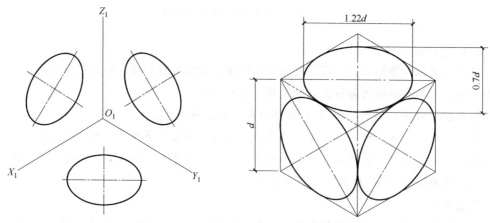

图 2-83 平行于坐标面的圆的正等轴测图

图 2-84 表示直径为 d 的圆在正等测中 $X_1O_1Y_1$ 面上椭圆的画法；$X_1O_1Z_1$ 和 Y_1O_1

Z_1 面上椭圆，仅长、短轴的方向不同，其画法与在 $X_1O_1Y_1$ 面上的椭圆画法相同。

① 做圆的外切正方形 $ABCD$ 与圆相切于 1、2、3、4 四个切点，如图 2-84（a）所示。

② 画轴测轴，按直径 d 作出四个切点的轴测投影 1_1、2_1、3_1、4_1，并过其分别作 X_1 轴与 Y_1 轴的平行线。所形成的菱形的对角线即为长、短轴的位置，如图 2-84（b）所示。

③ 连接 D_11_1 和 B_12_1，并与菱形对角线 A_1C_1 分别交与 E_1、F_1 两点，则 B_1、D_1、E_1、F_1 为四个圆心，如图 2-84（c）所示。

④ 分别以 B_1、D_1 为圆心，以 B_12_1、D_11_1 为半径作圆弧，如图 2-84（d）所示。

⑤ 再分别以 E_1、F_1 为圆心，以 E_11_1、F_12_1 为半径作圆弧，即得到近似椭圆，如图 2-84（e）所示。

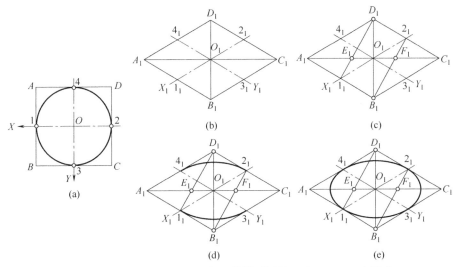

图 2-84　平行于投影面的圆的正等轴测图的画法——四心扁圆法

例 2-21　画圆柱和圆台的正等轴测图，如图 2-85 所示。

解：画圆柱、圆台的正等轴测图时，其上、下底圆的正等轴测图可按上述的四心扁圆法画出。圆柱、圆台的侧面轮廓线应是上、下两个椭圆的公切线。

作图步骤：

（1）画出轴测轴，用四心扁圆法画上底面的椭圆。为简化作图，可取上底面的圆心为轴测轴的原点。

（2）画下底面的椭圆，可用四心扁圆法画出，也可将上底椭圆中的各圆弧连接点和各圆心沿 OZ 轴向下移 h，求得下底椭圆的相应点，画出。

（3）画上下椭圆的公切线，擦去不可见部分，加深，完成正等轴测图。

（2）带四分之一圆角形体的正等测图的近似画法——切点垂线法

如图 2-86（a）所示，带有四分之一圆角的底板，其圆角的正等轴测图的近似画法如下：首先画出不带圆角底板的轴测图，然后从顶点 C 向两边量取半径 R，得切点 A、B。过 A、B 点作边线的垂线，交点即为圆心 O_1，以圆心至切点的距离为半径，作弧便是 1/4 圆的轴测图。将圆心和切点向下平移一个底板厚度，画出同样的一段弧。右边圆角的画法与左边相同，但必须注意半径的变化。如图 2-86（b）所示。

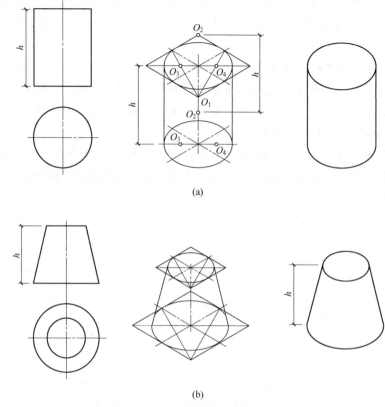

(a)

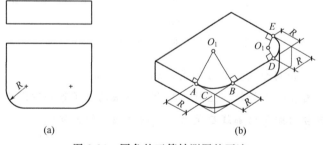

(b)

图 2-85　圆柱和圆台的正等轴测图

(a)　　　　　　　　(b)

图 2-86　圆角的正等轴测图的画法

三、斜二等轴测图

用斜投影法绘制的轴测图称为斜轴测图。此时形体的一个参考坐标面应平行于轴测投影面。在斜轴测投影中，以正立面（V 面）为轴测投影面的轴测投影称为正面斜轴测投影；以水平面（H 面）为轴测投影面的轴测投影称为水平斜轴测投影。

1. 正面斜轴测图的画法

由于在正面斜轴测投影中坐标面 XOZ 平行于 V 面，形体在 XOZ 方向的投影是反映实形的。所以轴测轴 OZ 和 OX 的夹角为 90°，轴向伸缩系数为 1。OY 轴的轴向伸缩系数有两种：当 $q=1$ 时的斜轴测图称为正面斜等测图，当 $q=0.5$ 时称为正面斜二测图。斜二测的投影轴及轴间角和轴向伸缩系数见图 2-87。在绘制斜轴测图时，OY 轴的方向可根据

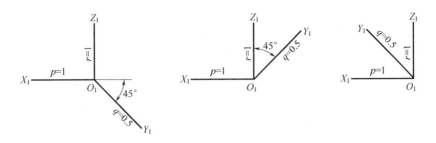

图 2-87　正面斜二测的投影轴及轴间角和轴向伸缩系数

需要选择，以便画出不同方向的轴测图。

例 2-22　作出如图 2-88 （a）所示空心砖的斜二测。

分析：因为空心砖的正面形状比较复杂，因此选用正面斜二测作图最为简便。选择空心砖的前表面作为 XOZ 面，前表面左下顶点为坐标原点 O。

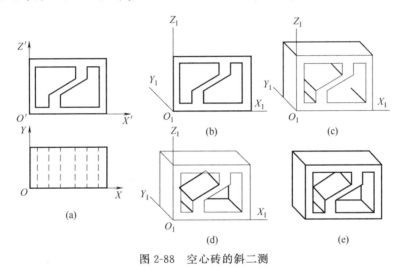

图 2-88　空心砖的斜二测

作图步骤：

（1）在投影图上定出坐标轴和原点。取前表面左下顶点为原点 O，如图 2-88 （a）所示。

（2）画轴测轴并作空心砖前表面的正面斜轴测投影（即为 V 面投影实形），如图 2-88 （b）所示。

（3）过前表面上各角点作 O_1Y_1 轴平行线（即形体宽度线，不可见不画），在其上取空心砖厚度的一半，如图 2-88 （c）所示。

（4）做出镂空部分的轴测投影，即画出空心砖后表面的可见轮廓线，如图 2-88 （d）所示。

（5）最后擦去多余的作图线并描深，完成空心砖的正面斜二测，如图 2-88 （e）所示。

2. 水平斜轴测图的画法

水平斜轴测投影是以水平面作为轴测投影面，并使坐标面 XOY 平行于轴测投影面，形体在平行于 XOY 方向的轴测投影反映实形。轴间角 $XOY=90°$。一般将 OZ 轴铅垂绘制，OZ 轴的伸缩系数也有两种：当 $r=1$ 时，称为水平斜等轴测投影；当 $r=0.5$ 时，称为水平斜二测投影。这种轴测图，适宜用来绘制房屋的水平剖面或一个区域的总平面图，它可以表达建筑的内部布置，或一个区域中各建筑物、道路、设施等的平面位置及相互关系，以及建筑物和设施等的实际高度。水平斜轴测投影的轴间角和轴向伸缩系数如图 2-89 所示。

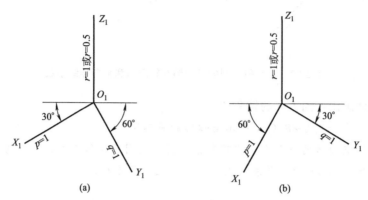

图 2-89   水平斜轴测投影的轴间角和轴向伸缩系数

例 2-23   作出如图 2-90（a）所示某区域总平面图的水平斜二测。

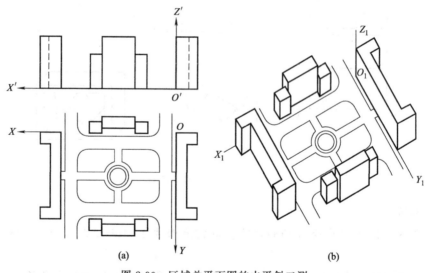

图 2-90   区域总平面图的水平斜二测

分析：水平斜轴测图常用于建筑总平面布置，这种轴测图也称为鸟瞰图。画图时先将水平投影向右旋转 30°，然后按建筑物的高度或高度的 1/2，画出每个建筑物。就成了该建筑群的鸟瞰图。本例选择地面为 XOY 面，建筑一角为坐标原点 O。

作图步骤：

（1）在投影图上定出坐标轴和原点。取建筑一角为原点 O，如图 2-90（a）所示。

（2）画轴测轴，使 O_1Z_1 轴为竖直方向，O_1X_1 轴与水平方向成 30°，O_1X_1 轴与 O_1Y_1 轴成 90°。根据水平投影作出各建筑物底面的轴测投影（与水平投影图的形状、大小及位置均相同）。沿 Z_1 轴方向，过各角点作建筑图可见棱线的轴测投影，并取各建筑物高度的一半，再画出各建筑物顶面的轮廓线，如图 2-90（b）所示。

（3）最后擦去多余的作图线并描深，完成总平面的水平斜二测，如图 2-90（b）所示。

第五节 标高投影

路、桥、涵、隧有些是建在地面上的，有些是建在地面下的。因此，地面的形状对其设计、施工、检验等都有较大的影响。一般来讲，地面形状比较复杂，高低不平，没有一定规律。而且，地面的高度和地面的长度、宽度比较起来一般显得很小。如果用前面介绍的各种图示方法表示地面形状，则难以表达清楚，而标高投影可以解决此问题。标高投影属于单面正投影，标高投影图实际上就是标出高度的水平投影图。因此标高投影具有正投影的一些特性。

一、点、直线和平面的标高投影

1. 点的标高投影

如图 2-91（a）所示，设水平投影面 H 为基准面，其高度为零，点 A 在 H 面上方 4m，点 B 在 H 面上，点 C 在 H 面下方 3m。若在 A、B、C 三点水平投影 a、b、c 的右下角标明其高度值 4、0、-3（a_4、b_0、c_{-3}），就可得到 A、B、C 三点的标高投影图，见图 2-91（b）。高度数值称为标高或高程，单位为米（m）。高于 H 面的点标高为正值；低于 H 面的点标高为负值，在数字前加"$-$"号；在 H 面上的点标高值为零。图中应画出由一粗一细平行双线所表示的比例尺。

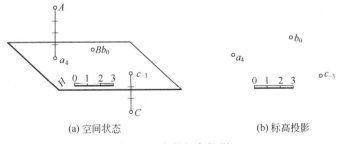

(a) 空间状态   (b) 标高投影

图 2-91　点的标高投影

由于水平投影给出了 X、Y 坐标，标高给出了 Z 坐标，因而根据一点的标高投影，就可以唯一确定点的空间位置。例如，由点 a_4 作垂直于 H 面的投射线，向上量 4m，即可得到点 A。

2. 直线的标高投影

（1）直线的标高投影表示法

直线的位置是由直线上两点或直线上一点以及该直线的方向确定。因此，直线的标高投影有两种表示法。

① 直线的水平投影加注直线上两点的标高，见图 2-92（b）。一般位置直线 AB、铅垂线 CD 和水平线 EF，它们的标高投影分别为 a_5b_2、c_5d_2 和 e_3f_3。

② 直线上一个点的标高投影加注直线的坡度和方向，见图 2-92（c），图中箭头指向下坡，3：4 表示直线的坡度。

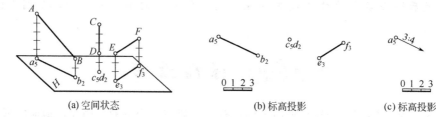

(a) 空间状态　　　　(b) 标高投影　　　　(c) 标高投影

图 2-92　直线的标高投影

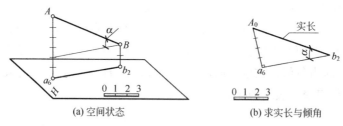

图 2-93　等高线

水平线也可由其水平投影加注一个标高来表示，见图 2-93。由于水平线上各点的标高相等，因而只标出一个标高值，该线称为等高线。

（2）直线的实长、倾角、刻度、平距和坡度

① 直线的实长、倾角　在标高投影中求直线的实长可采用正投影中的直角三角形法。如图 2-94 所示，以直线标高投影 a_6b_2 为一直角边，以 A、B 两端点的标高差（6－2＝4）为另一直角边，用给定的比例尺作出直角三角形后，斜边即为直线的实长。斜边与标高投影的夹角等于直线 AB 与投影面 H 的夹角 α。

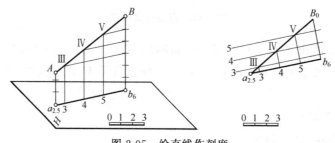

(a) 空间状态　　　　(b) 求实长与倾角

图 2-94　求线段的实长与倾角

② 直线的刻度　将直线上有整数标高的各点的投影全部标注出来，即为对直线作刻度。如给线段 $a_{2.5}b_6$ 作刻度，见图 2-95。需要在该线段上找到标高为 3、4、5 的三个整数标高点的投影。可在表示实长的三角形上，作出标高为 3、4、5 的直线平行于 $a_{2.5}b_6$，由它们与斜边 $a_{2.5}B_0$ 的交点，向 $a_{2.5}b_6$ 作垂线，垂足即为刻度 3、4、5。

图 2-95　给直线作刻度

③ 直线的坡度和平距　在标高投影中用直线的坡度和平距表示直线的倾斜程度。

直线上任意两点的高度差 ΔH 与其水平距离 L 之比称为该直线的坡度。也相当于两点间的水平距离为 1 单位长度（m）时的高度差 Δh。坡度符号用 i 表示，即

$$i=\Delta H/L=\Delta h/1=\tan\alpha$$

如图 2-96 中，直线 AB 的高度差 $\Delta H＝6－3＝3$（m），用比例尺量得其水平距离 $L＝$

6m，所以该直线的坡度

$$i = \Delta H / L = 3/6 = 1/2 = 1：2$$

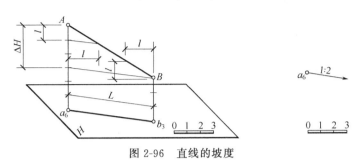

图 2-96　直线的坡度

当两点间的高差为 1 个单位长度（m）时的水平距离称为平距，用符号 I 表示，即

$$I = L / \Delta H = 1/i = \cot\alpha = 1/\tan\alpha$$

由此可见，平距和坡度互为倒数。故直线的坡度越大，平距越小；反之，直线的坡度越小，平距越大。

例 2-24　如图 2-97 所示，已知直线 AB 的标高投影 $a_{3.2}b_{6.8}$ 和直线上一点 C 的水平投影 c，求直线上各整数标高点及 C 的标高。

作图步骤：

（1）平行于 $a_{3.2}b_{6.8}$ 作五条等距（间距按比例尺）的平行线；

（2）由点 $a_{3.2}b_{6.8}$ 作直线垂直于 $a_{3.2}b_{6.8}$；

（3）在其垂线上分别按其标高数字 3.2 和 6.8 定出 A、B 两点，连 AB 即为实长；

（4）AB 与各平行线的交点 Ⅳ、Ⅴ、Ⅵ 即为直线 AB 的整数标高点，由此可定出各整数标高点的投影 4、5、6；

（5）由 c 作 $a_{3.2}b_{6.8}$ 的垂线，与 AB 交于 C 点，就可以由长度 cC 定出 C 点的标高为 4.5m。

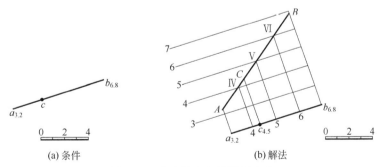

(a) 条件　　　　　　　　　　　　(b) 解法

图 2-97　求直线上各整数标高点

3. 平面的标高投影

（1）平面上的等高线和最大坡度线

等高线是平面上具有相等高程点的连线。平面上所有的水平线都是平面上的等高线，也可看成是水平面与该平面的交线。平面与水平面 H 的交线是高度为零的等高线。在实际工程应用中，常取整数标高的等高线。如图 2-98（a）中 0、1、2、…表示平面上的等高线；图 2-98（b）中 0、1、2、…表示平面上等高线的标高投影。等高线用细实线表示。

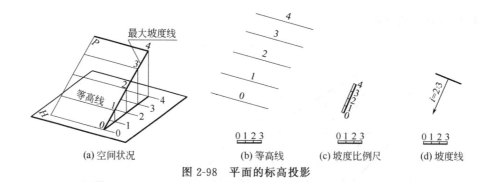

图 2-98　平面的标高投影

等高线有以下特性。

① 等高线是相互平行的直线；

② 等高线高差相等，水平间距也相等。

图中相邻等高线的高差为 1m，其水平间距就是平距。

最大坡度线就是平面上对 H 面的最大斜度线，平面上凡是与水平线垂直的直线都是平面的最大坡度线。根据直角投影定理，它们的水平投影相互垂直，见图 2-98（d）。最大坡度线的坡度就是该平面的坡度。

平面上带有刻度的最大坡度线的标高投影，称为平面的坡度比例尺，用平行的一粗一细双线表示。见图 2-98（c），P 平面的坡度比例尺用字母 P_{i} 表示。

（2）平面的表示法

平面的标高投影，可用几何元素的标高投影表示。即不在同一直线上的三点；一直线和直线外一点；相交两直线；平行两直线；任意一平面图形。

平面的标高投影，还可用下列形式表示。

① 用一组等高线表示平面：见图 2-98（b），一组等高线的标高数字的字头应朝向高处。

② 用坡度比例尺表示平面：见图 2-98（c），过坡度比例尺上的各整数标高点作它的垂线，就是平面上相应高程的等高线，由此来决定平面的位置。

③ 用平面上任意一条等高线和一条最大坡度线表示平面：见图 2-98（d），最大坡度线用注有坡度 i 和带有下降方向箭头的细实线表示。

④ 用平面上任意一条一般位置直线和该平面的坡度表示平面：见图 2-99（a），由于平面下降的方向是大致方向，故坡度方向线用虚线表示。

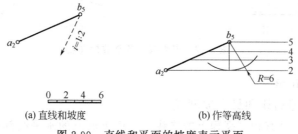

图 2-99　直线和平面的坡度表示平面

图 2-99（b）所示为根据上述两条件作出等高线的方法：过 a_2、b_5 分别有一条标高为 2、5 的等高线，它们之间的水平距离 L 应为

$$L = \Delta H / i = (5-2)/(1/2) = 3 \times 2 = 6$$

以 b_5 为圆心、$L=6$ 为半径（按比例尺量取）画弧，过 a_2 作圆弧切线就得到标高为 2 的等高线。过 b_5 作平行线得到标高为 5 的等高线。将两等高线间距离三等分，并过等分点作平行线，得到 3、4 两条等高线。

⑤　水平面的表示法：水平面用一个完全涂黑的三角形加注标高来表示。

（3）求两平面的交线

在标高投影中，求两平面的交线通常采用水平面作辅助平面。见图 2-100（a），用两个标高为 5 和 8 的水平面作辅助平面，与 P、Q 两面相交，其交线是标高为 5 和 8 的两对等高线，这两对等高线的交点 M、N 是 P、Q 两平面的公共点，连接 M、N 即为所求交线。

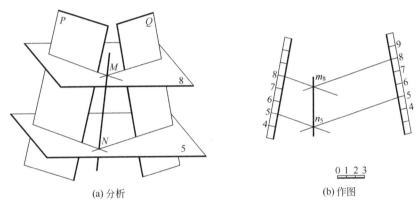

(a) 分析　　　　　　　　(b) 作图

图 2-100　两平面相交

例 2-25　已知两个平面的标高投影。其中一个由坡度比例尺 $a_0 b_4$ 表示，另一个由等高线 3 和坡度线表示，坡度为 1∶2。求两平面交线的标高投影，见图 2-101。

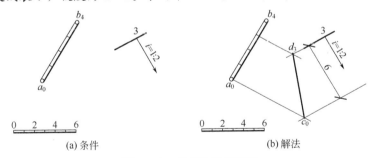

(a) 条件　　　　　　　　(b) 解法

图 2-101　求两平面的交线

分析：求两平面的交线，关键是作出两个平面上标高相同的两对等高线。在此取两组标高为 0 和 3 的等高线。

作图步骤：

（1）在由坡度比例尺表示的平面上，由刻度 0 和 3，作坡度比例尺的垂线，可得出等高线 0 和 3；

（2）在由等高线 3 和坡度线表示的平面上，平距 $L = 1/i = 2$，则等高线 3 与 0 间距为 $3 \times 2 = 6$，根据比例尺，可作出标高为 0 的等高线；

（3）两对等高线分别交于 $c_0 d_3$，连 $c_0 d_3$ 即为所求。

在工程中，把建筑物相邻两坡面的交线称为坡面交线，坡面与地面的交线称为坡脚线（填方）或开挖线（挖方）。

例 2-26　已知坑底的标高为 $-4m$，坑底的大小和各坡面的坡度见图 2-102（a），地面标高为 0，求作开挖线和坡面交线。

作图步骤：

（1）求开挖线：地面标高为 0，因此开挖线就是各坡面上高程为 0 的等高线，它们分别与坑底的相应底边线平行，高差为 4m，水平距离 $L_1=2\times4=8$（m），$L_2=(3/2)\times4=6$（m），$L_3=1\times4=4$（m）；

（2）求坡面交线：连接相邻两坡面高程相同的两条等高线交点，即为四条坡面交线；

（3）将结果加深，画出各坡面的示坡线（画在坡面高的一侧，且一长一短相同间隔的细线，方向垂直等高线）。

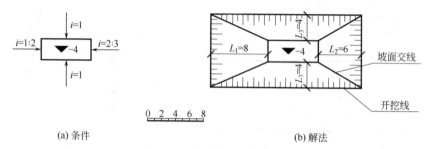

(a) 条件　　　　　　　　　　　　　(b) 解法

图 2-102　求开挖线和坡面交线

二、曲面的标高投影

道桥工程上常见的曲面有锥面、同坡曲面和地形面等。曲面的标高投影，是由曲面上一组等高线表示的。这组等高线就是一组水平面与曲面的交线。

（1）圆锥曲面

如图 2-103 所示，正圆锥的等高线都是水平圆，它们的水平投影是大小不同的同心圆。把这些同心圆分别标出它们的高程，就是正圆锥面的标高投影。当圆锥正立时，标高

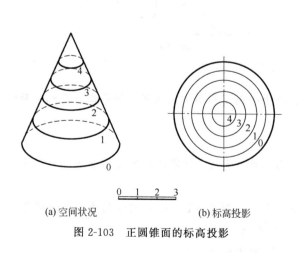

(a) 空间状况　　　　　　(b) 标高投影

图 2-103　正圆锥面的标高投影

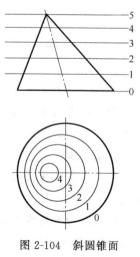

图 2-104　斜圆锥面
的标高投影

向圆心递升；当圆锥倒立时，标高向圆心递减。正置的斜圆锥，如图 2-104 所示，由于该锥面的左侧坡度大，右侧坡度小，故等高线间距距离左侧密，右侧稀，因而等高线为一些不同心的圆。

（2）同坡曲面

各处坡度均相等的曲面，称为同坡曲面，正圆锥面属于同坡曲面。如图 2-105（a）所示，一个正圆锥的锥顶沿着曲导线 $A_1B_2C_3$ 移动，各位置圆锥的包络面即为同坡曲面。同坡曲面的坡度线就是同坡曲面与圆锥相切的素线。因此，同坡曲面的坡度处处相等。

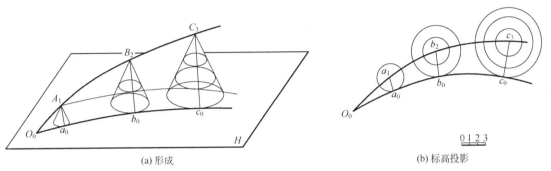

(a) 形成　　　　　　　　　　(b) 标高投影

图 2-105　同坡曲面的形成及标高投影

如图 2-105（b）所示，已知空间曲导线的标高投影及同坡曲面的坡度，分别以 a_1、b_2、c_3 为圆心，用平距为半径差作出各圆锥面上同心圆形状的等高线，作等高线的包络切线，即为同坡曲面上的等高线。

同坡曲面常见于弯曲路面的边坡，它与平直路面的边坡相交，就是同坡曲面与平面相交。

例 2-27　图 2-106（a）所示为一弯曲倾斜引道与干道相连，若干道顶面的标高为 4m，地面标高为 0，弯曲引道由地面逐渐升高与干道相连。各边坡的坡度如图 2-106（a）所示，求各坡面等高线与坡面的交线。

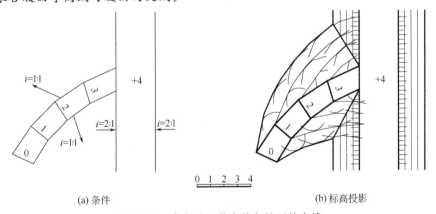

(a) 条件　　　　　　　　　　(b) 标高投影

图 2-106　求各坡面等高线与坡面的交线

作图步骤：

（1）引道两边的边坡是同坡曲面，其平距为 $L=1$ 单位。引道的两条路边即为同坡曲面的导线，在导线上取整数标高点 1、2、3、4（平均分割导线），作为锥顶的位置。

（2）以 1、2、3、4 为圆心，分别以 $R=1$、2、3、4 为半径画同心圆，即为各正圆锥的等高线。

（3）作出各正圆锥上同名等高线的包络线，就是同坡曲面上的等高线。

（4）干道的边坡坡度为 2∶1，则平距为 1/2，作出等高线。

（5）连接同坡曲面与干道坡面相同等高线的交点，即为两坡面的交线。

（3）地形图

用等高线表示地形面形状的标高投影，称为地形图。见图 2-107，由于地形面是不规则的曲面，所以它的等高线是不规则的曲线。它们的间隔不同，疏密不同。等高线越密，表示地势越陡峭；等高线越疏，表明地势越平坦。

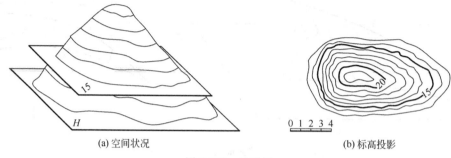

(a) 空间状况　　　　　　　　　　　(b) 标高投影

图 2-107　地形图

为便于看图，地形图等高线一般每隔四条有一条画成粗实线，并标注其标高，这样的粗实线称计曲线。

例 2-28　已知管线两端的高程分别为 19.5m 和 20.5m，见图 2-108。求管线 AB 与地形面的交点。

分析：求直线与地面的交点，一般都是包含直线作铅垂面，作出铅垂面与地形面的交

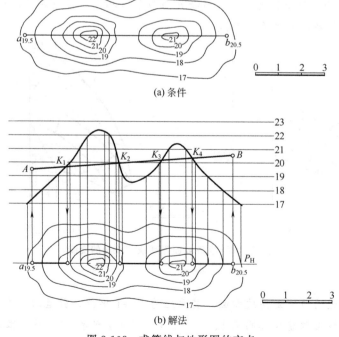

(a) 条件

(b) 解法

图 2-108　求管线与地形图的交点

线，即断面的轮廓线，再求直线与断面轮廓线的交点，就是直线与地形面的交点。

作图步骤：

（1）在地形图上作间距为 1 单位的平行线，且平行于 $a_{19.5}b_{20.5}$，标出各线的高程。

（2）在地形图上过管线 AB 作铅垂面 P。

（3）求断面图（P 面与地形面的截交线）：自 P_H 线与等高线相交的各地面点分别向上引垂线，并根据其标高找到它们在标高线上的相应位置，再把标高线上的各点连成曲线，即得地形断面图。

（4）根据标高投影 $a_{19.5}b_{20.5}$，在断面图上作出直线 AB。

（5）找出直线 AB 与地面线的交点 K_1、K_2、K_3、K_4。由此可在地形图中得到交点的标高投影。

例 2-29　如图 2-109 所示，路面标高为 62，挖方坡度 $i=1$，填方坡度 $i=2:3$，求挖方、填方的边界线。

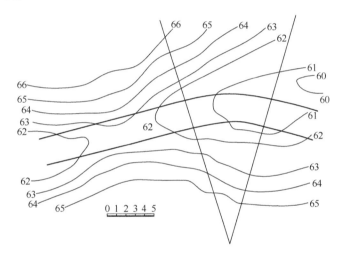

(a) 条件

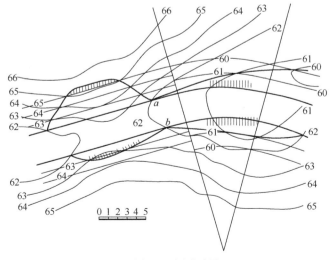

(b) 求挖方、填方的边界

图 2-109　求道路两侧挖方、填方的边界

分析：该段道路由直道与弯道两部分组成。直道部分地形面高于路面，故求挖方的边界线。这段边界线实际就是坡度为 $i=1$ 的平面与地形面的交线。弯道部分地形面低于路面，故求填方的边界线。这段边界线实际就是坡度为 $i=2:3$ 的同坡曲面与地形面的交线。上述两种分界线均用等高线求解。

作图步骤：

（1）地形面上与路面上高程相同点 a、b 为填挖分界点，左边为挖方，右边为填方；

（2）在挖方路两侧，根据 $i=1$（$L=1$）作出挖方坡面的等高线（平行于路面边界线）；

（3）在填方路面两侧，根据 $i=2:3$（$L=2/3$）作出填方坡面的等高线（实际就是以 O 为圆心，以平距差 $L=2/3$ 为半径的同心圆）；

（4）求出这些等高线与地形面上相同高度等高线的交点；

（5）用曲线依次连接各交点，即得到挖、填方的边界线。

第三章　道桥形体的表达方法

第一节　视　图

道桥形体的形状和结构是多种多样的，当其比较复杂时，仅用三面投影图表达是难以满足要求的。为此，在制图的国家标准中规定了多种表达方法，绘图时可根据建筑形体的形状特征选用。一般来讲，道桥形体往往要同时采用几种方法，以达到将其内外结构表达清楚的目的。

一、基本视图

当形体的形状比较复杂时，它的六个面的形状都可能不相同。若单纯用三面投影图表示则看不见的部分在投影图中都要用虚线表示，这样在图中各种图线过于密集、重合，不仅影响图面清晰，有时也会给读图带来困难。为了清晰地表达形体的六个方面，标准规定在三个投影面的基础上，再增加三个投影面组成一个方形立体。构成立方体的六个投影面称为基本投影面，如图 3-1（a）所示。把形体放在立方体中，将形体向六个基本投影面投影，可得到六个基本视图，如图 3-1（b）所示。

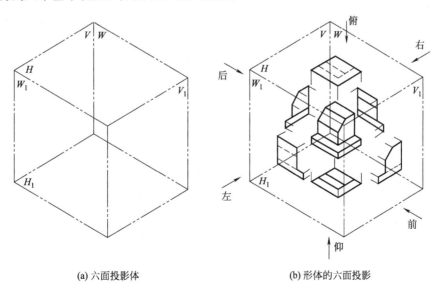

(a) 六面投影体　　　　　　　　　　(b) 形体的六面投影

图 3-1　基本投影面及基本视图的形成

这六个基本视图的名称是：从前向后投射得到主视图（正立面图），从上向下投射得到俯视图（平面图），从左向右投射得到左视图（左侧立面图），从右向左投射得到右视图（右侧立面图），从下向上投射得到仰视图（底面图），从后向前投射得到后视图（背立面图）。括号里的名称为房屋建筑制图规定的名称，如图 3-2 所示。六个投影面的展开方法，如图 3-2（a）所示。正立投影面保持不动，其他各个投影面按箭头所指方向逐步展开到与正立投影面在同一个平面上。

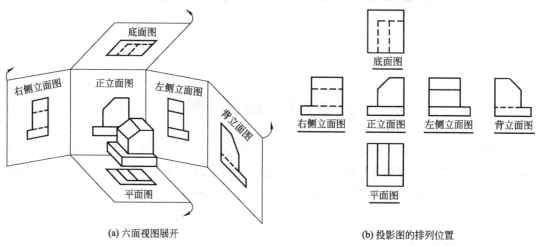

(a) 六面视图展开　　　　　　　　　　(b) 投影图的排列位置

图 3-2　六面基本视图

六个视图的投影对应关系是：

① 六视图的度量对应关系，仍保持"三等"关系，即主视图（正立面图）、后视图（背立面图）、左视图（左侧立面图）、右视图（右侧立面图）高度相等；主视图（正立面图）、后视图（背立面图）、俯视图（平面图）、仰视图（底面图）长度相等；左视图（左侧立面图）、右视图（右侧立面图）、俯视图（平面图）、仰视图（底面图）宽度相等。如图 3-2（b）所示。

② 六视图的方位对应关系，除后视图（背立面图）外，其他视图在远离主视图（正立面图）的一侧，仍表示形体的前面部分。

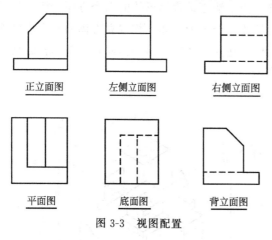

图 3-3　视图配置

在实际工作中，为了合理利用图纸，当在同一张图纸中绘制六面图或其中的某几个图时，图样的顺序应按主次关系从左至右依次排列，如图 3-3 所示。每个图样，一般均应标注图名，图名宜标注在图样的下方或一侧，并在图名下绘制一粗实线，其长度应以图名所占长度为准。

用正投影图表达形体时，正立面图应尽可能反映形体的主要特征，其他投影图的选用，可在保证形体表达完整、清晰的前提下，使投影图数量为最少，力求制图简便，道班房的基本视图如图 3-4 所示。

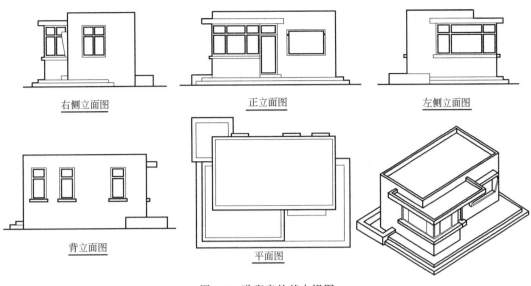

右侧立面图　　　　　　　　正立面图　　　　　　　　左侧立面图

背立面图　　　　　　　　平面图

图 3-4　道班房的基本视图

二、辅助视图

1. 局部视图

将形体的某一部分向基本投影面投影所得的视图称为局部视图。在道桥工程图表达中，如果形体主要部分已在基本视图上表达清楚，只有某一部分尚未表达清楚时，可采用局部视图，如图 3-5 所示。

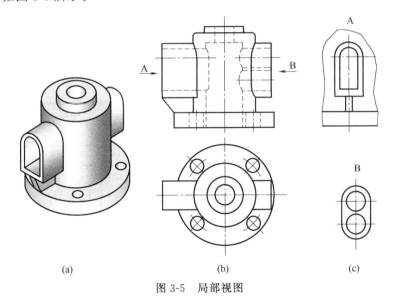

(a)　　　　　　　　(b)　　　　　　　　(c)

图 3-5　局部视图

画局部视图时应注意下列几点：

① 局部视图可按基本视图的配置形式配置，如 A 向视图；也可按向视图的配置形式配置，如 B 向视图，如图 3-5（c）表示。

② 标注的方式是用带字母的箭头指明投射方向，并在局部视图上方用相同字母注明视图的名称，如图 3-5（b）所示。

③ 局部视图的周边范围用波浪线表示，波浪线是细实线，如 A 向视图。但若表示的局部结构是完整的，且外形轮廓又是封闭的，则波浪线可省略不画，如 B 向视图。

2. 镜像视图

镜像视图是形体在镜面中的反射图形的正投影，该镜面应平行于相应的投影面，如图 3-6（a）所示。用镜像投影法绘制的平面图应在图名后注写"镜像"二字，以便读图时识别，如图 3-6（b）所示。必要时也可画出镜像视图的识别符号，如图 3-6（c）所示。

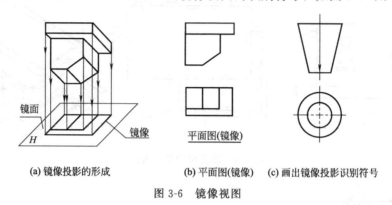

(a) 镜像投影的形成　　　(b) 平面图(镜像)　　(c) 画出镜像投影识别符号

图 3-6　镜像视图

镜像视图可用于表示某些工程的构造，如桥梁中的板梁柱构造节点，如图 3-7 所示。因为板在上面，梁、柱在下面，按直接正投影法绘制平面图的时候，梁、柱为不可见，要用虚线绘制，这样给读图和绘图都带来不便。如果把 H 面当成镜面，在镜面中就得到了梁、柱的可见反射图像。

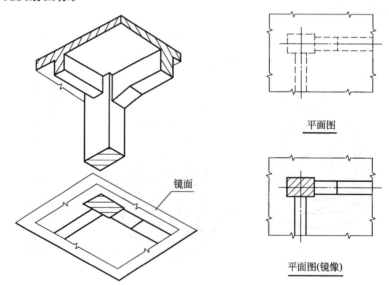

图 3-7　板梁柱构造节点的镜像视图

3. 斜视图

当形体的某一部分与基本投影面成倾斜位置时，基本视图上的投影则不能反映该部分的真实形状。这时可设立一个与倾斜表面平行的辅助投影面，并对着此投影面投影，则在该投影面上得到反映倾斜部分真实形状的图形。像这样将形体向不平行于基本投影面的投影面投影所得到的视图称为斜视图，如图 3-8 所示。

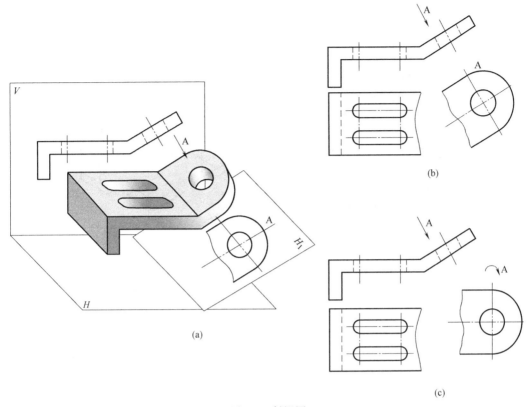

图 3-8　斜视图

画斜视图时应注意下列几点：

① 斜视图通常按向视图的配置形式配置并标注。即用大写拉丁字母及箭头指明投射方向，且在斜视图上方用相同字母注明视图的名称，如图 3-8（a）所示。

② 斜视图只要求表达倾斜部分的局部形状，其余部分不必画出，可用波浪线表示其断裂边界，如图 3-8（b）所示。

③ 必要时，允许将斜视图旋转配置。表示该视图名称的大写拉丁字母应靠近旋转符号的箭头端，如图 3-8（c）所示。

三、第三角投影

随着国际交流的日益增多，在工作中会遇到像英、美等采用第三角投影画法的技术图纸。按国家标准规定，必要时（如合同规定等），才允许使用第三角画法。

1. 第三角投影的概念

互相垂直的三个投影面（V、H、W）扩大后，可将空间分为八个部分，其中 V 面之前、H 面之上、W 面之左为第一分角，按逆时针方向，依次为称为第二分角、…、第八分角，如图 3-9（a）所示。我国制图标准规定，我国的工程图样均采用第一角画法，即将形体放在第一角中间进行投影。如果将形体放在第三角中间进行投影，则称为第三角投影，如图 3-9（b）所示。

2. 第三角投影法

如图 3-10（a）所示，把形体放在第三角中进行正投影，然后 V 面不动，将 H 面向

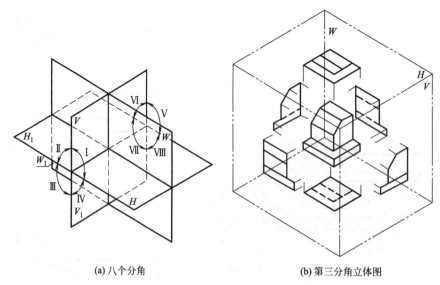

(a) 八个分角　　　　　　　　　　(b) 第三分角立体图

图 3-9　八分角及立体

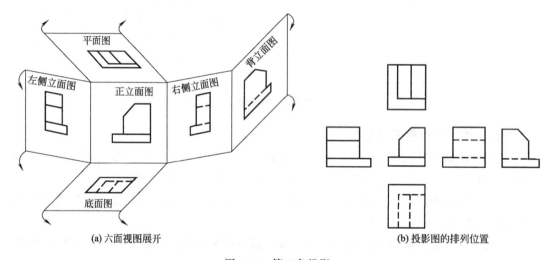

(a) 六面视图展开　　　　　　　　　　(b) 投影图的排列位置

图 3-10　第三角投影

上旋转 90°，将 W 面向右旋转 90°，便得到位于同一平面上的属于第三角投影的六面投影图，如图 3-10（b）所示。

3. 第三角与第一角投影比较

（1）共同点

均采用正投影法，在三面投影中均有"长对正，高平齐，宽相等"的三等关系。

（2）不同点

① 观察者、形体、投影面三者的位置关系不同　第一角投影的顺序是"观察者—形体—投影面"，即通过观察者的视线（投射线）先通过形体的各顶点，然后与投影面相交；第三角投影的顺序是"观察者—投影面—形体"，即通过观察者的视线（投射线）先通过投影面，然后到达形体的各顶点。

视图中第一角、第三角投影分别用相应的符号表示，如图 3-11 所示。

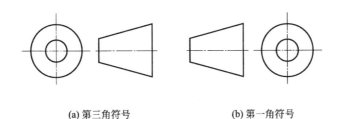

(a) 第三角符号　　　　　　(b) 第一角符号

图 3-11　投影符号

② 投影图的排列位置不同　第一角画法投影面展开时，正立投影面（V）不动，水平投影面（H）绕 OX 轴向下旋转，侧立投影面（W）绕 OZ 轴向右向后旋转，使它们位于同一平面，其视图配置如图 3-2 所示；第三角画法投影面展开时，正立投影面（V）不动，水平投影面（H）绕 OX 轴向上旋转，侧立投影面（W）绕 OZ 轴向右向前旋转，使它们位于同一平面，其视图配置如图 3-10 所示。

第三角画法与第一角画法中六个基本视图的配置（如图 3-2 所示）相比较，可以看出：各视图以正立面为中心，平面图与底面图的位置上下对调，左侧立面图与右侧立面图左右对调，这是第三角画法与第一角画法的根本区别。

第二节　剖　面　图

道桥形体视图中，形体上不可见的轮廓线在投影图上需要用虚线画出。这样，对于内形复杂的形体必然形成虚实线交错，混淆不清。长期的生产实践证明，解决这个问题的最好方法，是假想将形体剖开，让它的内部显露出来，使形体的看不见部分变成看得见的部分，然后用实线画出这些形体内部的投影图。

一、剖面图的形成

假想用一个（几个）剖切平面（曲面）沿形体的某一部分切开，移走剖切面与观察者之间的部分，将剩余部分向投影面投影，所得到的视图叫剖面图，简称剖面。剖切面与形体接触的部分，称为截面或断面，截面或断面的投影称为截面图或断面图。

图 3-12 为一钢筋混凝土基础的三面视图。由于有安装柱子用的杯口，所以主视图和左视图中都有虚线，使图不够清晰，如图 3-12（a）所示。现假想用一个剖切平面 P（正平面）把基础假想剖开，移走剖切平面与观察者之间的那部分基础，将剩余的部分基础重新向投影面（V 面）进行投影，所得投影图叫剖面图，简称剖面，如图 3-12（b）所示。在剖面图上，原来不可见的线变成了可见线，而原外轮廓可见的线有部分变成不可见的了，此时不可见的线可不画，如图 3-12（c）所示。

二、剖面图的标注

剖面图的内容与剖切平面的剖切位置和投影方向有关，因此在图中必须用剖切符号指明剖切位置和投影方向。为了便于读图，还要对每个剖切符号进行编号，并在剖面图下方标注相应的名称。具体标注方法如下：

① 剖切位置在图中用剖切位置线表示。剖切位置线用两段粗实线绘制，其长度为 6～

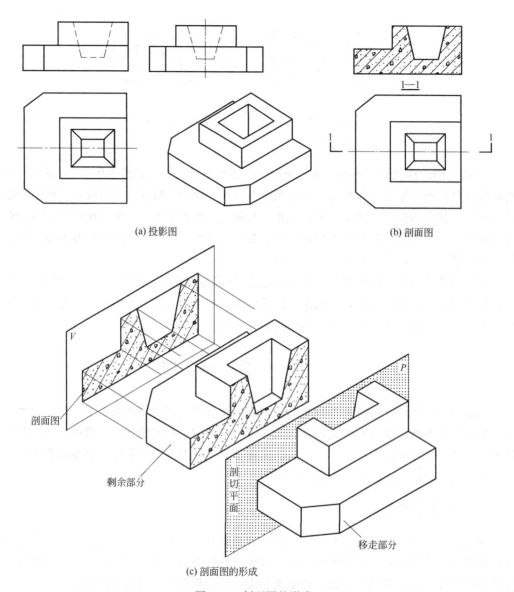

(a) 投影图　　　　　　　　　　　　　　　　(b) 剖面图

(c) 剖面图的形成

图 3-12　剖面图的形成

10mm。在图中不得与其他图线相交，如图 3-12（b）所示的俯视图左右的粗实线。

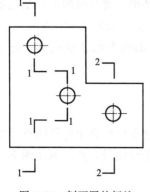

图 3-13　剖面图的标注

② 投影方向在图中用剖视方向线表示。剖视方向线应垂直画在剖切位置线的两侧，其长度应短于剖切位置线，宜为 4～6mm，并且粗实线绘制，如图 3-12（b）所示。

③ 剖切符号的编号，要用阿拉伯数字按顺序由左至右，由下至上连续编排，并写在剖视方向线的端部，编号数字一律水平书写，如图 3-12（b）所示"1"。

④ 剖面图的名称要用与剖切符号相同的编号命名，且符号下面加上一粗实线，命名书写在剖面图的正下方，如图 3-12（b）中的"1—1"。

当剖切平面通过形体的对称平面，而且剖面又画在投影方向上，中间没有其他图形相隔，上述标注可完全省略，例如，图 3-12（b）的标注便可省略。

剖切符号、投影方向和数字的组合标注方法如图 3-13 所示。

三、剖面图的画法

1. 确定剖切位置

剖切的位置和方向应根据需要来确定。如图 3-12 所示的基础，在主视图中有表示内部形状的虚线，为了在主视图上作剖面，剖切平面应平行正立投影面且通过形体的内部形状（有对称平面时应通过对称平面）进行剖切。

2. 画剖面

剖切位置确定后，就可假想把形体剖开，画出剖面图。剖切平面剖切到的部分画图例线，通常用 45°细实线表示。各种建筑图例见《房屋建筑制图统一标准》（GB/T 50001—2017）。

由于剖切是假想的，画其他方向的视图或剖面图仍是完整的。

应当注意：画剖面时，除了要画出形体被剖切平面切到的图形外，还要画出被保留的后半部分的投影，如图 3-12（b）所示的 1—1 剖面图。

四、剖面图中需注意的几个问题

① 剖面图只是假想用剖切面将形体剖切开，所以画其他视图时仍应按完整的考虑，而不应只画出剖切后剩余的部分，如图 3-14 所示（a）为错误画法，（b）为正确画法。

② 分清剖切面的位置。剖切面一般应通过形体的主要对称面或轴线，并要平行或垂直于某一投影面，如图 3-15 所示 1—1 剖面通过前后对称面，平行于正立投影面。

③ 当沿着筋板或薄壁纵向剖切时，剖面图不画剖面线，只用实线将它和相邻结构分开。

④ 当在剖面图或其他视图上已表达清楚的结构、形状，而在剖面图或其他视图中此部分为虚线时，一律不画出，如图

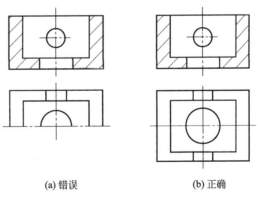

(a) 错误　　　　　(b) 正确

图 3-14　其他视图画法

3-15（b）所示的主视图，1—1 剖面图中的虚线省略。但没有表示清楚的结构、形状，需在剖面图或其他视图上画出适量的虚线。

五、剖面图的种类

1. 全剖面图

（1）定义

用剖切面完全剖开形体的剖面图称为全剖面图，简称全剖面，如图 3-15 所示。

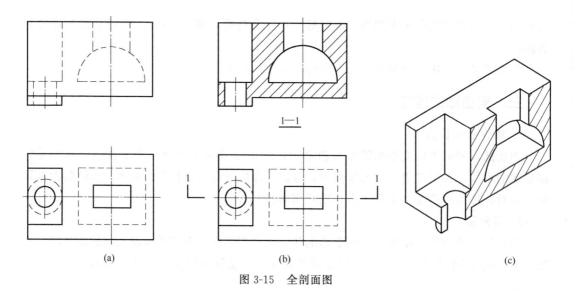

图 3-15　全剖面图

（2）适用范围

适用于形体的外形较简单，内部结构较复杂，而图形又不对称的情况。外形简单的回转体形体，为了便于标注尺寸也常采用全剖面。

（3）剖面图的标注

如图 3-15（b）所示。但是，对于采用单一剖切面通过形体的对称面剖切，且剖面图按投影关系配置，也可以省略标注。如图 3-15（b）所示的 1—1 剖面标注可以省略。

2. 半剖面图

（1）定义

当形体具有对称平面时，向垂直于对称平面的投影面上投影所得的图形，可以以对称中心线为界，一半画成剖面图，一半画成视图，这种剖面图称为半剖面图，简称半剖面。如图 3-16 所示。

画半剖面图时，当视图与剖面图左右配置时，规定把剖面图画在中心线的右边。当视

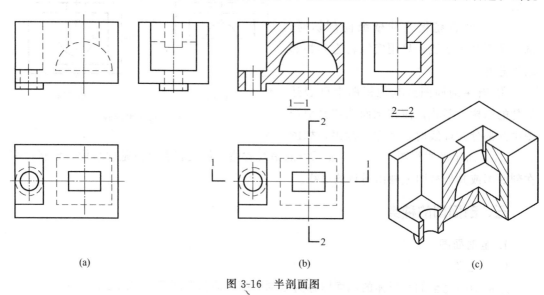

图 3-16　半剖面图

图与剖面图上下配置时，规定把剖面图画在中心线的下边。

注意：不能在中心线的位置画上粗实线。

（2）适用范围

半剖面图的特点是用剖面图和视图的各一半来表达形体的内部结构和外形。所以当形体的内外形状都需要表达，且图形又对称时，常采用半剖面图，如图 3-16 所示的左视图。

（3）标注

如图 3-16（b）所示，在视图上的半剖面图，因剖切面与形体的对称面重合，且按投影关系配置，故可以省略标注，即 2—2 剖面的标注可以省略。

3. 局部剖面图

（1）定义

用剖切面局部地剖开形体所得的剖面图称为局部剖面图，简称局部剖面。如图 3-17、图 3-18 所示的结构，若采用全剖面不能把各层结构表达出来，而且画图也麻烦，这种情况宜采用局部剖面。剖切后其断裂处用波浪线分界以示剖切的范围。

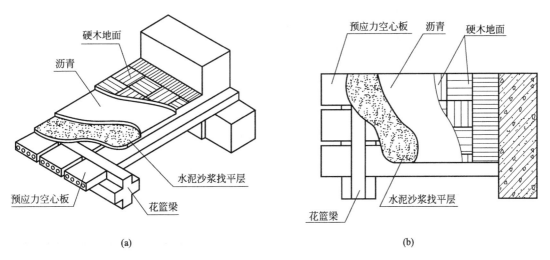

图 3-17　地面的分层局部剖面图

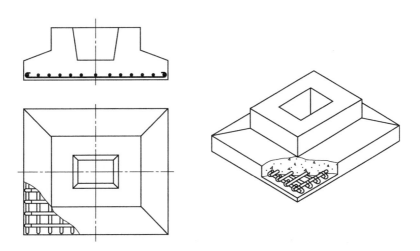

图 3-18　杯型基础局部剖面图

（2）适用范围

局部剖面是一种比较灵活的表示方法，适用范围较广，怎样剖切以及剖切范围多大，需要根据具体情况而定。

（3）标注

局部剖面图一般剖切位置比较明显，故可省略标注。

4. 阶梯剖面图

（1）定义

用几个相互平行的剖切面把形体剖切开所得到的剖面图称为阶梯剖面图，简称阶梯剖面。如图 3-19 所示。

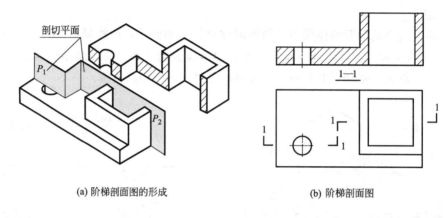

(a) 阶梯剖面图的形成　　　　　　(b) 阶梯剖面图

图 3-19　阶梯剖面图

注意：剖切面的转折处不应与图上轮廓线重合，且不要在两个剖切面转折处画上粗实线投影，如图 3-19（b）所示主视图。

（2）适用范围

当形体上的孔、槽、空腔等内部结构不在同一平面内而呈多层次时，应采用阶梯剖面图。

（3）标注

阶梯剖面图应标注剖切位置线、剖视方向线和数字编号，并在剖面图的下方用相同数字标注剖面图的名称，如图 3-19（b）所示。

5. 旋转剖面图

（1）定义

用相交的两剖切面剖切形体所得到的剖面图称旋转剖面图，简称旋转剖面，如图 3-20 所示。

（2）适用范围

当形体的内部结构需用两个相交的剖切面剖切，且一个剖面图可以以两个剖切面的交线为轴，旋转到另一个剖面图形的平面上时，宜适合采用旋转剖面图，如图 3-20 所示。

（3）标注

旋转剖面图应标注剖切位置线、剖视方向线和数字编号，并在剖面图下方用相同数字标注剖视图的名称。如图 3-20 所示主视图中的"2—2（展开）"。

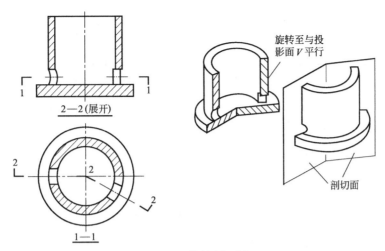

图 3-20　旋转剖面图

（4）注意

画旋转剖面图时应注意剖切后的可见部分仍按原有位置投影，如图 3-20 所示的右边小孔。在旋转剖面图中，虽然两个剖切平面在转折处是相交的，但规定不能画出其交线。

六、剖面图尺寸标注

剖面图中的尺寸标注方法与建筑形体视图的尺寸标注方法基本相同，均应遵循制图标准中的有关规定。对于半剖面图，因其图形不完整而造成尺寸组成欠缺时，在尺寸组成完整的一侧，尺寸线、尺寸界线和标注方法依旧，尺寸数字仍按图形完整时注出，但需将尺寸线画过对称中心线。如例 3-1 中主视图尺寸 70、30、60、120 和半圆孔 $R15$、$R20$。

剖面图中画剖面线的部分，如需标注尺寸数字，应将相应的剖面线断开，不要使剖面线穿过尺寸数字。

七、剖面图作图示例

例 3-1　如图 3-21 所示，将视图改画成适当剖面图，并重新标注尺寸。

分析：此形体为一空腔结构，形体左右对称，故主视图宜改画半剖视图，俯视图宜改画半剖视图，形体前后不对称，左视图宜改画全剖视图。

作图步骤：

（1）分析视图与投影，想清楚形体的内外形状。

（2）确定剖面图的部切位置；此时剖切平面应平行于 V 面和 W 面，且通过对称轴线。

（3）想清楚形体剖切后的情况：哪部分移走，哪部分留下，谁被切着了，谁没被切着，没被切着的部位后面有无可见轮廓线的投影？

（4）切着的部分断面上画上图例线。画图步骤一般是先画整体，后画局部；先画外形轮廓，再画内部结构，注意不要遗漏后面的可见轮廓线，如图 3-22（a）所示。

（5）检查、加深、标注，最后完成作图，如图 3-22（b）所示。

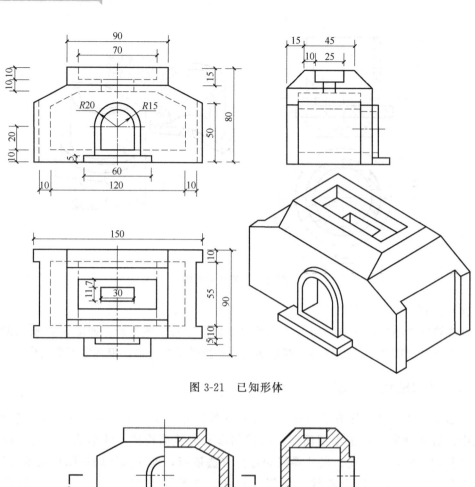

图 3-21 已知形体

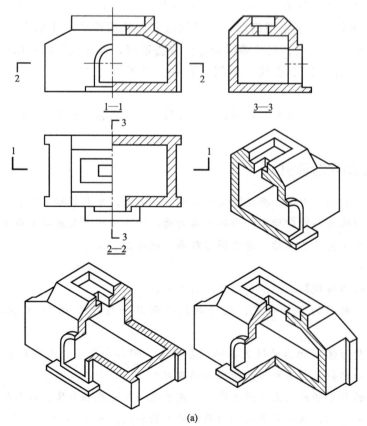

(a)

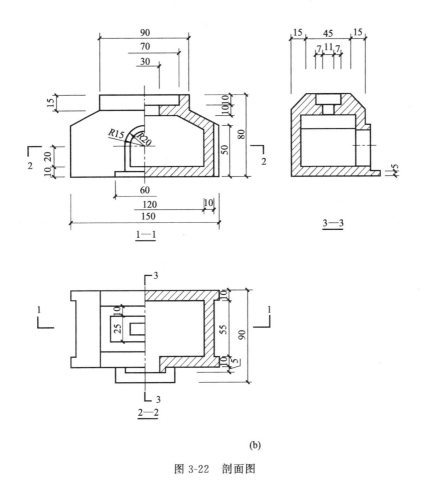

图 3-22　剖面图

第三节　断　面　图

一、断面图的形成

假想用剖切平面将形体切开，只画出被切到部分的图形称为断面图，简称断面。如图 3-23 所示。

断面图主要用于表达形体某一部位的断面形状。把断面同视图结合起来表示某一形体时，可使绘图大为简化。

二、断面图的标注

只有画在投影图之外的断面图才需要标注，如图 3-23 所示。断面图要用剖切符号表明剖切位置和投射方向。剖切位置的画法同剖面图，用长度为 6～10mm 的短粗

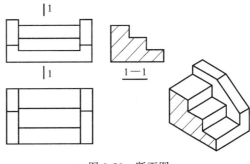

图 3-23　断面图

实线画出剖切位置线。断面图用编号的注写位置表示投影方向，例如编号写在剖切位置线

右侧，表示投影方向向右，如图 3-23 所示。编号写在剖切位置线的下方，表示投射方向向下，如图 3-24（d）所示。断面图的编号、材料图例、图线线型均与剖面图相同，图名注写时只写上编号即可，不再写"断面图"三个字。

三、断面图与剖面图的区别

如图 3-24（a）所示的牛腿工字柱表示了断面图与剖面图的区别。

① 性质上　剖面图是切开后余下部分的投影，是体的投影。而断面图只是切开后断面的投影，是面的投影。剖面图中包含断面图，而断面图只是剖面图中的一部分。如图 3-24（c）和（d）所示。

② 画法上　剖面图是画出切平面后的所有可见轮廓线，而断面图只画出切口的形状，其余轮廓线即使可见也不画出。

③ 标注上　剖面图既要画出剖切位置线又要画出投射方向线，而断面图则只画剖切位置线，其投影方向用编号的注写位置来表示。

④ 剖切形式上　剖面图的剖切平面可以发生转折，而断面图每次只能用一个剖面去剖切，不允许转折。

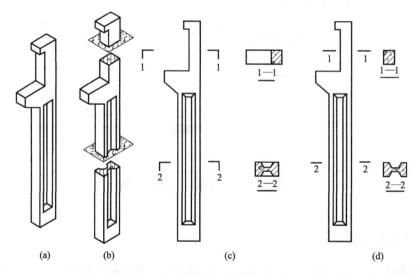

(a)　　　(b)　　　　　　(c)　　　　　　　(d)

图 3-24　剖面图与断面图的区别

四、断面图的种类和画法

根据断面在绘制时所配置的位置不同，断面分为以下三种。

1. 移出断面图

画在视图外的断面图称为移出断面图，移出断面的轮廓线用粗实线绘制，配置在剖切线的延长线上或其他适当位置，如图 3-24（d）所示。

2. 重合断面图

将断面展成 90°画在视图内的断面图称为重合断面图，轮廓线用细实线绘制。当视图中轮廓线与重合断面的图形重叠时，视图中的轮廓线仍应连续画出，不可中断，如图 3-25 为墙面装饰的重合断面图。

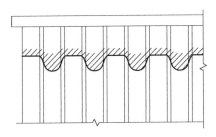
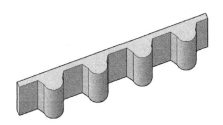

图 3-25　墙面装饰的重合断面图

图 3-26 为现浇钢筋混凝土楼面的重合断面图。因楼板图形较窄，不易画出材料图例，故用涂黑表示。

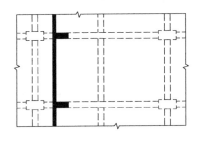

图 3-26　楼面的重合断面图

3. 中断断面图

当形体较长，且沿长度方向断面图形状相同或按一定规律变化时，可以将断面图画在视图中间断开处，这种断面图称为中断断面图，如图 3-27 所示。中断断面图轮廓线用粗实线表示。

图 3-27　中断断面图

五、断面图作图示例

如图 3-28（a）所示为一钢筋混凝土空腹鱼腹式吊车梁。该梁通过完整的正立面图和六个移出断面图，清楚地表达了梁的构造形状，如图 3-28（b）所示。

（a）

图 3-28

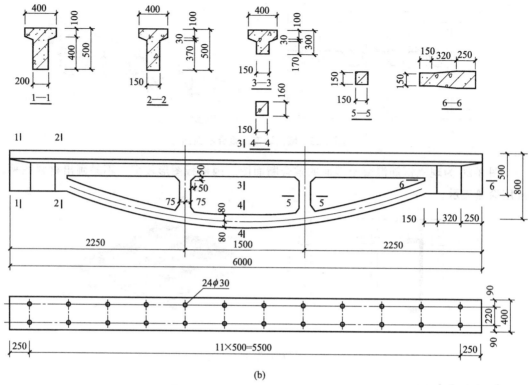

图 3-28 钢筋混凝土空腹鱼腹式吊车梁

第四节 轴测剖面图

　　假想用剖切平面将形体的轴测图剖开，然后作出轴测图，这种对图形的表达，称为轴测剖面图。轴测剖面图既能直观地表达外部形状又能准确看清内部构造。

　　轴测剖面图画法的一些规定：

　　① 为了使轴测剖面图能同时表达形体的内、外形状，一般采用互相垂直的平面剖切形体的 1/4，剖切平面应选取通过形体主要轴线或对称面的投影面平行面作为剖切平面，如图 3-29 所示。

　　② 在轴测剖面图中，断面的图例线不再画 45° 方向斜线，而与轴测轴有关，其方向应按如图 3-30 所示方法绘出。在各轴测轴上，任取一单位长度并乘该轴的变形系数后定点，然后连线，即为该坐标面轴测图剖面线的方向。

图 3-29 剖切平面图位置

图 3-30 正等轴测剖面线画法

③ 当沿着筋板或薄壁纵向剖切时，轴测剖面图和剖面图一样都不画剖面线，只用实线将它和相邻结构分开。如图 3-31 所示。

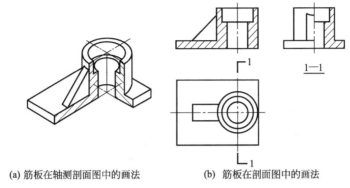

(a) 筋板在轴测剖面图中的画法　　　(b) 筋板在剖面图中的画法

图 3-31　筋板在轴测剖面图、剖面图中的画法

例 3-2　如图 3-32 所示，根据柱顶节点的投影图，作出它的正等轴测剖面图。

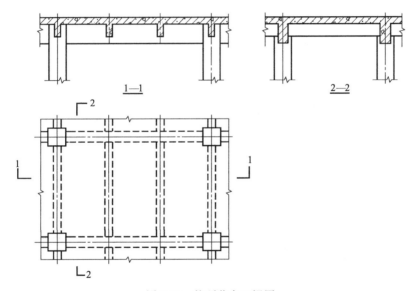

图 3-32　柱顶节点三视图

分析：本例柱顶节点由楼板、柱子、主梁、次梁组成，若想表达清楚，需要画出节点的仰视图，即选择从下向上的投影方向。因此，需要画出节点的正等轴测仰视剖面图。

作图步骤：

（1）画楼板，如图 3-33（a）所示。

（2）画柱子，先定出柱子在楼板的位置［如图 3-33（b）所示］，再画出完整的柱子［如图 3-33（c）所示］。

（3）画主梁，先定出主梁在楼板的位置［如图 3-33（d）所示］，再画出完整的主梁［如图 3-33（e）所示］，注意画出主梁与楼板、主梁与柱子的交线。

（4）画次梁，先定出次梁在楼板的位置［如图 3-33（f）所示］，再画出完整的次梁［如图 3-33（g）所示］，注意画出次梁与楼板、次梁与柱子、次梁与主梁的交线。

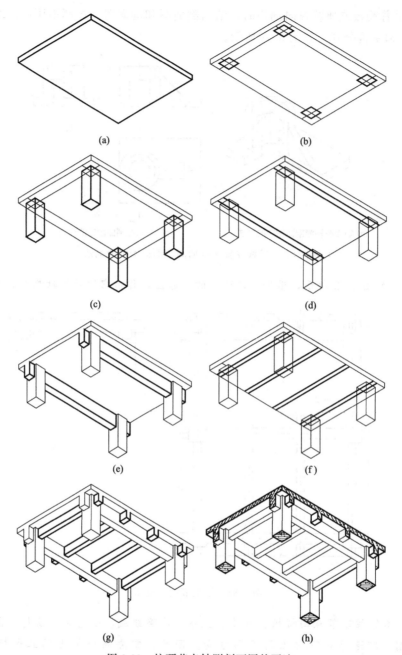

图 3-33 柱顶节点轴测剖面图的画法

（5）剖切的断面画上图例线。注意图例线的方向，图例线是细实线，如图 3-33（h）所示。

（6）检查、加深，完成作图，如图 3-33（h）所示。

第五节 简化画法

为了简化制图并提高效率，国家标准规定了一些简化画法。掌握技术图样的简化画法，可以加快识图进程，下面对其中的部分简化画法进行介绍。

一、对称形体的简化画法

当不致引起误解时，对具有对称性的形体，其视图可画一半或四分之一，并在对称线的两端画出对称符号，如图 3-34（a）所示。图形也可稍超出其对称线，此时可不画对称符号，如图 3-34（b）所示。

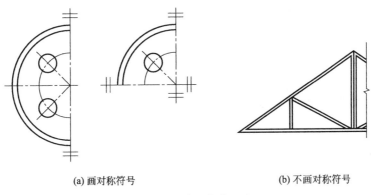

(a) 画对称符号　　　　　　　　(b) 不画对称符号

图 3-34　对称的简化画法

对称的形体，需画剖（断）面图时，也可以以对称符号为界，一半画外形图，一半画剖（断）面图，例如半剖面图。

对称符号用两条平行的细实线表示，线段长为 6～10mm，间距为 2～3mm，且画在对称线的两端，如图 3-34（a）所示。

二、折断画法

当只需表达形体的某一部分形状时，可假想把不需要的部分折断，画出保留部分的图形后在折断处画上折断线，这种画法称为折断画法，如图 3-35 所示。

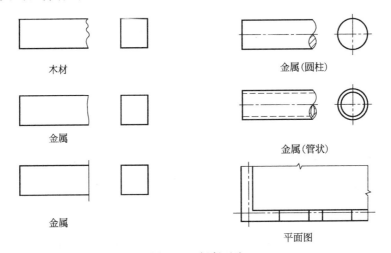

木材　　　　　　　　　　　金属（圆柱）

金属

金属（管状）

金属

平面图

图 3-35　折断画法

三、断开画法

较长的构件，如沿长度方向的形状相同或按一定规律变化，可假定将形体折断并去掉中间部分，只画出两端部分，这种画法称为断开画法。断开省略绘制，断开处应以折断线表示，尺寸数值按实际长度标注，如图 3-36 所示。

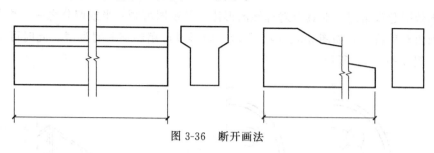

图 3-36 断开画法

四、相同要素的省略画法

当构配件内有多个完全相同且按一定规律排列的结构要素时，可仅在两端或适当位置画出其完整形状，其余部分以中心线或中心线交点表示，如图 3-37 所示。

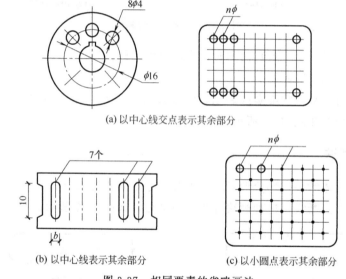

(a) 以中心线交点表示其余部分

(b) 以中心线表示其余部分　　　　(c) 以小圆点表示其余部分

图 3-37 相同要素的省略画法

五、连接省略画法

一个构件如果与另一构件仅部分不相同，该构件可只画不同部分，但应在两个构件的相同部分与不同部分的分界线处分别画上连接符号，两个连接符号应对准在同一线上，如图 3-38 所示。连接符号用折断线表示，并标注出相同的大写字母。

六、同一构件的分段画法

同一构配件，如绘制位置不够，可分段绘制，并应以连接符号表示相连，连接符号应以折断线表示连接的部位，并用相同的字母编号，如图 3-39 所示。

七、不剖形体的画法

当剖切平面纵向通过薄壁、筋板、柱、轴等实心形体的轴线或对称平面时，这些部分

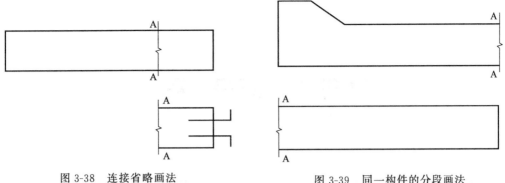

图 3-38　连接省略画法

图 3-39　同一构件的分段画法

不画图例线，只画出外形轮廓线，此类形体称为不剖形体，如图 3-40 所示。

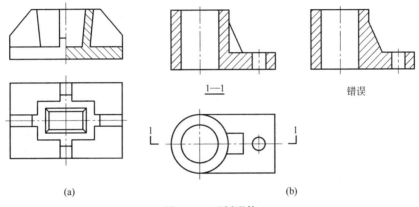

1—1

错误

(a)

(b)

图 3-40　不剖形体

八、局部放大画法

当形体的局部结构图形过小时，可采用局部放大画法。画局部放大图时，应用细实线圈出放大部位，并尽量放在放大部位附近。若同一形体有几个放大部位时，应用罗马数字按顺序注明，并在放大图的上方标注出相应的罗马数字及采用的比例，如图 3-41 所示。

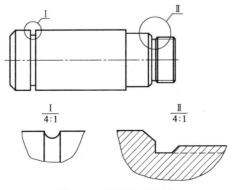

图 3-41　局部放大画法

第四章　道路工程图

道路是一种供车辆行驶和行人步行的带状构造物，是一个三维的空间实体。它的中心线（简称中线）是一条空间曲线，我们平时所说的路线指的就是道路中线的位置。

道路根据它们不同的组成和功能特点，可分为公路和城市道路两种。位于城市郊区和城市以外的道路称为公路，如图 4-1 (a) 所示，公路具有狭长、高差大、弯曲多等特点；位于城市范围以内的道路称为城市道路，如图 4-1 (b) 所示。

(a) 公路　　　　　　　　　　　　　　　　(b) 城市道路

图 4-1　道路实景图

第一节　公路线路工程图

人们通常把连接城市、乡村，主要供汽车行驶的具备一定技术条件和设施的道路称为公路。公路是一种主要承受汽车载荷反复作用的带状工程结构物。公路的中心线由于受自然条件的限制，在平面上有转折，纵面上有起伏，为了满足车辆行驶的要求，必须用一定半径的曲线连接起来，因此公路在平面和在纵断面上都是由直线和曲线组合而成的。平面上的曲线称为平曲线，纵断面上的曲线称为竖曲线。

公路路线工程图的表达方法与一般工程图不完全相同，有自己的一些画法和规定。是用公路路线平面图作为平面图，路线纵断面图和路基横断面图分别代替立面图和侧面图。也就是说公路路线工程图主要包括路线平面图、路线纵断面图和路基横断面图。通常，路线平面图、路线纵断面图和路基横断面图大都画在单独的图纸上，读图时注意相互对照。

一、路线平面图

路线平面图是为概括地反映工程全貌而绘制的图。路线平面图的作用是表达路线的地

图 4-2　路线平面图

曲 线 元 素 表

交点号	交点坐标		交点桩号	转角值	曲线要素值（米）				
	X(N)	Y(E)			半径	缓和曲线长度	切线长度	曲线长度	外距	校正值

JD2	2244.959	1630.695	K2+308.546	43°13'19.3"(Y)	450	150	254.023	489.465	36.263	18.580
JD3	2245.352	2170.822	K2+830.093	26°44'46.5"(Y)	880	150	284.444	560.793	25.622	8.096

| 沈阳建筑大学 | ××一级公路综合设计 | 路线平面设计图 | 设计 | | 复核 | | 复核 | | 审核 | | 1:2000 | 比例 | LS-1-04 | 图号 |

形、地物、坐标网，路中心线、路基边线、公里桩、百米桩及平曲线主要桩位，大型构造物的位置以及县以上的界线等。路线平面图是将道路的路线画在用等高线表示的地形图上。如图 4-2 所示为某公路 K2＋100～K2＋800 段的路线平面图，其内容包括地形、路线两部分。

1. 地形部分

（1）比例

路线平面图的比例一般为（1：2000）～（1：5000），本图的比例为 1：2000。一般来讲，地形复杂处可用大比例，如山区用 1：5000；平原、丘陵处用小比例，如 1：2000。

（2）坐标位置

为了确定方位和路线的走向，地形图上必须画出指北针或坐标网。坐标网格应采用细实线绘制，南北方向轴线代号应为 X（X 表示北），东西方向轴线代号应为 Y（Y 表示东），坐标值的标注应靠近被标注点，书写方向应平行于网格或在网格延长线上，数值前应标注坐标轴线代号，当无坐标轴线代号时，图纸上应绘制指北针标志，本图采用指北针标志。

（3）地形和地物

路线所在地带的地形图是用等高线的标高和图例表示的，常用的地物平面图图例见表 4-1。在地形图中，等高线的疏密不同，表示地势的陡缓变化程度不同。此外，图上还标注了水库（路的北侧）、房屋、地震台、工厂、养殖场等信息。

表 4-1 常用的地物平面图图例

名称	符号	名称	符号	名称	符号
房屋	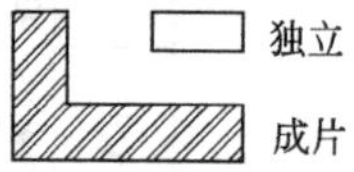 独立 成片	涵洞		水稻田	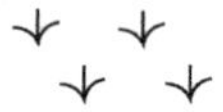
学校	 文	桥梁	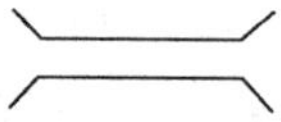	草地	
医院	 ＋	菜地	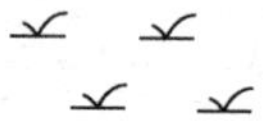	河流	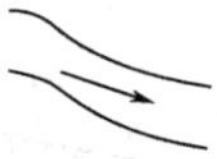
大车路	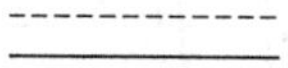	旱田	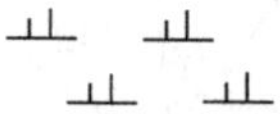	高压线 低压线	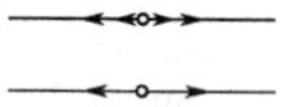
小路	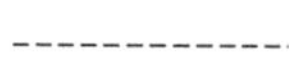	水田	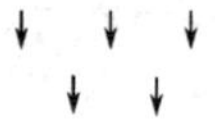	水准点	
铁路		果树	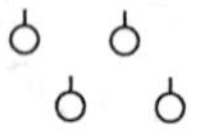	变压器	
公路	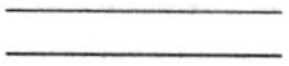	坟地	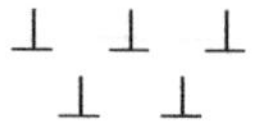	通信线	

2. 路线部分

（1）公路的里程及公里桩

在《道路工程制图标准》（GB 50162—92）（简称《国标》）中规定，道路中线应采用细点划线表示，路基边缘线应该采用粗实线表示。路线的长度是用里程表示的。里程桩号应标注在道路中线上，从路线起点至终点，按从小到大、从左到右的顺序排列。

（2）曲线段的参数

线路的平面线形有直线和曲线。对于公路转弯处的曲线形路线，在平面图中采用交角点（公路转弯点）编号来表示。如图 4-3 所示，由左向右为路线的前进方向，ZY（直圆）表示圆曲线的起点即由直线段进入圆曲线段，QZ（曲中）表示圆曲线的中点，YZ（圆直）表示圆曲线的终点（即由圆曲线段转入直线段）。图中，T 为切线长，E 为外距，R 为曲线半径，α 为偏角（Z 为左偏角，Y 为右偏角），JD 为交点。

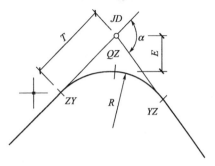

本图路段圆曲线半径分别为 450m 和 880m，缓和曲线长度均为 150m，路线长是 700m。

图 4-3　平曲线示意图

（3）其他

如地形图采用 1∶1000 或较大比例，也可以画出路基宽度以及填方、坡脚线和开挖的边界线。在平面图上路线前进方向规定从左至右，以便和纵断面图对应。

3. 路线平面图的画法

① 先画地形图，后画路线中心线。

② 等高线按先粗后细的步骤徒手画出，要求线条光顺。路中心用绘图仪器按先曲线后直线的顺序画出，为了与等高线有明显区别，一般以两倍于曲线宽度绘制。

③ 路线平面图从左向右绘制，桩号左小右大，由于路线具有狭长的特点，需将整条路线分段绘制在若干张图纸上，使用时拼接起来，如图 4-4 所示。分段的断开处尽量设在路线的直线段上的整数桩号处，断开的两端应画出垂直于路线的接图线。

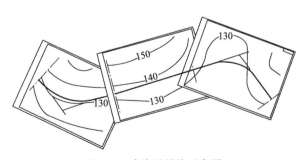

图 4-4　路线图拼接示意图

④ 平面图的植物图例、水准点符号等，应朝上或向北绘制。最后，在每张图纸的右上角画出角标，标明这张图纸的序号和图纸的总张数。

4. 路线平面图的读图

读图可按下列顺序进行。

① 先看清路线平面图中的控制点、坐标网（或指北针方向）以及画图所采用的比例。

② 看地形图，了解路线所处区域的地形、地物分布情况。

③ 看路线设计图，了解路线在平面的走向。

④ 了解平曲线的设置情况及平曲线要素。

⑤ 注意路线与公路、铁路、河流的交叉情况。

⑥ 与前后路线平面图拼接起来后，了解路线在平面图中的总体布置情况。

二、路线纵断面图

路线纵断面图是假想用铅垂面沿路中心线进行剖切展平后形成的。由于路是由直线和曲线组成的，因此，剖切平面由平面和柱面组成。为了能够清晰地表达路线纵断面情况，特采用展开的方法将断面展成一平面，然后作正投影，形成了路线纵断面图。因此，路线纵断面图的作用是表达路中线地面高低起伏的情况，设计路线的坡度情况，以及土壤、地质、水准点、人工构造物和平曲线的示意情况。

图 4-5 为图 4-2 所示某公路 K2＋100～K2＋800 段的路线纵断面，图 4-6 为图 4-2 所示某公路 K2＋800～K3＋500 段的路线纵断面。其内容包括图样和资料表两大部分，图样应布置在图幅上部，资料表应采用表格形式布置在图幅下部，高程应布置在资料表的上方左侧，图样与资料表的内容要对应。

1. 图样部分

图中水平方向由左至右表示路线的前进方向，垂直方向表示高程。由于路线的高差与其长度相比小很多，为了表示清楚路线高度的变化，《道路工程制图标准》（GB 50162—92）规定，断面图中的距离与高程宜按不同的比例绘制，水平比例尺与平面图一致，垂直比例尺相应地用 （1：200）～（1：500）。本例垂直比例尺采用 1：200。

图中不规则的细折线表示地面线，它是沿路基中线的原地面各点的连线。粗实线表示路线设计线，它是路基中线各点的连线。

当路线坡度发生变化时，为保证车辆顺利行驶，应设置竖向曲线。竖曲线分为凸曲线和凹曲线两种，分别用 "┌─┐" 和 "└─┘" 符号表示，并应标注竖曲线的半径（R）、切线长（T）和外距（E）。竖曲线符号一般画在图样的上方，标准 GB 50162—92 规定也可布置在测设数据内。如图 4-5 所示，在 K2＋398.914 和 K2＋681.086 之间设置了一段凹曲线；如图 4-6 所示，在 K2＋684.869 和 K2＋975.131 之间设置了一段凸曲线。

2. 资料表部分

测设数据应列有 "坡度（％）/距离（m）" "竖曲线" "填高（高）" "挖深（低）" "设计高程" "地面高程" "里程桩号" 和 "平曲线"，设计高程、地面高程、填高、挖深的数据应对准其桩号，单位以米计。桩号数值的字底应与所表示桩号位置对齐，整公里桩处应标注 "K"，其余桩号的公里数可省略。表中 "平曲线" 一栏表示路线的平面线形，"┌───" 表示为左偏角的圆曲线，"───┘" 表示为右偏角的圆曲线。这样，结合纵断面情况，即可想象出该路线的空间情况。

值得注意的是：为了减少机动车在弯道上行驶的横向作用力，在必要条件下公路在平曲线处需要设计成外侧高内侧低的形式，路基边缘与设计线之间形成高差，此高差称为超高，如图 4-7 所示。

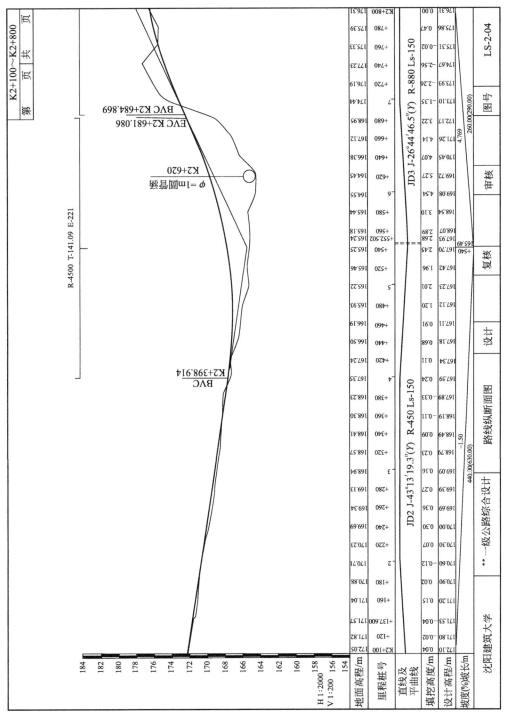

图 4-5　路线纵断面图（一）

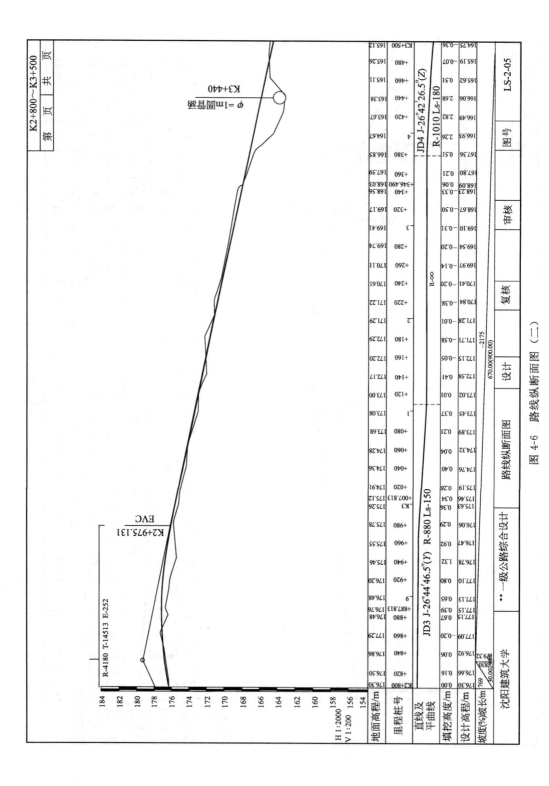

图 4-6 路线纵断面图 (二)

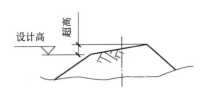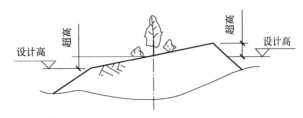

图 4-7　超高

路线纵断面图和路线平面图一般安排在两张图纸上，由于高等级公路的平曲线半径较大，路线平面图与纵断面图长度相差不大，就可以放在一张图纸上，阅读时便于互相对照。

3. 路线纵断面图的画法

① 路线纵断面图常画在透明的方格纸上，方格规格为纵横都是 1mm 长，每 5mm 处印成粗线，可以加快绘图速度，而且还便于检查。为了在擦改图时能够保留住方格线，绘图时一般画在方格纸的反面。

② 路线纵断面图应由左向右按路线前进方向顺序绘制。先画资料表，再填注里程，然后依次绘制地面标高、设计标高、平曲线、纵断面图，最后再绘出桥梁、隧道、涵洞等构造物。当路线坡度发生变化时，变坡点应用直径为 2mm 的中粗线圆圈表示，切线应用细虚线表示，如图 4-8 所示。

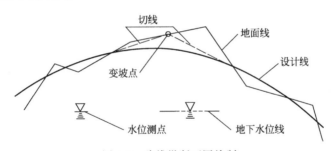

图 4-8　路线纵断面图绘制

③ 每张图的右上角，应注明该图纸的序号及纵断面图的总张数，如图 4-5、图 4-6 右上角所示。

4. 路线纵断面图的读图

读图可按下列顺序进行。

① 先看清水平、垂直向所采用的比例与水准点的位置。

② 看地面线，了解路线沿纵向的地势起伏情况、土质分布情况。

③ 看设计线，了解路线沿纵向的分布情况，弄清楚哪里有坡度以及坡长。

④ 比较地面线与设计线，了解路线填方、挖方情况。

⑤ 看清楚设置竖曲线的位置以及竖曲线要素的各项指标数据。

⑥ 了解沿路线纵向其他工程构造物的分布情况及主要内容。

⑦ 了解竖曲线与平曲线之间的对应关系。

总之，在读图过程中，应该紧密结合数据表与图样，把纵断面图中体现出来的内容读懂读通。

三、路基横断面图

路基横断面图是在垂直于道路中线的方向上作的断面图。路基横断面图的作用是表达各中心桩处地面横向起伏状况以及设计路基的形状和尺寸。工程上要求在每一中心桩处，根据测量资料和设计要求顺次画出每一个路基横断面，用来计算工路的土石方量和作为路基施工的依据。

路基横断面图的比例尺用（1∶100）～（1∶200）。

1. 路基横断面图的基本形式及内容

路基按其横断面的挖填情况分为路堤、路堑、半路堤半路堑以及不填不挖断面等。在进行路基设计时，先要进行横断面设计。横断面确定以后，再全面综合考虑路基工程在纵断面上的配合以及路基本体工程与其他各项工程的配合。一般情况下，路基横断面的基本形式有三种：填方路基（路堤）、挖方路基（路堑）、半填半挖路基，如图4-9所示。

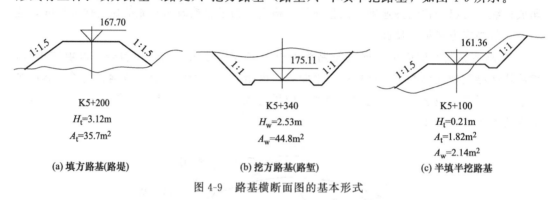

(a) 填方路基(路堤)   (b) 挖方路基(路堑)   (c) 半填半挖路基

图 4-9　路基横断面图的基本形式

（1）填方路基（路堤）

填方路基即路堤，是指全部用岩土填筑而成的路基。路堤的几种常用横断面形式有矮路堤（填土高度低于1.0m者）、高路堤［填土高度大于18m（土质）或20m（石质）］、一般路堤（填土高度介于两者之间）、浸水路堤、护脚路堤和挖沟填筑路堤。

如图4-9（a）所示的填方路基（路堤），在图样下方应注明该断面图的里程桩号、中心线处的填方高度 H_t(m) 以及该断面处的填方面积 A_t(m^2)。

（2）挖方路基（路堑）

挖方路基即路堑，是指全部在原地面开挖而成的路基。路堑横断面的几种基本形式有全挖式路基、台口式路基、半山洞式路基。

如图4-9（b）所示挖方路基（路堑），在图样的下方应注明该断面图的里程桩号、中心线处的挖方高度 H_w(m) 以及该断面处的挖方面积 A_w(m^2)。

（3）半填半挖路基

当原地面横坡大，且路基较宽，需一侧开挖另一侧填筑时，为挖填结合路基，也称半填半挖路基。在丘陵或山区公路上，挖填结合是路基横断面的主要形式。

如图4-9（c）所示半填半挖路基，在图样的下方应注明该断面图的路程桩号、中心线处的填（挖）方高度 H_w(H_t)(m) 以及该断面处的填方面积 A_t(m^2) 和挖方面积 A_w(m^2)。

2. 路基横断面图的画法

① 路基横断面图常画在透明的方格纸上，应沿中心线桩号的顺序排列，并从图纸的

左下方开始画，先由下向上，再由左向右排列绘出，如图 4-10 所示。

② 路面线（包括路肩线）、边坡线、护坡线等采用粗实线表示，原有地面线采用细实线表示，设计或原有道路中线采用细点划线表示，如图 4-10 所示。

③ 每张路基横断面图的右上角，注明该张图纸的编号及横断面图的总张数，如图 4-10 所示。

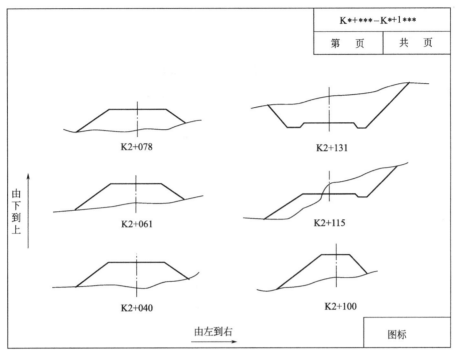

图 4-10　路基横断面图的画法

④ 必要时用中粗点划线表示出征地界限，如图 4-11 所示。

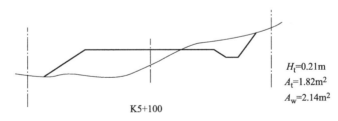

图 4-11　路基横断面图的征地界限

3. 路基横断面图的读图

路基横断面图的读图一般沿着桩号由下往上、从左至右，了解每一桩号处的路基标高、路基边坡、填方或挖方高度以及填方或挖方面积等信息。

第二节　城市道路路线工程图

在城市里，沿街两侧建筑红线之间的空间范围定义为城市道路用地。城市道路主要包括机动车道、非机动车道、人行道、分隔带、绿带、交叉口和交通广场以及各种设施等。

城市道路的线型设计结果也是通过横断面图、平面图和纵断面图来表达的。它们的图示方法与公路路线工程图完全相同，只是城市道路一般所处的地形比较平坦，而且城市道路的设计是在城市规划与交通规划的基础上实施的，交通性质和组成部分比公路复杂得多，因此城市道路的横断面图比公路复杂得多。

横断面图设计是矛盾的主要方面，所以城市道路先做横断面图，再做平面图和纵断面图。

一、横断面图

道路的横断面图在直线段是垂直于道路中心线方向的断面图，而在平曲线上则是法线方向的断面图。道路的横断面由车行道、人行道、绿化带和分车带等几部分组成。

1. 横断面的基本形式

根据机动车道和非机动车道不同的布置形式，城市道路横断面的布置有以下四种基本形式。

①"一块板"断面。把所有车辆都组织在同一个行车道上混合行驶，车行道布置在道路中央，如图 4-12 （a）所示。

②"两块板"断面。利用分隔带把一块板形式的行车道一分为二，分向行驶，如图 4-12 （b）所示。

③"三块板"断面。利用分隔带把车行道分隔为三块，中间的为双向行驶的机动车行车道，两侧的为单向行驶的非机动车行车道，如图 4-12 （c）所示。

④"四块板"断面。在三块板断面形式的基础上，再用分隔带把中间的机动车行车道分隔为二，分向行驶，如图 4-12 （d）所示。

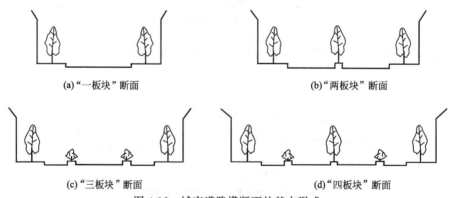

(a)"一板块"断面　　　　　　　　　　　　　(b)"两板块"断面

(c)"三板块"断面　　　　　　　　　　　　　(d)"四板块"断面

图 4-12　城市道路横断面的基本形式

2. 横断面图的内容

当道路分期修建、改建时，应在同一张图纸中表示出规划、设计和原有道路横断面，并注明各道路中线之间的位置关系。规划道路中线应采用双点划线表示，在图中还应绘出车行道、人行道、绿带、照明、新建或改建的地下管道等各组成部分的位置和宽度，以及排水方向、横坡等。

如图 4-13 所示为某路段的横断面形式，道路宽 30m，其中车行道宽 18m，两侧人行道各宽 6m。路面排水坡度为 1.5%，箭头表示流水方向。如图 4-14 所示为路面结构设计图，图中表示了车行道、人行道以及路牙石的具体做法。

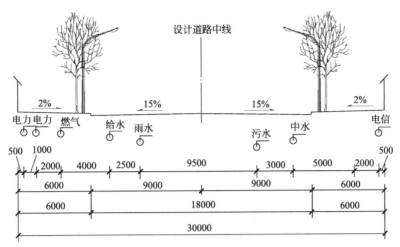

图 4-13　标准横断面大样

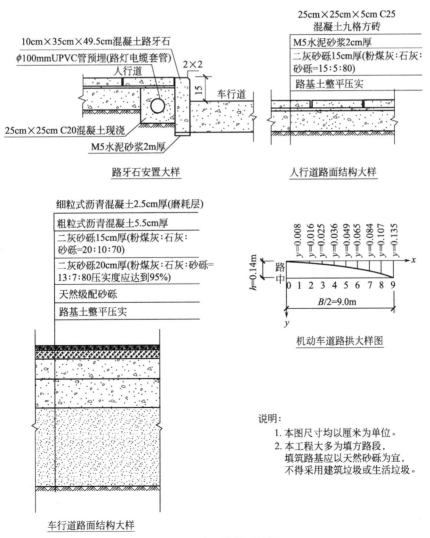

图 4-14　路面结构设计图

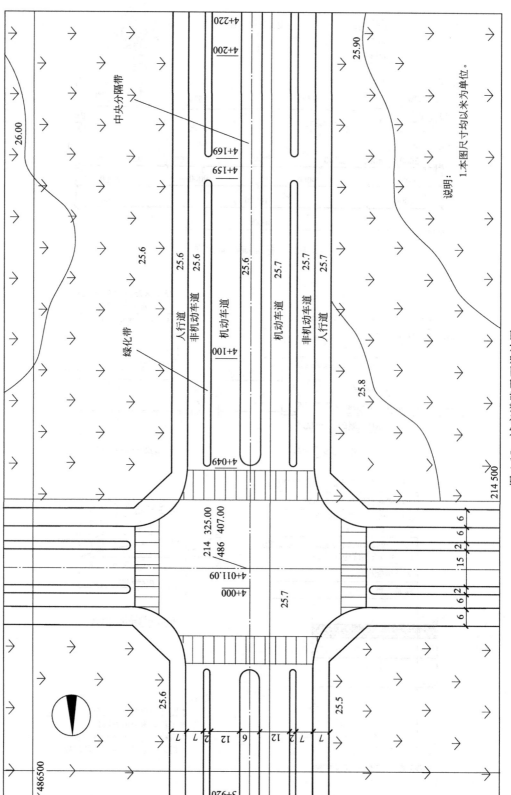

图 4-15 城市道路平面设计图

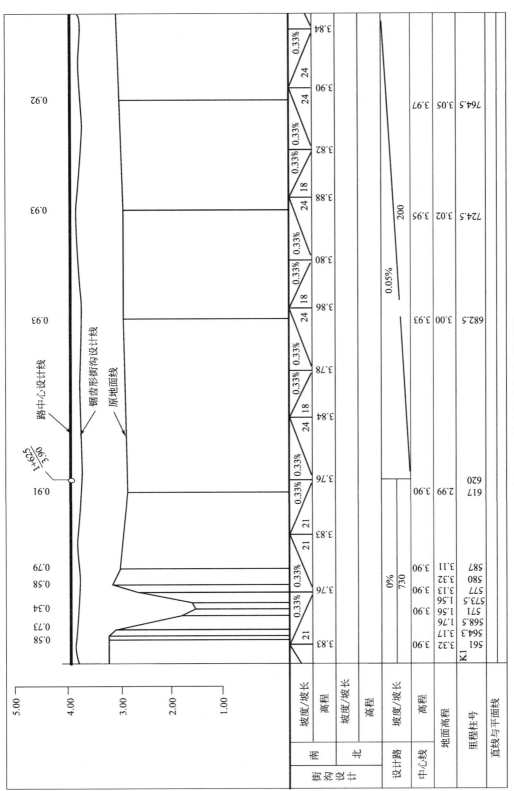

图 4-16　城市道路纵断面设计图

二、平面图

城市道路平面图与公路路线平面图相似，用来表示城市道路的方向、平面线型和车行道布置以及沿路两侧一定范围内的地形和地物情况。

在道路中心线位置已确定、横断面各组成部分宽度设计已近完成时，再来绘制平面图。在图上要将各组成部分及各种地上地下管线的走向和位置、里程桩号等标出，比例为1：500或1：1000。

如图4-15所示为带有平面交叉口的城市道路平面设计图，图中粗实线表示该段道路的设计线，"＋"表示坐标网，作用是确定道路的走向，指北针用来表示道路的方向。由此可知，此图表示的路线走向为南北向。城市道路平面图的车道、人行道的分布和宽度按比例画出，从图中可以看出南北方向路宽62m，两侧机动车道宽度为12m，中间分隔带宽度6m，非机动车道宽7m，两侧分隔带宽2m，人行道宽7m，共有3个分隔带，所以该路段为"四块板"断面布置形式。

三、纵断面图

沿道路中心线所作的断面图为纵断面图，其作用与公路纵断面图相同。城市道路纵断面图的内容和公路纵断面图一样，也是由图样部分和资料表部分组成。

1. 图样部分

城市道路纵断面的图样部分完全与公路路线纵断面的图示方法相同，包括道路中线的地面线，纵坡设计线，施工高度，沿线桥涵位置、结构类型和孔径，沿线交叉口位置和标高，沿线水准点位置、桩号和标高等。一般比例采用水平方向为（1：500）~（1：1000），垂直方向为（1：50）~（1：100），即绘图比例竖直方向较水平方向放大10倍表示。但内容与公路路线纵断面图有些不同，如设置锯齿形街沟等。图样画法与公路路线纵断面图的画法基本相同，如图4-16所示。

另外，在市区主干道的纵断面设计图纸上，还需标出相交道路的名称、交叉口的交点标高以及街坊与重要建筑物出入口的标高等。

2. 资料表部分

城市道路纵断面图资料表基本上与公路路线纵断面图相同，要求与道路中心、地面线图样上下对应，并要标注有关设计内容。

城市道路除画出道路中心的纵断面之外，当纵坡小于0.3％时，道路两侧街沟一般设置锯齿形街沟来满足排水要求，并分别标出雨水进水和分水点的设计标高。如图4-16所示的1＋625/3.90就是一个雨水进水和分水点，其设计标高为3.90m。

第三节　道路交叉口工程图

道路与道路（或铁路）相交所形成的共同空间部分称为交叉口。根据相交道路所处的空间位置，道路交叉口可分为平面交叉口［图4-17（a）］和立体交叉口［图4-17（b）］两大类。

(a)　　　　　　　　　　　　　　　(b)

图 4-17　道路交叉口实景图

一、平面交叉口

1. 平面交叉口的形式及选型范围

常见的平面交叉口有十字交叉，如图 4-18（a）所示；X 形交叉，如图 4-18（b）所示；丁字形（T 形）交叉，如图 4-18（c）、（d）所示；Y 形交叉，如图 4-18（e）所示；多路交叉，如图 4-18（f）所示；环形交叉，如图 4-18（g）所示。

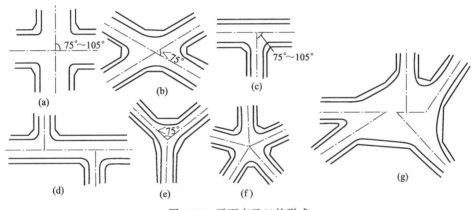

图 4-18　平面交叉口的形式

通常采用较多的是十字交叉口，它构造简单、交通组织方便，街角建筑容易处理，使用范围广泛，可用于相同等级或不同等级的道路交叉，在任何一种形式的道路规划中，它都是最基本的交叉口形式。其次是用中心岛（转盘）组织车辆，按逆时针方向绕中心岛单向行驶的环形交叉口。环形交叉口是在几条相交道路的平面交叉口中央设置一个半径较大的中心岛，使所有经过交叉口的直行和左转车辆都绕着中心岛作逆时针方向行驶，在其行驶过程中将车流的冲突点变为交织点，从而保证交叉口的行车安全，提高交叉口的通行能力。根据交叉口的占地面积、中心岛的形状和大小、交通组织原则等因素的不同，可将环形交叉口分成以下三种基本形式。

① 普通（常规）环形交叉口。具有单向环形车道，其中包括交织路段，中心岛直径大于 25m。

② 小型环形交叉口。具有单向环形车道，中心岛直径为 4～25m。

③ 微型环形交叉口。具有单向环形车道，中心岛直径小于 4m。

总之，路口形式的选择应根据道路的布置，相交道路等级、性质，设计小时交通量，交通性质及组成和交通组织措施等确定。平面交叉的相交道路宜为 4 条，不宜超过 5～6 条。平面交叉口应避免设置错位交叉，已有的错位交叉口应从交通组织、管理上加以改造。

2. 平面交叉口设计的规定

① 新建平面交叉口不得出现超过 4 叉的多路交叉口、错位交叉口、畸形交叉口以及交角小于 70°（特殊困难时为 45°）的斜交交叉口。已有的错位交叉口、畸形交叉口应加强交通组织与管理，并应加以改造。

② 平面交叉口的交通组织和渠化方式应根据相交道路等级、功能定位、交通量、交通管理条件等因素确定。信号交叉口平面设计应与信号控制方案协调一致，渠化设计不应压缩行人和非机动车的通行空间。

③ 交叉口附近设置公交停靠站时，应根据公交线路走向、道路类型、交叉口交通状况，结合站类别、规模、用地条件合理确定。应保证乘客安全，方便换乘、过街，有利于公交车安全停靠、顺利驶出，且不影响交叉口的通行能力。

④ 地块及建筑物机动车出入口不得设在交叉口范围内，且不宜设在主干路上，宜经支路或专为集散车辆用的地块内部道路与次干路相通。

⑤ 桥梁、隧道两端不宜设置平面交叉口。

平面交叉口设计图包括平面图和断面图两种，对于简单的平面交叉口，有时将这两种图合并为一张交叉口设计图，如图 4-19 所示为某城市道路 K1+380 交叉口设计合并图。

3. 平面交叉口的画法

① 在 1∶200 或 1∶500 的地形图上（本图例采用 1∶500），以相应道路的中心线为坐标基线，用细实线画方格网，方格网一般用 5m×5m 或 10m×10m，并平行于路中线。也可以根据道路宽窄选其他尺寸的方格网，本例采用的是 7.5m×7.5m 的方格网。标出方格网各交叉点的设计标高。

② 画出已建或拟建的排水管道位置，并标出其标高。

③ 画出交叉口各相交道路的宽度、纵坡、横坡及坡度。

④ 画出交叉口控制标高和四周建筑物标高。相邻等高线的高差一般为 0.02～0.1m，本例等高线高差为 0.1m。

二、立体交叉口

当交叉口的交通量很大，经常发生交通拥挤、堵塞现象，或位于高等级公路、城市快速道路上时一般应采用立体交叉。立体交叉按上下位置的不同，分为下穿式（隧道式）和上跨式（跨路桥式）两种基本形式。在结构形式上按有无匝道连接立体交叉分为分离式和互通式两种，在城市道路中多采用互通式立体交叉。

立体交叉图一般包括平面布置图、纵断面图、横断面图、透视图和竖向设计图等，这里只介绍前三种。

1. 互通式立体交叉口的常见类型

互通式立体交叉口的常见形式如图 4-20 所示，图中的（a）、（b）、（c）、（d）为完全互通式立交，（e）和（f）为部分互通式立交。

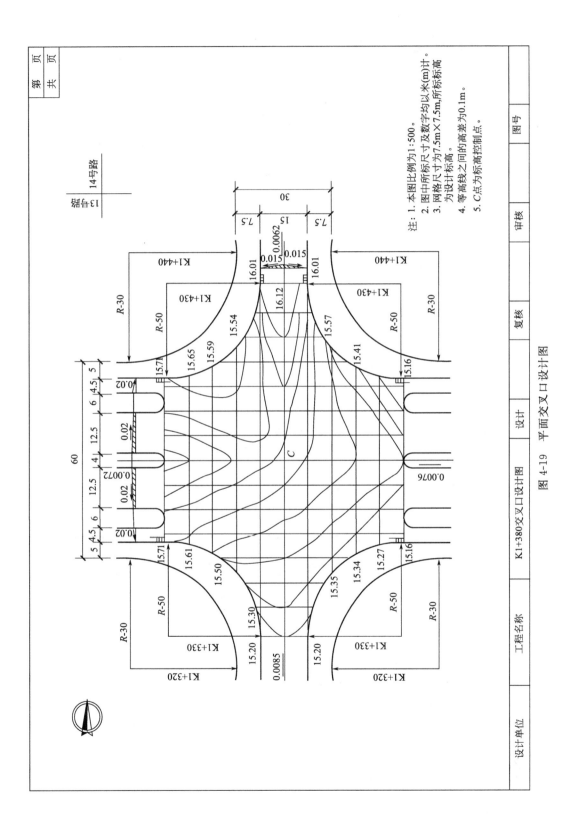

图 4-19　平面交叉口设计图

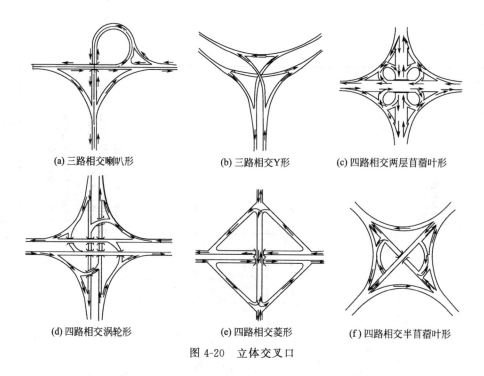

(a) 三路相交喇叭形   (b) 三路相交Y形   (c) 四路相交两层苜蓿叶形

(d) 四路相交涡轮形   (e) 四路相交菱形   (f) 四路相交半苜蓿叶形

图 4-20 立体交叉口

2. 立体交叉口工程图的图示方法

① 平面布置图 如图 4-21 所示，是三路相交互通式立体交叉口平面布置图。图中标出了四条匝道起终点的位置及相应里程桩号、相交道路走向、收费站位置。

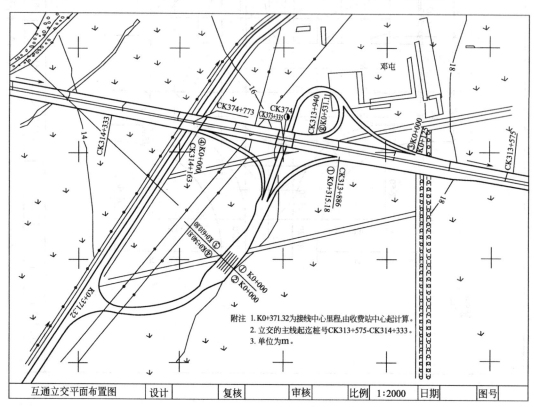

图 4-21 立体交叉口平面布置图

② 纵断面图　立体交叉口的纵断面图可分为主线纵断面图和匝道纵断面图两类，其内容与公路或城市道路纵断面图基本一致，但一般都略有简化。

③ 横断面图　如图 4-22 所示为立体交叉的干道横断面图，图中画出了桥孔宽度、路面横坡以及雨水管、雨水口的位置。

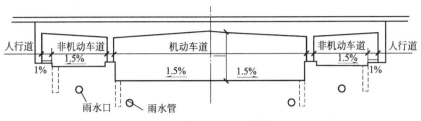

图 4-22　立体交叉的干道横断面图

第四节　道班房工程图

在道路工程中，作为维护保养公路、铁路的工人们的临时住宿、供他们休息的房子通常称为道班房，如图 4-23 所示。

图 4-23　道班房实景图

道班房属于建筑施工图，建筑施工图主要是表示建筑的总体布局、外部造型、内部布置、细部构造、内外装饰以及一些固定设备、施工要求等的图样，一般包括施工总说明、总平面图、平面图、立面图、剖面图和建筑详图，绘制建筑施工图除应遵守《房屋建筑制图统一标准》外，还应符合《总图制图标准》（GB/T 50103—2010）和《建筑制图标准》（GB/T 50104—2010）的规定。

各种不同的房屋尽管在使用要求、空间组合、外部形状、结构形式等方面各自不同，但是它们的基本构造是类似的。建筑物的平、立、剖面图一般按投影关系画在同一张图纸上，以便阅读，如图 4-24 所示。如房屋体型较大、层数较多、图幅不够，平、立、剖面图也可分别画在几张图纸上，但应依次连续编号，每个图样应标注图名。

如房屋体型较大，施工图常用缩小比例绘制。为了使所绘图样重点突出、活泼美观，建筑施工图上采用了多种线型，如图 4-24 所示。

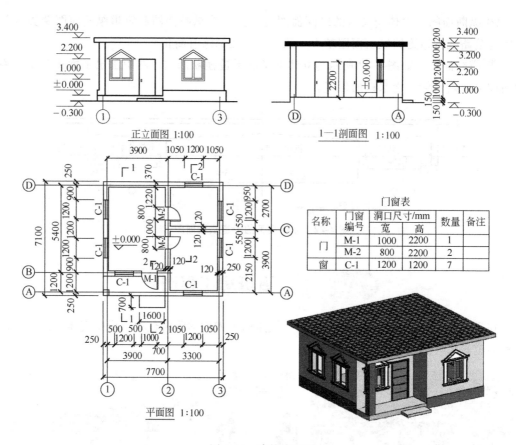

图 4-24　建筑施工图

一、建筑平面图

1. 建筑平面图的用途

建筑平面图是用以表达房屋建筑的平面形状、房间布置、内外交通联系，以及墙、柱、门窗等构配件的位置、尺寸、材料和做法等内容的图样。建筑平面图简称"平面图"。

平面图是建筑施工图的主要图纸之一，是施工过程中，房屋定位放线、砌墙、设备安装、装修以及编制概预算、备料等的重要依据。

2. 建筑平面图的形成

平面图的形成通常是假想用一水平剖切平面经过门窗洞口之间将房屋剖开，移去剖切平面以上的部分，如图 4-25（a）所示，将余下部分用直接正投影法投影到 H 面上得到的正投影图，如图 4-25（b）所示。即平面图实际上是剖切位置位于门窗洞口之间的水平剖面图。

3. 建筑平面图的比例及图名

平面图一般用 1：50、1：100、1：150、1：200 的比例绘制，实际工程中常用 1：100 的比例绘制。

一般情况下，房屋的每一层都有相应的平面图，此外，还有屋顶的平面图。即 n 层的房屋就有 $n+1$ 个平面图，并在每个平面图的下方标注相应的图名，如"底层平面图""二层平面图""屋顶平面图"等。图名下方应加画一粗实线，图名右方标注比例。当房屋

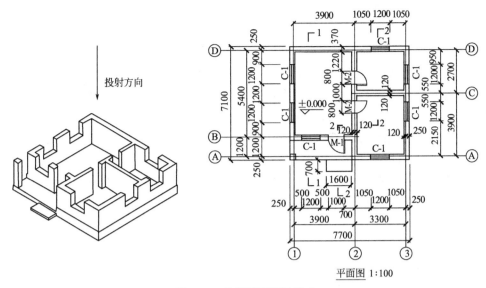

图 4-25　建筑平面图及形成

中间若干层的平面布局构造情况完全一致时，可用一个平面图来表达这相同布局的若干层，称之为标准层平面图。

4. 建筑平面图的图示内容

底层平面图应画出房屋本层相应的水平投影，以及与本栋房屋有关的台阶、花池、散水、垃圾箱等的投影；二层平面图除画出房屋二层范围的投影内容外，还应画出底层平面图无法表达的雨篷、阳台、窗楣等内容，而对于底层平面图上已表达清楚的台阶、花池、散水、垃圾箱等内容就不再画出；三层以上的平面图则只需画出本层的投影内容及下一层的窗楣、雨篷等内容。建筑平面图由于比例较小，各层平面图中的卫生间、楼梯间、门窗等投影难以详尽表示，便采用国标规定的图例来表达，而相应的详细情况则另用较大比例的详图来表达，具体图例见表 1-8。

5. 建筑平面图的线型

建筑平面图的线型，按国标规定，凡是被剖切到的墙、柱的断面轮廓线，宜用粗实线，门扇的开启示意线用中实线表示，其余可见投影线则用中实线、细实线表示。

6. 建筑平面图的标注

（1）轴线

为了建筑工业化，在建筑平面图中，采用轴线网格划分平面，使房屋的平面构件和配件趋于统一，这些轴线叫定位轴线，它是确定房屋主要承重构件（墙、柱、梁）位置及标注尺寸的基线，采用细单点划线表示。国标规定，水平方向的轴线自左至右用阿拉伯数字依次连续编为①、②、③、…；竖直方向自下而上用大写拉丁字母依次连续编为Ⓐ、Ⓑ、Ⓒ、…，并除去 I、O、Z 三个字母，以免与阿拉伯数字中的 0、1、2 三个数字混淆。一般承重柱及外墙等编为主轴线，非承重墙、隔墙等编为附加轴线（又叫分轴线）。轴线线圈用细实线画出，直径为 8～10mm。

（2）尺寸标注

建筑平面图标注的尺寸有外部尺寸和内部尺寸。

① 外部尺寸。在水平方向和竖直方向各标注三道。最外一道尺寸标注房屋水平方向的总长、总宽，称为总尺寸；中间一道尺寸标注房屋的开间、进深，称为轴线尺寸（注：一般情况下两横墙之间的距离称为"开间"；两纵墙之间的距离称为"进深"）；最里边一道尺寸标注房屋外墙的墙段及门窗洞口尺寸，称为细部尺寸。

如果建筑平面图图形对称，宜在图形的左边、下边标注尺寸，如果图形不对称，则需在图形的各个方向标注尺寸，或在局部不对称的部分标注尺寸。

② 内部尺寸。指房屋内部门窗洞口、门垛、内墙厚、柱子截面等细部尺寸。

（3）标高、门窗编号

平面图中应标注不同楼地面标高、房间及室外地坪等的标高。为编制概预算的统计及施工备料，平面上所有的门窗都应进行编号。门常用"M_1""M_2"或"M-1""M-2"等表示，窗常用"C_1""C_2"或"C-1""C-2"表示，也可用标准图集上的门窗代号来编注门窗。为便于施工，图中还常列有门窗表，如图 4-24 所示。

（4）剖切位置

为了表示房屋竖向的内部情况，需要绘制建筑剖面图，其剖切位置应在底层平面图中标出，其符号为"└ ┘"，其中表示剖切位置的"剖切位置线"长度为 6～10mm；剖视方向线应垂直于剖切位置线，长度应短于剖切位置线，宜为 4～6mm，如图 4-25 所示。

二、建筑立面图

1. 建筑立面图的用途

建筑立面图简称立面图，主要用来表达房屋的外部造型、门窗位置及形式、外墙面装修的材料和做法等，如图 4-26 所示。

2. 建筑立面图的形成

立面图是用正投影法将建筑物的墙面向与该墙面平行的投影面投影所得到的投影图。某些平面形状曲折的建筑物，可绘制展开立面图，圆形或多边形平面的建筑物，可分段展开绘制立面图。但均应在图名后加注"展开"二字。

3. 建筑立面图的比例及图名

建筑立面图的比例与平面图一致，常用 1：50、1：100、1：200 的比例绘制。

建筑立面图的图名，常用以下三种方式命名：

① 以建筑墙面的特征命名。常把建筑主要出入口所在墙面的立面图称为正立面图，其余几个立面相应地称为背立面图、侧立面图等，如图 4-26 所示。

② 以建筑各墙面的朝向来命名，如东立面图、西立面图、南立面图、北立面图。

③ 以建筑两端定位轴线编号命名，如①～③立面图，③～①立面图等，如图 4-26 所示。

4. 建筑立面图的图示内容

立面图应根据正投影原理绘出建筑物外墙面上所有门窗、雨篷、檐口、壁柱、窗台、窗楣及底层入口处的台阶、花池等的投影。由于比例较小，立面图上的门、窗等构件也用图例表示。相同的门窗、阳台、外檐装修、构造做法等可在局部重点表示，绘出其完整图形，其余部分可只画轮廓线。

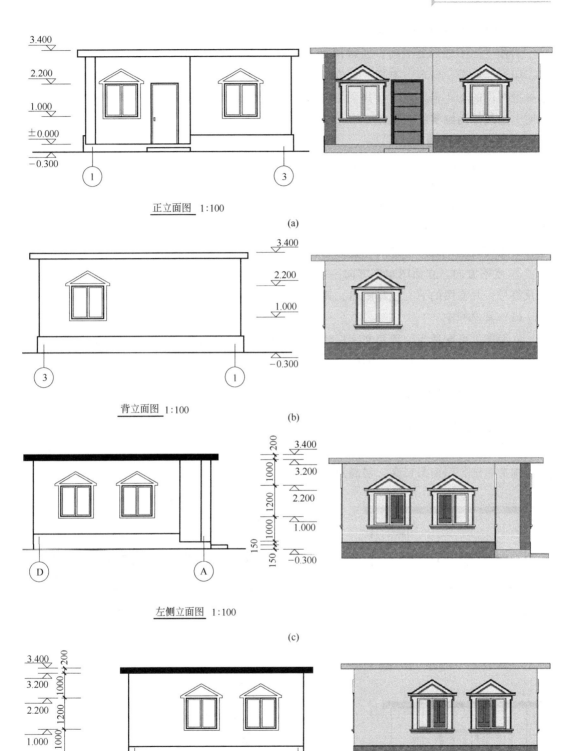

正立面图 1:100

(a)

背立面图 1:100

(b)

左侧立面图 1:100

(c)

右侧立面图 1:100

(d)

图 4-26 建筑立面图

5. 建筑立面图的线型

为使立面图外形更清晰，通常用粗实线表示立面图的最外轮廓线，而凸出墙面的雨篷、阳台、柱子、窗台、窗楣、台阶、花池等投影线用中粗线画出，地坪线用加粗线（粗于标准粗度的1.4倍）画出，其余如门、窗及墙面分格线、落水管以及材料符号引出线、说明引出线等用细实线画出。

6. 建筑立面图的标注

（1）尺寸标注

① 竖直方向。标注建筑物的室内外地坪、门窗洞口上下口、台阶顶面、雨篷、房檐下口、屋面、墙顶等处的标高。同时在竖直方向标注三道尺寸。最内一道尺寸标注房屋的室内外高差、门窗洞口高度、垂直方向窗间墙、窗下墙高、檐口高度等尺寸；中间一道尺寸标注层高尺寸；最外一道尺寸为总高尺寸。

② 水平方向。立面图水平方向一般不注尺寸，但需要标出立面最外两端墙的定位轴线及编号，并在图的下方注写图名、比例。

（2）其他标注

立面图上可在适当位置用文字标注其装修做法，也可以在建筑设计总说明中列出外墙面的装修做法，而不注写在立面图中，以保证立面图的完整美观。

三、建筑剖面图

1. 建筑剖面图的用途

建筑剖面图简称剖面图，主要用来表达房屋内部的结构形式、沿高度方向分层情况、各层构造做法、门窗洞口高、层高及建筑总高等，如图4-27所示。

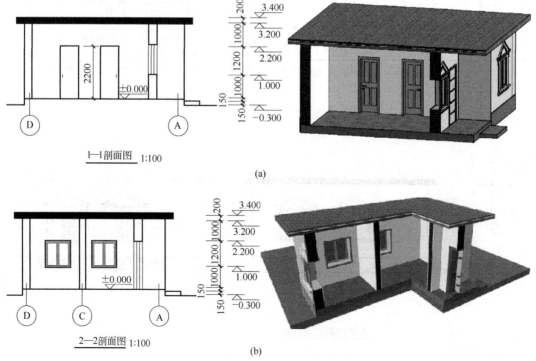

图 4-27　建筑剖面图及形成

2. 建筑剖面图的剖切位置

剖面图的剖切位置标注在该建筑物的底层平面图上，如图4-24平面图中的1—1、2—2剖切面。剖面图的剖切位置应根据房屋的结构状况，在平面图上选择能反映建筑物全貌、构造特征、门窗洞口的位置。

3. 建筑剖面图的比例

剖面图的比例常与平面图、立面图的比例一致，即采用1：50、1：100、1：200绘制，由于比例较小，剖面图中的门、窗等构件也采用"国标"标定的图例来表示。

为了清楚地表达建筑各部分的材料及构造层次，当剖面图比例大于1：50时，应在剖到的构件断面画出其材料图例。当剖面图比例小于1：50时，则不画具体材料图例，而用简化的材料图例表示其构件断面的材料，如钢筋混凝土构件可在断面涂黑以区别砖墙和其他材料。

4. 建筑剖面图的线型

剖面图的线型按国标规定，凡是剖到的墙、板、梁等构件的剖切线用粗实线表示，而没剖到的其他构件的投影，则常用中实线、细实线表示。

5. 建筑剖面图的标注

（1）尺寸标注

竖直方向标注三道尺寸，最外一道为总高尺寸，从室外地坪起标注建筑物的总高度；中间一道尺寸为层高尺寸，标注各层层高（从某层的楼面到其上一层的楼面之间的尺寸称为层高，某层的楼面到该层的顶棚面之间的尺寸称为净高）；最里边一道尺寸为细部尺寸，标注墙段及洞口尺寸。标注标高符号的部位有：建筑物的室内地台、室外地坪、各层楼面、门顶、窗台、窗顶、墙顶、梁底等部位。水平方向常标注剖到的墙、柱及剖面图两端的轴线编号及轴线间距，并在图的下方注写图名和比例。

（2）其他标注

由于剖面图比例较小，某些部位如墙脚、窗台、过梁、墙顶等节点不能详细表达，可在剖面图上的该部位处，画上详图索引标志，另用详图来表示其细部构造尺寸。此外楼地面及墙体的内外装修，可用文字分层标注。

以上介绍了建筑的平面图、立面图和剖面图，这些都是建筑物全局性的图纸。在这些图中，图示的准确性是很重要的，我们应力求贯彻国家制图标准，严格按制图标准规定绘制图样；其次，尺寸标注也是非常重要的，应力求准确、完整、清楚，并弄清各种尺寸的含义。

平、立、剖面图如画在同一张图纸上时，应符合投影关系，即平面图与立面图要长对正、立面图与剖面图要高齐平、平面图与剖面图要宽相等。

四、建筑详图

房屋建筑平、立、剖面图都是用较小的比例绘制的，主要表达建筑全局性的内容，但对于房屋细部或构、配件的形状、构造关系等无法表达清楚时，可用较大的比例画出某一部分，称为建筑详图或大样图。

（1）详图的比例

详图的比例宜用1：1、1：2、1：5、1：10、1：20、1：50绘制，必要时，也可选用

1：3、1：4、1：25、1：30、1：40 等。

（2）详图的数量

在施工图中，建筑详图的数量视建筑工程的体量大小及复杂程度来决定。常见的有墙身、楼梯间、卫生间、厨房、门窗、阳台、雨篷等详图。由于各地区都编有标准图集，故在实际工程中，有的详图可直接套用标准图集。

五、门窗表

门在建筑中的主要功能是交通、分隔、防盗、兼作通风、采光。窗的主要作用是通风、采光。门窗洞口的基本尺寸一般都有分别由各地区建筑主管部门批准发行的各种不同规格的标准供设计者选用。若采用标准详图，则在施工图中只需说明该详图所在标准图集中的编号即可。如果未采用标准图集时，则须画出门窗详图，并列出门窗表。本例的门窗表如图 4-24 所示。

第五节　世界道路之最

1. 世界上最短的街道

位于英国苏格兰凯思内斯郡威克市的埃比尼泽街（Ebenezer），全长只有 2.06m，是吉尼斯世界纪录大全中全世界最短的街道。埃比尼泽街修建于 1833 年，于 1887 年被正式列为一个街道。整条街道只有一个地址，即麦凯斯酒店 1 号酒馆，如图 4-28 所示。

图 4-28　Ebenezer 街

2. 世界上最窄的街道

位于德国巴登-符腾堡州（Baden-Württemberg）鲁特林根市（Reutlingen）的 Spreuerhofstrae 街道是世界上最窄的街道。街道建立于 1727 年，最窄处仅有 31cm 宽，最宽处也只有 50cm，平均宽度为 40cm。街道长 3.8m，如图 4-29 所示。

3. 世界上最陡峭的街道

位于新西兰南岛的达尼丁市的鲍德温街道（Baldwin Street）是世界上最陡峭的街道。鲍德温街全长 350m，最陡处的坡度约 1：2.86（19°或 35％），即每走 2.86m，高度就提升 1m。整条街道下方的约 200m 部分坡度较为普通，约为 1：5，铺有沥青。而上半段最

图 4-29 Spreuerhofstrae 街

陡的部分表面只铺有一层混凝土，因为在温暖的日子，沥青会顺着街道流下斜坡，如图 4-30 所示。

图 4-30 Baldwin 街

4. 世界上最弯曲的街道

美国旧金山市区俄罗斯山丘（Russian Hill）的伦巴德街（Lombard St.）是世界上最弯曲的街道。街的路面完全由砖铺设而成，道路两旁种满了各色的鲜花植物，因而又称九曲花街。600ft（英尺，1ft＝0.3048m）（约183m）的街区内有八个急转弯，40°的斜坡加上弯曲如"Z"字形的道路，车子只能往下单行。最弯曲的地方每两个弯曲点之间的距离仅有 0.25mi（英里，1mi＝1.609km）或1mi，如图 4-31 所示。

图 4-31 Lombard 街

5. 世界上最复杂的立体街道

位于美国洛杉矶的法官哈利-普雷格森立交桥（The Judge Harry Pregerson Interchange，LA，CA）立体街道是美国最复杂的立体街道，它建于1993年，共四层。无论从哪个方向都可以自由出入，如图4-32所示。

图4-32　Judge Harry Pregerson立体街道

6. 世界上最长的国道

澳大利亚1号高速公路（Highway 1）连接了澳大利亚所有的州立首都，总长度大约14500km，是世界上最长的国道。开车沿这条公路观赏美景，其乐无穷，环行一周需20多天，如图4-33所示。

图4-33　澳大利亚1号高速公路

7. 世界上最大的转盘

位于马来西亚的布城，尤其是行驶在首相府附近，人们可能没有认识到自己正在世界上最大的转盘内行驶，如图4-34所示。

图4-34　马来西亚的布城转盘

8. 世界上最宽的街道

世界上最宽的街道位于阿根廷的布宜诺斯艾利斯市中心。1816 年 7 月 9 日，阿根廷赢得了独立，为了纪念这个重大的历史事件，人们把布宜诺斯艾利斯市中心的这个街道命名为 9 de Julio。这条街道 140m，有 9 条跑道那么宽，而且街道中间还有花园似的广场，如图 4-35 所示。

图 4-35 9 de Julio 街

9. 世界上最长的街道

位于加拿大安大略湖省，此央街长 1896km，大约和圣地亚哥到西雅图之间的距离差不多，是世界上最长的街道，如图 4-36 所示。

图 4-36 加拿大安大略湖省的央街

10. 世界上最混乱的转盘

位于英格兰史云顿，常被称为魔术转盘。此转盘建于 1972 年，一个转盘内包括 5 个迷你转盘，是英国第四大恐怖的交叉路口。其名字来源于一个很受儿童欢迎的电视连续剧，如图 4-37 所示。

图 4-37 英格兰史云顿的魔术转盘

第五章 桥梁工程图

第一节 概　述

　　所谓桥，是架设在江河湖海上，使车辆行人等能顺利通行的建筑物。世界上的第一座桥究竟出自何处、何人之手，已无法考证。桥梁是道路的组成部分，因为自从有了道路之后，当人们遇到河流、沟壑阻碍时，就会想到要采用某种方式跨越障碍。最初的桥可能只是架在小河沟两岸或河中礁石上的一根树干、一块石板，后来在此基础上出现了最早的如图 5-1（a）所示的木桥和如图 5-1（b）所示的石桥。如诗人艾青所说：智慧的人类伫立在水边，于是产生了桥。

(a)　　　　　　　　　　　　　　　　　　　　(b)

图 5-1　木桥和石桥

一、我国桥梁的发展阶段

　　我国的桥梁大致经历了四个发展阶段。

　　第一阶段以西周、春秋时期为主，包括此前的历史时代，这是古桥的创始时期。此时的桥梁除原始的独木桥和汀步桥外，主要有梁桥和浮桥两种形式。当时由于生产力水平落后，多数只能建在地势平坦、河身不宽、水流平缓的地段，桥梁也只能是写木梁式小桥，如图 5-2（a）所示，技术问题较易解决。而在水面较宽、水流较急的河道上，则多采用浮桥，如图 5-2（b）所示。

　　第二阶段以秦、汉时期为主，包括战国和三国，是古代桥梁的创建发展时期。秦、汉时期是我国建筑史上一个璀璨夺目的发展阶段，不仅发明了人造建筑材料的砖，而且还创造了以砖石结构体系为主题的拱券结构，从而为后来拱桥的出现创造了先决条件。战国时铁器的出现，也促进了建筑方面对石料的多方面利用，从而使桥梁在原木构梁桥的基础

(a)　　　　　　　　　　　(b)

图 5-2　小桥和浮桥

上，增添了石柱、石梁、石桥面等新构件，石拱桥应运而生。石拱桥的创建，在中国古代建桥史上无论是实用方面，还是经济、美观方面都具有划时代的意义。石梁石拱桥的大发展，不仅减少了维修费用，延长了桥的使用时间，还提高了结构理论和施工技术的科学水平。因此，秦、汉时期建筑石料的使用和拱券技术的出现，实际上是桥梁建筑史上的一次重大革命。从一些文献和考古资料来看，大约在东汉时，梁桥（图5-3）、浮桥（图5-4）、索桥（图5-5）和拱桥（图5-6）这四大基本桥型已全部形成。

图 5-3　梁桥　　　　　　　　　　图 5-4　浮桥

图 5-5　索桥　　　　　　　　　　图 5-6　拱桥

　　第三阶段是以唐、宋为主，包括两晋、南北朝和隋、五代时期，这是古代桥梁发展的鼎盛时期。隋、唐国力较之秦、汉更为强盛，唐、宋两代又取得了较长时间的安定统一，工商业、运输交通业以及科学技术水平等十分发达，中国是当时世界上最先进的国家。东晋以后，由于大量汉人贵族官宦南迁，经济中心自黄河流域移往长江流域，使东南水网地区的经济得到大发展，经济和技术的大发展，又反过来刺激桥梁的大发展。因此，这时创造出许多举世瞩目的桥梁，如隋代石匠李春首创的敞肩式石拱桥——赵州桥，北宋废卒发明的叠梁式木拱桥——虹桥，北宋创建的用筏形基础、植蛎固墩的泉州万安桥，南宋的石梁桥与开合式浮桥相结合的广东潮州的湘子桥等。这些桥在世界桥梁史上都享有盛誉，尤其是赵州桥，类似的桥在世界上别的国家晚了七个世纪才出现。纵观中国桥梁史，几乎所有的重大发明和成就，都是此时创建的。

第四阶段为元、明、清三朝，这是桥梁发展的饱和期，几乎没有什么大的创造和技术突破。这时的主要成就是对一些古桥进行了修缮和改造，并留下了许多修建桥梁的施工说明文献，为后人提供了大量文字资料。此外，也建造完成了一些像明代江西南城的万年桥、贵州的盘江桥等艰巨工程。同时，在川滇地区兴建了不少索桥，索桥建造技术有所提高。到清末，即 1881 年，随着我国第一条铁路的通车，迎来了我国桥梁史上的又一次技术大革命。

逢山开路，遇水搭桥。"十三五"期间，依靠不断增强的综合国力和自主创新能力，我国桥梁设计建设水平不断提升，创造了多项世界第一，为经济社会发展发挥了重要作用。据不完全统计，"十三五"期间，我国铁路建成通车桥梁 14039 座达 8864.1km，其中高铁桥梁 6392 座 6343.7km。仅从 2015 年末至 2019 年末的四年间，全国公路桥梁从 779159 座增加到 878279 座。

我国设计建造的桥梁也创下多个世界第一：毕都北盘江大桥是世界最高桥梁；杨泗港长江大桥是世界最大跨度双层公路悬索桥；沪苏通长江公铁大桥是世界首座跨度超千米的公铁两用斜拉桥；常泰长江大桥，是世界上首座集高速公路、城际铁路、一级公路为一体的过江通道，再次刷新斜拉桥跨度的世界纪录；平潭海峡公铁大桥全长 16.3km，是我国首座、世界最长的跨海公铁两用大桥；港珠澳大桥集桥梁、隧道和人工岛于一体，是世界目前里程最长、投资最多、施工难度最大、设计寿命最长的跨海公路桥梁。

从超千米大跨到超千吨重载，从公路、铁路到公铁两用，一座座世界级桥梁的建成都凝结着中华民族创新的成果。相信未来我们还有更多的成果展现在世界面前。

二、桥梁的基本组成

桥梁主要是由上部结构和下部结构组成，如图 5-7 所示。

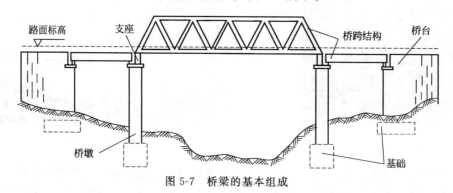

图 5-7　桥梁的基本组成

1. **上部结构**（也称桥跨结构）

上部结构是指桥梁中直接承受车辆和其他荷载，并跨越各种障碍物的结构部分。一般包括桥面构造（行车道、人行道、栏杆等）、桥梁跨越部分的承载结构和桥梁支座。

2. 下部结构

下部结构是指桥梁结构中设置在地基上用以支承桥跨结构，将其荷载传递至地基的部分。一般包括桥墩、桥台及墩台基础。

① 桥墩。桥墩是多跨桥梁中处于相邻桥跨之间并支承上部结构的构造物。

② 桥台。桥台是位于桥梁两端与路基相连并支承上部结构的构造物。

③ 墩台基础。墩台基础是桥梁墩台底部与地基相接触的结构部分。

三、桥梁的分类

① 按用途分为公路桥、公铁两用桥、人行桥、机耕桥、过水桥等。

② 按跨径大小和多跨总长分为特大桥、大桥、中桥、小桥、涵洞。其中：

a. 特大桥，多孔跨径总长≥500m，单孔跨径≥100m；

b. 大桥，多孔跨径总长≥100m，单孔跨径≥40m；

c. 中桥，30m<多孔跨径总长<100m，20m≤单孔跨径<40m；

d. 小桥，8m≤多孔跨径总长≤300m，5m<单孔跨径<20m；

e. 涵洞，多孔跨径总长<8m，单孔跨径<5m。

③ 按桥面行车道位置分为上承式桥、中承式桥、下承式桥。

④ 按承重构件受力情况可分为梁桥、板桥、拱桥、钢结构桥、吊桥、组合体系桥（斜拉桥、悬索桥）。

⑤ 按使用年限可分为永久性桥、半永久性桥、临时桥。

⑥ 按材料类型分为木桥、圬工桥、钢筋混凝土桥、预应力桥、钢桥。

四、各类桥梁的基本特点

① 梁式桥　包括简支板梁桥、悬臂梁桥、连续梁桥。其中简支板梁桥跨越能力最小，一般一跨在8~20m。连续梁桥国内最大跨径在200m左右，国外已达240m。

② 拱式桥　借拱形的桥身向桥两端的地面推压而承受主跨度的应力。现代的拱桥通常采用轻巧、开敞式的结构。在竖向荷载作用下，两端支承处产生竖向反力和水平推力，正是水平推力大大减小了跨中弯矩，使跨越能力增大。据理论推算，混凝土拱极限跨度在500m左右，钢拱可达1200m，也正是因为这个推力，修建拱桥时需要良好的地质条件。

③ 刚架桥　有T形刚架桥和连续刚构桥。T形刚架桥的主要缺点是桥面伸缩缝较多，不利于高速行车。连续刚构桥主梁连续无缝，行车平顺，施工时无体系转换。我国最大跨径已达270m（虎门大桥辅航道桥）。

④ 缆索承重桥（斜拉桥和悬索桥）　是建造跨度非常大的桥梁的最好设计。道路或铁路桥面靠钢缆吊在半空，缆索悬挂在桥塔之间。斜拉桥已建成的主跨可达890m，悬索桥可达1991m。悬索桥亦称吊桥。

⑤ 组合体系桥　有梁拱组合体系，如系杆拱、桁架拱、多跨拱梁结构等；梁刚架组合体系，如T形刚构桥等。

⑥ 桁梁式桥　有坚固的横梁，横梁的每一端都有支撑，最早的桥梁就是根据这种构想建成的，它们不过是横跨在河流两岸之间的树干或石块。现代的桁梁式桥，通常是以钢铁或混凝土制成的长型中空桁架为横梁，这使桥梁轻而坚固，利用这种方法建造的桥梁叫

做箱式梁桥。

⑦ 悬臂桥 桥身分成长而坚固的数段，类似桁梁式桥，不过每段都在中间而非两端支承。

⑧ 吊桥 是建造跨度非常大的桥梁最好的设计。道路或铁路桥面靠钢缆吊在半空，钢缆牢牢地悬挂在桥塔之间。较古老的吊桥有的使用铁链，有的甚至使用绳索而不是用钢缆。

⑨ 拉索桥 有系到桥柱的钢缆。钢缆支撑桥面的重量，并将重量转移到桥柱上，使桥柱承受巨大的压力。

⑩ 玻璃桥（平板桥） 纯玻璃制成的一种桥梁。

⑪ 廊桥 加建亭廊的桥，称为亭桥或廊桥，可供游人遮阳避雨，又增加了桥的形体变化。

五、桥梁工程图的一般规定

一座桥梁的图纸，应将桥梁的位置、整体形状、大小及各部分的结构、构造、施工方法和所用材料等详细、准确地表示出来。一般需要以下几方面的图纸：①桥位地形、地物、地质、水文等资料平面图；②桥型布置图；③桥的上部、下部构造和配筋图等设计图。

桥梁工程图主要特点如下：

① 桥梁的下部结构大部分埋于土或水中，画图时常把土和水视为透明的或揭去不画，而只画构件的投影。

② 桥梁位于路线的一段之中，标注尺寸时，除需要表示桥本身的大小尺寸外，还要标注出桥的主要部分相对于整个路线的里程和标高（以米为单位，精确到厘米），便于施工和校核尺寸。

③ 桥梁是大体量的条形构筑物，画图时均采用缩小的比例，但不同种类的图比例各不相同，常用的比例见表 5-1。

表 5-1 桥梁图常用比例

图 名	常 用 比 例	说 明
桥位平面图	1∶500、1∶1000、1∶2000	小比例
桥位地质断面图 桥头引道纵断面图	纵向 1∶500、1∶1000、1∶2000 竖向 1∶100、1∶200、1∶500	小比例 普通比例
桥型布置图	1∶50、1∶100、1∶200、1∶500	普通比例
构件结构图	1∶10、1∶20、1∶50、1∶100	大比例
详图	1∶2、1∶3、1∶4、1∶5、1∶10	大比例

桥梁的结构形式很多，采用的建筑材料也有多种，但无论其形式和建筑材料如何不同，在图示方面均大同小异。

六、桥梁图读图

1. 桥梁图的构成

如前所述的桥梁设计图主要有平面图、总体布置图、构件图等。公路设计图要求统一用 A3 纸的图幅，按照图纸的先后顺序，装订成册。若就单座桥梁设计而言，一般设计图按顺序有目录说明、工程数量总表、平面图、总体布置图、上部构造断面图、上部构造图、上部结构图（详图）、下部构造图、下部结构（详图），以及栏杆、桥面铺装、伸缩缝、排水、通信等其他附属设施图纸。

2. 读图方法

桥梁有大小之分，尽管有的桥梁是庞大而又复杂的建筑物，但它也是由许多基本形状的构件所组成，用形体分析的方法来分析桥梁图，分析每一构件形状和大小，再通过总体布置把它们联系起来，弄清彼此间的关系，就不难了解整个桥梁的形状和大小了。

因此，必须把整个桥梁化整为零，由繁到简，再组零为整，由简变繁，也就是先由整体到局部，再由局部到整体的反复过程。读图时，不要只单看一个投影图，而是要同其他有关投影图联系起来，包括总体布置图或构件图、工程数量表、说明等，运用投影规律互相对照，弄清整体。

3. 读图步骤

① 首先了解每张图右下角的标题栏和技术说明等内容，了解桥梁名称、种类、主要技术指标、施工措施、比例和尺寸单位等，做到心中有数。

② 从桥型布置图中分析桥梁各构件的组成及其在桥梁中的相互位置，如有剖、断面，则要找出剖切线位置和观察方向。看图时，应先看立面图（包括纵剖面图），了解桥型、孔数、跨径大小、墩台数目、总长、总高，了解河床断面及地质情况，再对照看平面图和侧面、横剖面等投影图，了解桥的宽度、人行道路的尺寸和主梁的断面形式等。这样，对桥梁的全貌便有一个初步的了解。

③ 分别阅读构件图和大样图，弄清各构件的形状、大小以及钢筋的布置情况。

④ 了解桥梁各部分所使用的建筑材料，并阅读工程数量表、钢筋明细表及说明等。

⑤ 各构件图看懂之后，再回头来阅读桥梁布置图，了解各构件的相互配置及配置尺寸，达到对桥的全面了解。

第二节　钢筋结构图

用钢筋混凝土制成的柱、桩、拱圈、板、梁等构件统称为钢筋混凝土结构，表达钢筋混凝土结构的图样称为钢筋混凝土结构图。

钢筋混凝土结构图由一般构造图和钢筋布置图组成。一般构造图主要表达构件的形状和大小，不涉及构件内部钢筋的布置情况。钢筋布置图又称为钢筋结构图或钢筋构造图，主要表示构件内部钢筋的布置情况。

一、钢筋混凝土简介

1. 钢筋混凝土的一般概念

混凝土是由水泥、粗细骨料和水按一定的比例配合后，浇筑在模板内经振捣密实和养护而成的一种人工石材，与天然石材一样，它的抗压强度较高而抗拉强度很低。如图 5-8 所示的简支梁，在荷载作用下，中性层以上为受压区，中性层以下为受拉区，由于混凝土抗拉强度很低，当荷载值不大时，混凝土就会在受拉区开裂而破坏，而受压区混凝土的抗压强度却远远没有被充分利用，因此混凝土的承载力取决于混凝土的抗拉强度。如果在梁的受拉区适量配置抗拉和抗压强度都很高的钢筋帮助混凝土承担拉力，则梁的承载力将取决于受拉区钢筋的抗拉强度和受压区混凝土的抗压强度，两种材料的强度都得到了充分利用，梁的承载力将大大提高。这种在混凝土中加入适量钢筋的结构称作钢筋混凝土结构，用钢筋混凝土制成的梁、板、柱等称为钢筋混凝土构件。钢筋混

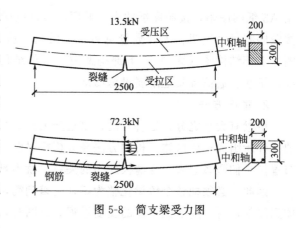

图 5-8　简支梁受力图

凝土构件在现场浇筑制作的称为现浇构件，在预制构件厂先期制成的则称为预制构件。此外，为了提高构件的抗拉和抗裂性能，在构件制作时，先将钢筋张拉、预加一定的压力，这种构件称为预应力钢筋混凝土构件。

2. 钢筋与混凝土的种类及性能

（1）钢筋的种类与性能

道桥工程所用的钢筋，按其加工工艺不同分为热轧钢筋、冷拉钢筋、热处理钢筋、碳素钢丝、刻痕钢丝、冷拔低碳钢丝及钢绞线。对于热轧钢筋和冷拉钢筋，按其强度分为Ⅰ级、Ⅱ级、Ⅲ级和Ⅳ级四种。Ⅰ级钢筋外形轧成光面，Ⅱ级、Ⅲ级钢筋轧成人字纹或月牙形，Ⅳ级钢筋轧成螺旋纹。Ⅱ级、Ⅲ级和Ⅳ级钢筋，统称为变形钢筋。我国常用钢筋的化学成分、标注符号、直径和强度见表 5-2。

表 5-2　普通钢筋强度标准值

钢筋种类（热轧钢筋）	符号	直径 d/mm	强度标准值 f_{yk}/(N/cm^2)
HPB235（Q235）	φ	8～20	235
HRB335（20MnSi）	Φ	6～50	235
HPB400（20MnSiV,20MnSiNb,20MnTi）	Φ	6～50	400
RRB400（K20MnSi）	Φ^R	8～40	400

注：HRB 表示热轧带肋钢筋，HPB 表示热轧光圆钢筋，RRB 表示余热处理钢筋。

常用的钢筋有热轧光圆钢筋（俗称圆钢），热轧带肋钢筋（俗称螺纹钢）。圆钢（HPB235）一般采用的直径为 6.5mm、8mm、10mm、12mm，再粗的就不常用了，且6.5mm 和 8mm 最常用，一般用作箍筋。

（2）混凝土的种类与性能

我国《混凝土结构设计规范》规定，混凝土的强度等级分为 14 级：C15、C20、C25、C30、C35、C40、C45、C50、C55、C60、C65、C70、C75、C80。其中符号 C 表示混凝土，C 后面的数字表示立方体抗压强度标准值，单位为 N/mm^2，等级越高强度也越高。

道桥工程中，钢筋混凝土构件的混凝土强度等级不宜低于 C15；当采用Ⅱ级钢筋时，混凝土强度等级不宜低于 C30；采用Ⅲ级钢筋以及承受重复荷载的构件，混凝土强度等级不得低于 C20；预应力混凝土结构的混凝土强度等级不宜低于 C30；当采用碳素钢丝、钢

绞线、热处理钢筋作预应力钢筋时，混凝土强度等级不宜低于C40。

3. 钢筋混凝土基本构件的配筋及作用

（1）梁的配筋及作用

梁内通常配置下列几种钢筋，如图5-9所示。

① 纵向受力筋　纵向受力筋的作用主要是承受由弯矩在梁内产生的拉力，放在梁的受拉一侧（有时受压一侧也要放置），它的直径通常采用15～25mm。

② 箍筋　箍筋的主要作用是承受由剪力和弯矩在梁内引起的主拉应力。同时，通过绑扎和焊接把其他钢筋联系在一起，形成一个空间的钢筋骨架。

③ 弯起钢筋　由纵向受力钢筋弯起而成，它的作用除在跨中承受正弯矩产生的拉力外，在靠近支座的弯起段则用来承受弯矩和剪力共同产生的主拉应力。

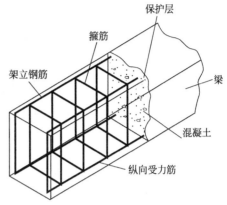

图5-9　梁内配筋图

④ 架立钢筋　架立钢筋的作用是固定箍筋的正确位置和形成钢筋骨架（如有受压钢筋，则不再配置架立钢筋）。此外，架立钢筋还承受因温度变化和混凝土收缩而产生的应力，防止发生裂缝。

⑤ 其他钢筋　指因构件构造要求或施工安装需要而配置的构造钢筋，如预埋在构件中的锚固钢筋、吊环等。

（2）板的配筋及作用

梁式板中仅配有两种钢筋——受力筋和分布筋，如图5-10所示。

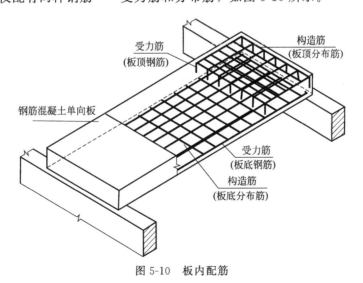

图5-10　板内配筋

受力筋沿板的跨度方向在受拉区布置，承受弯矩产生的拉力，分布筋沿垂直于受力筋方向布置，将板上的荷载更有效地传递到受力筋上去，防止由于温度或混凝土收缩等原因沿跨度方向产生裂缝，固定受力钢筋的正确位置。

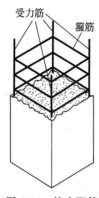

图 5-11　柱内配筋

（3）柱的配筋及作用

柱中配有纵向受力筋和箍筋，如图 5-11 所示。

纵向受力筋承受纵向的拉力及压力。箍筋既可保证纵向钢筋的位置正确，又可以防止纵向钢筋压曲（受压柱），从而提高柱的承载力。

4．混凝土保护层、钢筋的弯钩及钢筋骨架

（1）混凝土保护层

为了防止钢筋锈蚀和保证钢筋与混凝土紧密黏结，梁、板、柱都应有足够的混凝土保护层，混凝土保护层应从钢筋的外边缘算起。梁、板、柱的混凝土保护层最小厚度见表 5-3。

表 5-3　梁、板、柱的混凝土保护层最小厚度　　　　　　　　　　mm

项次	环境条件	构件名称	≤C20	C25 及 30	≥C35
1	室内正常环境	板、墙、壳	15		
		梁和柱	25		
2	露天或室内高湿度环境	板、墙、壳	35	25	15
		梁和柱	45	35	25

（2）钢筋的弯钩

光圆钢筋与混凝土之间的黏结强度小，当受力筋采用光面钢筋时，为了提高钢筋的锚固效果，要求在钢筋的端部做成弯钩，常见的几种弯钩形式及简化画法如图 5-12 所示。图中用双点划线表示弯钩伸直后的长度，这个长度在备料计算钢筋总长度时需要。变形钢筋与混凝土之间的黏结强度大，故变形钢筋的端部可不做弯钩，按《混凝土规范》（GB 50010—2010）规定采用锚固长度，就可保证钢筋的锚固效果。箍筋两端在交接处也要做

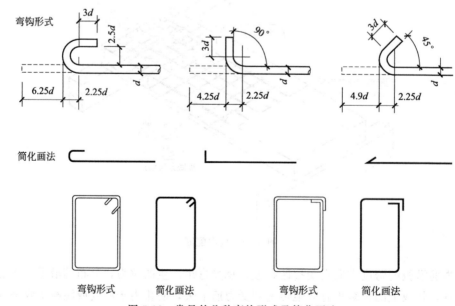

图 5-12　常见的几种弯钩形式及简化画法

出弯钩。

（3）钢筋骨架

为制造钢筋混凝土构件，先将不同直径的钢筋按照需要的长度截断，然后再根据设计尺寸和形状要求进行弯曲（称为钢筋成型或钢筋大样），再将弯曲后的成型钢筋用铁丝绑扎或电弧焊接的方式形成一个完整的网架，这些网架常被形象地称为"钢筋笼""钢筋网""钢筋骨架"等。一个完整的钢筋网架有利于约束混凝土，提高混凝土构件的整体性。

其中，钢筋网一般指平面的钢筋组合，如楼板内的纵横向钢筋；钢筋骨架一般指立体的钢筋组合，如梁柱内的钢筋。

钢筋骨架是预先绑扎好的，多见于砖混施工，如构造柱、挑梁等，提前预制绑扎好，施工时直接整体吊装的都属于钢筋骨架。

二、钢筋结构图的图示方法

钢筋结构图由模板图、配筋图、预埋件详图及钢筋明细表组成。

1. 模板图

模板图多用于较复杂的构件，主要是注明构件的外形尺寸及预埋件、预留孔的大小和位置，它是模板制作与安装的重要依据，同时用它来计算混凝土方量。模板图一般比较简单，所以比例不要很大，但尺寸一定要全。对于简单的构件，模板图与配筋图合并。

2. 配筋图

配筋图除表达构件的外形、大小以外，主要是表明构件内部钢筋的分布情况，表示钢筋骨架的形状以及在模板中的位置，为绑扎骨架用。为避免混淆，凡规格、长度或形状不同的钢筋必须编以不同的编号，写在小圆圈内，并在编号引线旁注上这种钢筋的根数及直径。配筋图不一定都要画出三面视图，而是根据需要来决定。一般不画平面图，只用正立面图、断面图和钢筋详图来表示。

（1）立面图

立面图是把构件视为一透明体而画出的一个纵向正投影图，构件的轮廓线用细实线，钢筋用粗实线表示，以突出钢筋的表达。当钢筋的类型、直径、间距均相同时，可只画出其中的一部分，其余省略不画。

（2）断面图

配筋断面图是构件的横向剖切投影图。一般在构件断面形状或钢筋数量、位置有变化之处，均应画出断面图。在断面图中，构件断面轮廓线用细实线表示，钢筋的截面用直径为1mm的小黑圆点表示，一般不画混凝土图例。

（3）钢筋详图

钢筋详图是表明构件中每种钢筋加工成型后的形状和尺寸的图。图上直接标注钢筋各部分的实际尺寸，可不画尺寸线和尺寸界线，详细注明钢筋的编号、根数、直径、级别、数量（或间距）以及单根钢筋断料长度，它是钢筋断料和加工的依据。

（4）钢筋的标注方法

在钢筋立面图和断面图中，为了区分各种类型和不同直径的钢筋，规定对钢筋应加以编号，每类（即形式、规格、长度相同）只编一个号。

钢筋的标注内容应有钢筋的编号、数量、代号、直径、间距及所在位置。钢筋的标注内容均注写在引出线的水平线上，具体标注方式如图5-13所示。

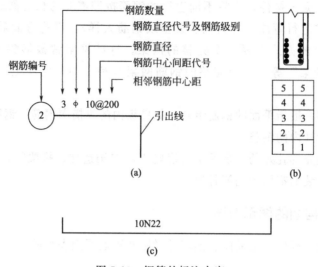

图 5-13　钢筋的标注内容

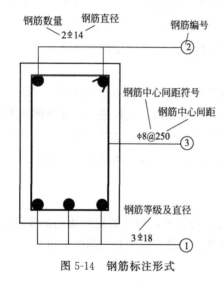

图 5-14　钢筋标注形式

① 编号标注在引出线一侧，编号字体规定用阿拉伯数字，编号小圆圈和引出线均为细实线，小圆圈直径为6mm，引出线应指向相应的钢筋。钢筋编号的顺序应有规律，一般为自下而上、自左向右、先主筋后分布筋，如图5-13（a）所示。

② 编号标注在与钢筋断面对应的细实线方格内，如图5-13（b）所示。

③ 将冠以N字的编号注写在钢筋的侧面，根数标注在N字之前，如图5-13（c）所示。

如图5-14所示，3Φ18表示1号钢筋是三根直径为18mm的Ⅱ级钢筋；Φ8@250表示3号钢筋是Ⅰ级钢筋，直径为8mm，每250mm放置一根（@为等间距符号）。

配筋图上各类钢筋的交叉重叠很多，为了更方便地区分，对配筋图上的钢筋画法与图例也有规定，见表5-4。

表 5-4　钢筋的画法图例

序号	名　称	图　例	说　明
1	钢筋横断面	●	
2	无弯钩的钢筋端部		长短钢筋重叠时，用45°短划线表示短钢筋的端部
3	带半圆形弯钩的钢筋端部		
4	带直钩的钢筋端部		

序号	名　称	图　例	说　明
5	带丝扣的钢筋端部		
6	无弯钩的钢筋搭接		
7	带半圆形弯钩的钢筋搭接		
8	带直钩的钢筋搭接		
9	套管接头（花篮螺钉）	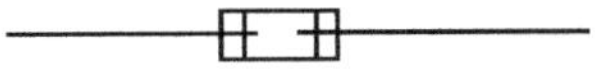	用文字说明机械连接的方式（锥螺纹等）
10	在平面图中配置双层钢筋时，向上或向左的弯钩表示底层钢筋，向上或向右的钢筋表示顶层钢筋	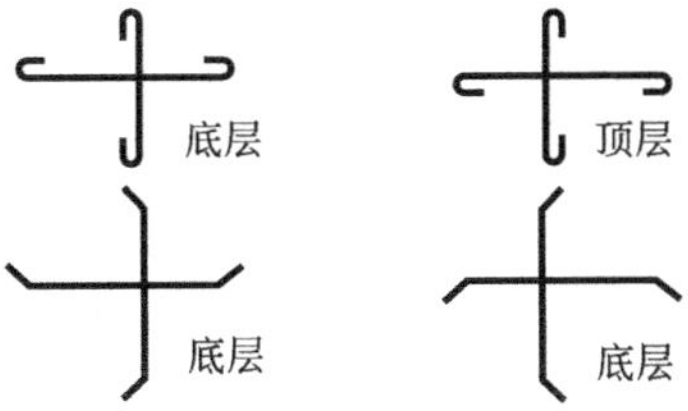 底层　顶层　底层　底层	
11	配双层钢筋的墙体，在配筋立面图中，向上或向左的弯钩表示远面钢筋，向下或向右的弯钩表示近面钢筋	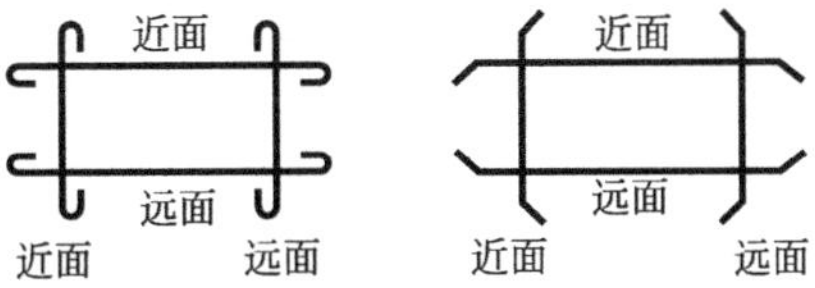 近面　近面　远面　远面　近面　远面　近面　远面	
12	若在断面图中不能表达清楚的钢筋布置，应在断面图外增加钢筋大样图	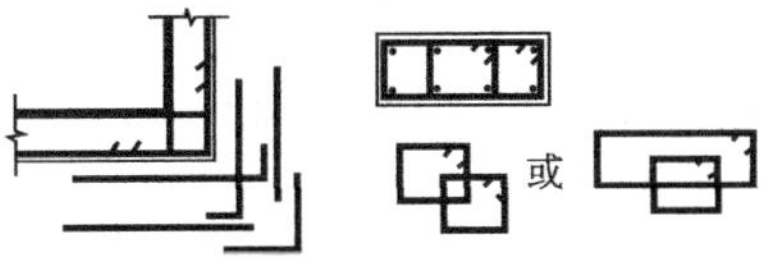 或	

3. 预埋件详图

有时在浇筑钢筋混凝土构件时，需要配置一些预埋件，如吊环、钢板等。预埋件详图可用正投影图或轴测图表示。

4. 钢筋明细表

在钢筋混凝土构件配筋图中，如果构件比较简单，可不画钢筋详图，而只列一个钢筋明细表，供施工备料和编制预算使用。在钢筋明细表中，要表明钢筋的编号、简图、直径、级别、长度、根数、总长度和总重量。钢筋简图可按钢筋的近似形状画出或不画。

三、构件代号和标准图集

1. 构件代号

在建筑工程中使用的钢筋混凝土构件种类繁多，布置复杂。为清楚地区分构件，便于设计与施工，在《建筑结构制图标准》中已将各种构件的代号作了具体规定，常用构件代号见表 5-5。

表 5-5　常用构件代号

名称	代号	名称	代号	名称	代号
板	B	圈梁	QL	承台	CT
屋面板	WB	过梁	GL	设备基础	SJ
空心板	KB	联系梁	LL	桩	ZH
槽型板	CB	基础梁	JL	挡土墙	DQ
折板	ZB	楼梯梁	TL	地沟	DG
密肋板	MB	框架梁	KL	柱间支撑	ZC
楼梯板	TB	框支梁	KZL	垂直支撑	CC
盖板或沟盖板	GB	屋面框架梁	WKL	水平支撑	SC
挡雨板或槽口板	YB	檩条	LT	梯	T
吊车安全走道板	DB	屋架	WJ	雨篷	YP
墙板	QB	托架	TJ	阳台	YT
天沟板	TGB	天窗梁	CJ	梁垫	LD
梁	L	框架	KJ	预埋件	M-
屋面梁	WL	刚架	GL	天窗端壁	TD
吊车梁	DL	支梁	ZL	钢筋网	W
单轨吊车梁	DDL	柱	Z	钢筋骨架	G
轨道连接	DGL	框架柱	KZ	基础	J
车挡	CD	构造柱	GZ	暗柱	AZ

注：预应力混凝土构件的代号，应在构件代号前加注"Y-"，如 Y-DL 表示预应力钢筋混凝土吊车梁。

2. 标准图集

为了便于构件工业生产，钢筋混凝土构件应系列化、标准化。国家及各省、市都编制了定型构件标准图集，凡选用定型构件的，在绘制施工图时，可直接引用标准图集，而不必绘制构件施工图。在生产构件时，可直接根据构件的编号查出。

下面介绍几个构件的编号、代号和标记的应用示例。

例 5-1　GLB18.3b-2（LG325）

编号意义：LG325—黑龙江省建筑标准设计图集（混凝土过梁）

例 5-2　5Y-KB33-3A（LG401）

编号意义：LG401—黑龙江省建筑标准设计图集（预应力混凝土空心板）

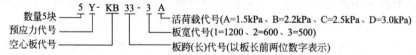

其他有关内容请参阅《建筑结构识图（第四版）》，周佳新编著，化学工业出版社出版。

第三节　桥位平面图

桥位平面图，主要用来表示桥梁在整个线路中的地理位置。桥位平面图与路线工程图中的"路线平面图"基本相同。图上应画出道路、河流、水准点、钻孔及附近的地形和地物（如房屋、桥梁等），在此基础上画出桥梁在图中的平面位置及其与路线的关系，以便作为设计桥梁、施工定位的依据。桥位平面图一般采用较小的比例，如 1∶500、1∶1000、1∶2000、1∶5000 等。在每张图纸的右上角或标题栏内应注明图纸序号和总张数。

如图 5-15 所示为某桥桥位平面图，在一定比例尺（图中为 1∶2000）的地形图上，设计的路线用粗实线表示，桥用符号示意。从图 5-15 中可以看出，路线为东西走向，桥梁中心里程为 DK73＋068，跨越清水河，桥长 55.29m。图上除了画出路线平面形状、地形和地物外，还画出了四个桥墩的位置，两个在河道内，两个在河床内。桥位平面图中植被、水准点标注符号等均应朝北，而图中文字方向则可按照路线工程图有关技术要求来决定。

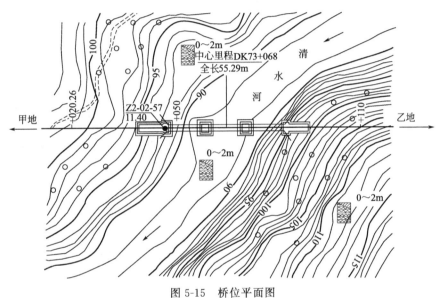

图 5-15　桥位平面图

第四节　桥型总体布置图

桥型总体布置图，主要表明该桥的桥型、孔数、跨径、总体尺寸、各主要部分的相互位置及其里程与标高、材料数量以及总的技术说明等。此外，河床断面形状、常水位、设计水位以及地质断面情况等也都要在图中示出。

如图 5-16 所示为某桥的桥型总体布置图，其比例为 1∶400，它由立面图、平面图、剖面图、资料表组成。

1. 立面图（纵剖面图）

立面图是用于表明桥的整体立面形状的投影图。从图 5-16（a）所示的立面图中可以看出，桥的孔径布置主要受河床宽度及流量的控制，全桥共三孔，跨径组合为 30m×3，桥梁起点桩号为 K3621＋837.94，终点桩号为 K3621＋940.06，中心桩号为 K3621＋889.00，桥梁全长 102.12m，该桥平面位于直线段内。桥的上部结构采用预应力混凝土简支箱梁，桥面连续；下部结构桥墩采用柱式墩、桩基础；桥台用编号 0 和 3 标示，采用重力式桥台、扩大基础。桥台周围的锥体护坡纵向坡度为 1∶1。桥的竖向，除标明桥的墩、台、梁等主要尺寸外，还标明了墩、台的桩底和桩顶标高，墩、台顶面及梁底标高，桥面中心、路肩标高、设计水位以及最大冲刷水位等，这些主要部位的标高是施工时控制有关位置的重要依据。

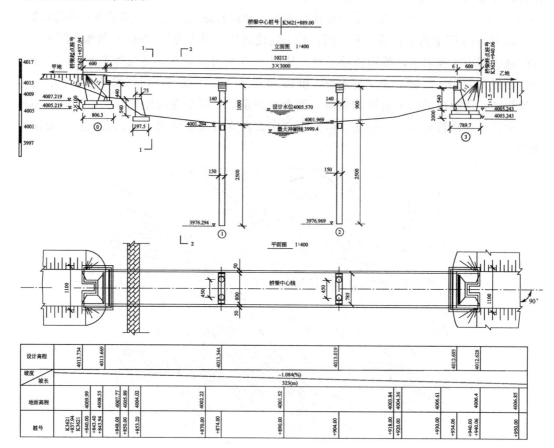

(a) 平、立面图

(b) 剖面图

图 5-16 某桥桥型总体布置图

为了查对桥的主要部位的纵向里程、河床标高、桥面的设计标高和各段的纵向坡度、坡长等资料，在平面图下方列有资料表，和立面图对应。在立面图的左方设有一个标尺，可以帮助对应读出某点的里程和标高，也起到校核尺寸的作用。

此外，立面图上还标注出了剖面图的剖切位置和投影方向。

2. 平面图

桥的平面图习惯上采用从左至右分层揭去上面构件（或其他覆盖物）使下面被遮构件逐渐露出来的办法表示，因此也无需标明剖切位置。

在图 5-16（a）所示的平面图中可以看出，桥面净宽 8.0m，桥梁全宽 9.0m，桥梁交角为 90°。从左面路堤到第一个桥墩轴线处，表示了路堤的宽度为 11m 以及路堤边坡、桥台处锥形护坡、行车道的布置情况。从第一桥墩轴线到第二桥墩轴线处（揭去行车道板）表示了桥墩和桥台（揭去台背填土）的平面尺寸以及柱身与钻孔的位置。

3. 剖面图

桥的两端和路堤相连，不能直接画出侧面图，为了表示桥在横向上的形状和尺寸，应在桥的适当位置（如在桥跨中间或接近桥台处）对桥横向剖切画出桥的横剖面图。应在立面图上标明横剖面图的剖切位置和投影方向，并在横剖面图的下方标明相应的横剖面图名称。为了减少画图，可把不同位置的两个横剖面各取对称图形的一半，组成一个图形，中间仍以对称线为界，画在侧面图的位置上。

图 5-16（b）所示的 1—1、2—2 剖面图就是两个不同位置的剖面。1—1 剖面图是在台背耳墙右端部将桥剖开（揭去填土），并向左投影得到的。图中表示了桥台背面的形状、路肩标高和路堤边坡等。2—2 剖面图是在桥的左孔靠近右面桥墩将桥剖开并向右投影得到的。从图中可以看到桥墩和钻孔桩及其梁系在横向上的相互位置、主要尺寸和标高。上部结构由三片 T 梁组成，桥面行车道宽为 8m，桥面横坡为 0.2%，由路中对称分布，人行道宽为 0.5m。

为使剖面图清楚，绘图时采用了较大比例，本例为 1∶100，为了节省图幅，将桩折断表示。

4. 资料表

在图的下方对应有资料表，包括"设计高程""坡度/坡长""里程桩号"各栏。由资料表可查到各墩、台的里程以及它们的地面和设计高程。

桥型布置图的技术说明，包括本图的尺寸单位、设计标准和结构形式等内容，从图 5-16（b）中看出，本桥采用 D-80 型毛勒缝桥梁伸缩缝，桥头搭板的长度均采用 5.0m。

只凭一张桥型布置图，并不能把桥的所有构件的形状、尺寸和所用材料都表达清楚，还必须分别画出桥的上部、下部各构件的构造图，才能满足施工的要求。

第五节　构件结构图

在桥梁总体布置图中，桥梁的各部分构件是无法详细完整地表达出来的，因此只凭总体布置图是不能进行构件制作和施工的。为此，还必须根据总体布置图采用较大的比例把构件的形状大小、材料的选用完整地表达出来，作为施工的依据，这种图样称为构件结构图，简称构件图。由于采用较大的比例，故又称为详图，如桥台图、桥墩图、主梁图（上部构件图）和栏杆图等。构件图的常用比例为（1∶10）～（1∶100），当某一局部在构件中不能完整清晰地表达时，可采用更大的比例如（1∶2）～（1∶10）等来画局部详图。构件图大多包括一般构造图和钢筋结构图。

一、桥台图

1. 桥台的组成及作用

桥台指的是位于桥梁两端，并与路基相连接的支承上部结构和承受桥头填土侧压力的构造物。其功能除传递桥梁上部结构的荷载到基础外，还具有抵挡台后的填土压力、稳定桥头路基，使桥头线路和桥上线路可靠而平稳地连接的作用。桥台一般是石砌或素混凝土结构，轻型桥台则采用钢筋混凝土结构。

桥台具有多种形式，主要分为重力式桥台、轻型桥台、框架式桥台、组合式桥台、承拉桥台等。

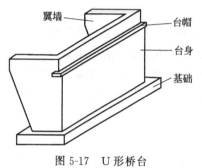

图 5-17　U 形桥台

如图 5-17 所示为当前我国公路上用得较多的实体桥台。这种桥台由于前墙和两道翼墙垂直相连，其水平断面的形状呈 U 形，因而称为 U 形桥台。它由基础、台身（前墙）、翼墙（侧墙）及台帽组成，U 形桥台属重力式桥台，此外重力式桥台还有 T 形、埋置式、耳墙式等多种形式。

U 形桥台构造简单，它的主要作用是支撑桥跨结构的主梁，并且靠它的自重和土压力来平衡由主梁传下来的压力，以防止倾覆，但台身较高时工程量较大，一般用于桥梁跨度较小的低矮桥台。

2. 桥台的表示方法

（1）构造图

如图 5-18 所示为公路上常用的 U 形桥台图。这类桥台比较简单，只需用一个总图就可以将其形状和尺寸表达清楚。该桥台总图包括纵剖面图、平面图和侧面图。侧面图是台前、台后组合图，由 1/2 台前和 1/2 台后合成表示。所谓台前，是指人站在桥下观看桥台所得到的投影。所谓台后，是指人站在路堤上观看桥台得到的投影，此图只画可以看到的部分，用以表达桥台正面和背面的形状和尺寸。纵剖面图是沿桥台对称面剖切而得到的全剖面图，主要表示桥台内部的形状和尺寸以及各组成部分所使用的材料。平面图是一个外形图，主要表达桥台的平面形状和尺寸。

桥台图是人们考虑没有填土情况下画出的。

如图 5-19 所示为某桥 0 号桥台图，主视图用 1—1 剖面图表示，左视图采用 3—3（台前）与 4—4（台后）两个半剖面组合，俯视图为视图外加一个 5—5 剖面图。图中材料数量表还列出了各种材料的数量与用途。

（2）钢筋布置图

如图 5-20 所示为某桥桥台台帽、背墙钢筋构造图，由于模板比较简单，故与配筋图画在了一起。

配筋图是把构件视为一透明体，突出钢筋的布置而画出的，由立面图、平面图和剖面

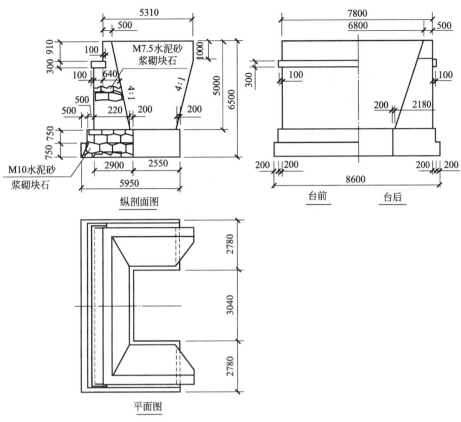

图 5-18 U 形桥台总图

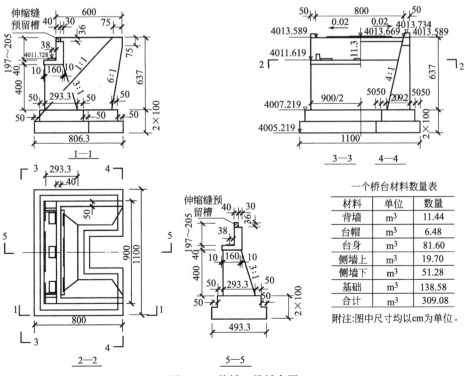

一个桥台材料数量表

材料	单位	数量
背墙	m³	11.44
台帽	m³	6.48
台身	m³	81.60
侧墙上	m³	19.70
侧墙下	m³	51.28
基础	m³	138.58
合计	m³	309.08

附注:图中尺寸均以cm为单位。

图 5-19 某桥 0 号桥台图

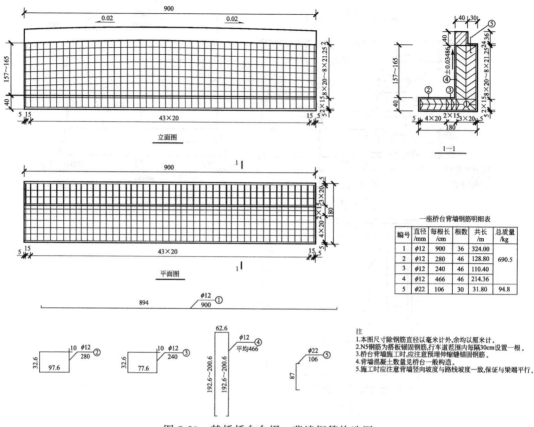

图 5-20　某桥桥台台帽、背墙钢筋构造图

一座桥台背墙钢筋明细表

编号	直径 /mm	每根长 /cm	根数	共长 /m	总质量 /kg
1	φ12	900	36	324.00	
2	φ12	280	46	128.80	690.5
3	φ12	240	46	110.40	
4	φ12	466	46	214.36	
5	φ22	106	30	31.80	94.8

注
1.本图尺寸除钢筋直径以毫米计外,余均以厘米计。
2.N5钢筋为搭板锚固钢筋,行车道范围内每隔30cm设置一根。
3.桥台背墙施工时,应注意预埋伸缩缝锚固钢筋。
4.背墙混凝土数量见桥台一般构造。
5.施工时应注意背墙竖向坡度与路线坡度一致,保证与梁端平行。

图组成。配筋图中表达了构件的外形、大小尺寸：全宽 9.0m，背墙竖向坡度与路线坡度一致，为 0.2%，由路中对称分布，保证了梁端平行。配筋图中最主要的是表明了构件内部钢筋的分布情况，表明了钢筋骨架的形状以及在模板中的位置，为绑扎骨架用。

　　钢筋详图是表明构件中每种钢筋加工成型后的形状和尺寸的图。图上直接标注钢筋各部分的实际尺寸，不画尺寸线和尺寸界线，详细注明钢筋的编号、根数、直径、级别、数量（或间距）以及单根钢筋断料长度，它是钢筋断料和加工的依据。图 5-20 中有五种不同形式的钢筋。

　　在钢筋明细表中，表明了钢筋的编号、直径、级别、每根长度、根数、总长度和总质量，可作为预算和施工下料的依据。

　　有关钢筋混凝土结构图的详细内容可参阅《建筑结构识图》（第四版，周佳新编著，化学工业出版社出版）。

二、桥墩图

1. 桥墩的组成及作用

　　在两孔和两孔以上的桥梁中除两端与路堤衔接的桥台外，其余的中间支撑结构称为桥墩。桥墩分为实体墩、柱式墩和排架墩等。按平面形状可分为矩形墩、尖端形墩、圆形墩等。建造桥墩的材料可用木料、石料、混凝土、钢筋混凝土、钢材等。桥墩的位置和桥梁上部结构的分跨布置密切相关，应通过技术经济比较决定。如跨河桥的桥墩应考虑到深水或不良地基给桥墩基础施工带来的各种困难，冰凌、漂木或泥石流会增加桥墩额外的负荷，布置桥墩时，应特别慎重；地形陡峻的 V 形深谷，宜以较大跨度跨越，避免在沟底设置高桥墩；当桥下净空无特殊要求，河床及地基情况允许采用浅基础桥墩时，或为了美化环境，避免高路堤占地太多而修建的旱桥，则以低墩短跨的桥孔布置为好。桥墩分重力式桥墩和轻型桥墩两大类。

桥墩由基础、墩身、墩帽组成，如图 5-21 所示。

埋在地面以下的部分是基础，在桥墩的底部。根据地质情况的不同，基础可以采用扩大基础、桩基础或沉井基础。如图 5-21 所示桥墩的基础为扩大基础，由上下两层长方体组成。扩大基础的材料一般为浆砌片石或混凝土。

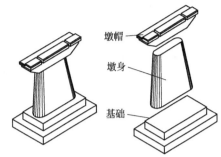

图 5-21 桥墩的组成

墩身是桥墩的主体，如图 5-21 所示墩身的横断面形状呈圆端形，墩身上小下大。墩身的横断面通常还有圆形、矩形或尖端形。墩身的材料一般为浆砌片石或混凝土。通常墩身顶部400mm 高的部分放有少量的钢筋混凝土，便于与墩帽连接。另外，墩身还可以与桩基础结合构成桩柱式桥墩，这种桥墩结构简单，施工方便，占地面积小。

墩帽位于桥墩的上部，一般由顶帽和托盘两部分组成。托盘上大下小，与墩身连接时起过渡作用。顶帽位于托盘之上，在其上面设置垫石以便安装桥梁支座。如图 5-21 所示墩帽高的一边为安装固定支座用，低的一边为安装活动支座用。墩帽由钢筋混凝土制成。

2. 桥墩的表示方法

表示桥墩的图有桥墩图、墩帽图和墩帽钢筋布置图。桥墩图又称桥墩概图，用来表达桥墩的整体形状和大小，其中包括墩帽的基本形状和主要尺寸、墩身的形状和尺寸以及桥墩各部分所用的材料。

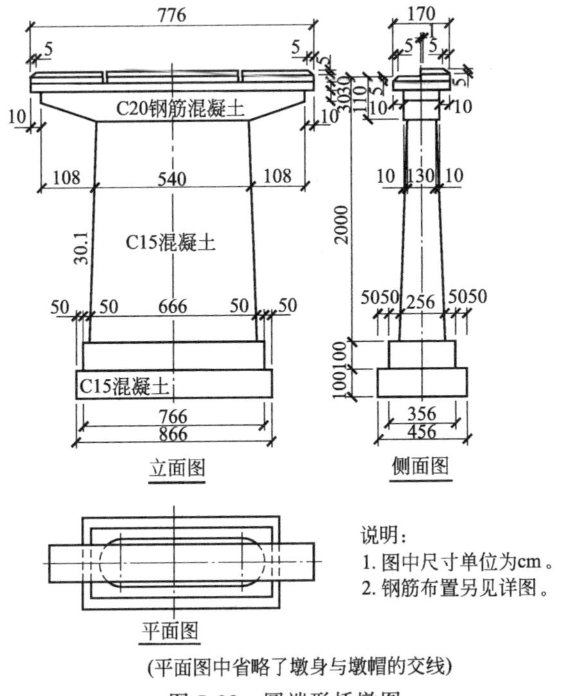

由于桥墩构造比较简单，一般就用三视图和一些剖面或断面图来表示。如图 5-22 所示的圆端形桥墩图就是用立面、平面和侧面图来表达桥墩的整体形状，对于外形较复杂的桥墩可以增画某些剖面和断面图。由于桥墩左右对称，也可以把平面图画成半平面和半剖面的组合图形，通常是把左边一半画成平面图，右边一半画成在墩身顶部或底部剖切的剖面图，以点划线为分界线。

在桥墩图中，由于画图的比例较小，如果墩帽的结构没表达清楚，就需要用较大的比例画出墩帽图。对于墩帽形状不十分复杂的桥墩，可将墩帽图与墩帽钢筋布置图合画在一起。

说明：
1. 图中尺寸单位为cm。
2. 钢筋布置另见详图。

(平面图中省略了墩身与墩帽的交线)

图 5-22 圆端形桥墩图

立面图

侧面图

平面图

由图 5-22 可看出圆端形桥墩的墩帽形状简单，墩帽图就省略不画了。墩帽内的钢筋布置情况由墩帽钢筋布置图表示。

如图 5-23 所示为某桥桥墩构造图，它是钻孔双柱式桥墩，由帽梁、双桩柱、横系梁和桩基础组成，采用三面投影图表示其结构形状。桥墩下面是两根阶梯钢筋混凝土立柱，上部直径 140cm，下部直径 150cm，系梁尺寸及构造等另见详图。

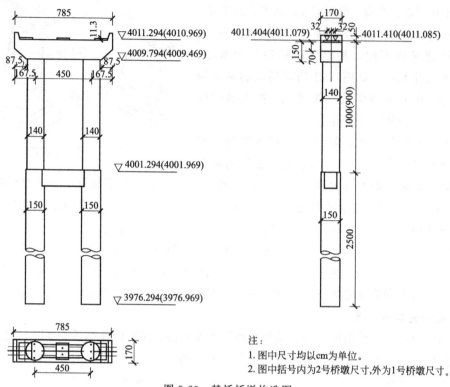

注：
1. 图中尺寸均以 cm 为单位。
2. 图中括号内为 2 号桥墩尺寸，外为 1 号桥墩尺寸。

图 5-23　某桥桥墩构造图

如图 5-24 所示为某桥 1 号桥墩柱桩钢筋构造图。图中①⑤⑥号钢筋为受力筋，主要用来承受由荷载引起的拉应力或者压应力，使桥墩的承载力满足结构功能要求，受力筋接头均采用对焊。②⑦⑩号钢筋为加强筋，用来满足斜截面抗剪强度，并连接受力筋和受压区混筋骨架，它们设在主筋内侧，每 2m 一道，自身搭接部分采用双面焊。③④⑧号钢筋为螺旋钢筋，沿主筋圆周表面缠绕，螺旋钢筋也多用于圆形的柱、桩等混凝土构件，是另一种形式的箍筋，采用螺旋钢筋可减少钢筋焊接量。⑨号钢筋为定位钢筋，是在浇筑过程中，为了保证构件的保护层厚度、净距等构造要求而设置的固定钢筋骨架位置的钢筋，定位钢筋每隔 2m 设一组，每组 4 根均匀设于桩基加强筋⑦四周。桩基钢筋笼分段插入桩孔中，各段主筋采用焊接，钢筋接头按规范要求错开布置。

三、主梁图（T 形梁）

1. 组成与一般构造图

如图 5-25（a）所示为装配式钢筋混凝土 T 桥主梁断面图，T 形梁由梁肋、横隔板、翼板组成。由于 T 形梁每根宽度较小，因此在使用中常常几根拼装在一起，所以习惯上称两侧的 T 形梁为边主梁，中间的 T 形梁为中主梁。

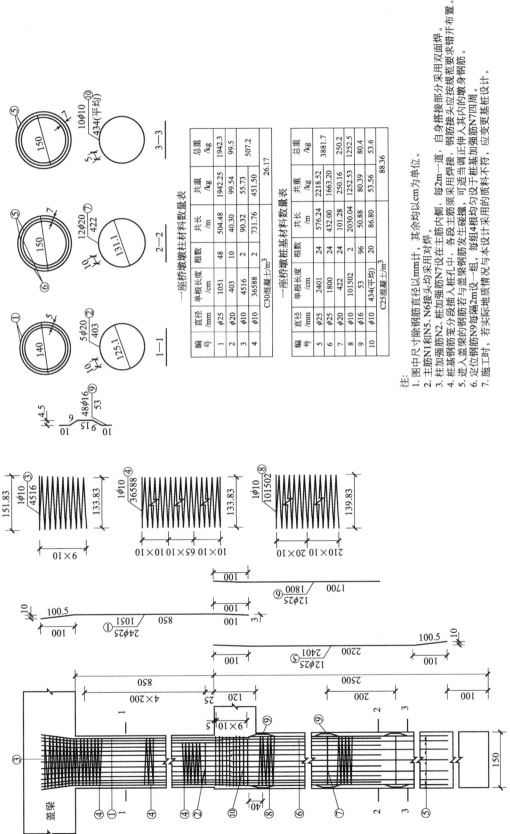

一座桥墩墩柱材料数量表

编号	直径/mm	单根长度/cm	根数	共长/m	共重/kg	总重/kg
1	φ25	1051	48	504.48	1942.25	1942.3
2	φ20	403	10	40.30	99.54	99.5
3	φ10	4516	2	90.32	55.73	507.2
4	φ10	36588	2	731.76	451.50	

C30混凝土/m³ 26.17

一座桥墩桩基材料数量表

编号	直径/mm	单根长度/cm	根数	共长/m	共重/kg	总重/kg
5	φ25	2401	24	576.24	2218.52	3881.7
6	φ25	1800	24	432.00	1663.20	
7	φ20	422	24	101.28	250.16	250.2
8	φ10	101502	2	2030.04	1252.53	1252.5
9	φ16	53	96	50.88	80.39	80.4
10	φ10	434(平均)	20	86.80	53.56	53.6

C25混凝土/m³ 88.36

注:
1. 图中尺寸除钢筋直径以mm计，其余均以cm为单位。
2. 主筋N1和N5、N6接头采用对焊。
3. 柱加强筋N2，桩加强筋N7设在主筋内侧，每2m一道，自身搭接部分采用双面焊。
4. 桩基钢筋笼分段捆入桩孔中，各段主筋须采用焊接，钢筋接头应按规范要求错开布置。
5. 进入盖梁的钢筋若与盖梁钢筋发生碰撞，可适当调正伸入其内的墩身钢筋。
6. 定位钢筋N9每隔2m设一组，每组4根均匀设于桩基加强筋N7四周。
7. 施工时，若实际地质情况与本设计采用的质料不符，应变更基桩设计。

图 5-24　某桥 1 号桥墩柱桩钢筋构造图

如图 5-25（b）所示为装配式钢筋混凝土 T 桥主梁一般构造图，桥标准跨径为
20.00m，计算跨径为 19.70m，从图中可以看出各部分形状及尺寸。T 形梁之间主要靠横
隔板联系在一起，所以中主梁两侧均有横隔板（见中梁截面图），而边主梁只有一侧有横
隔板（见边梁截面图）。

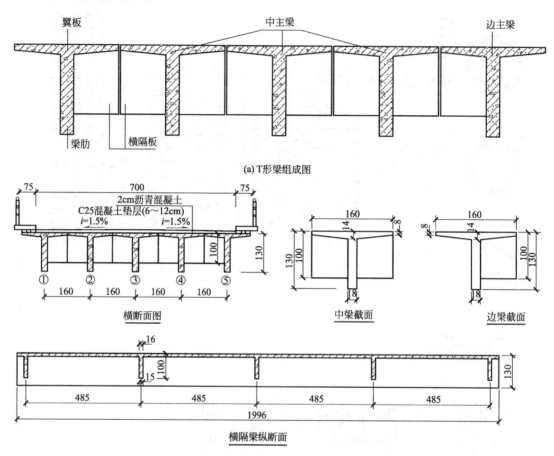

(a) T形梁组成图

(b) T形梁构造图

图 5-25　主梁架构造图

注：本图尺寸均以厘米（cm）计。

2. 主梁钢筋布置图

如图 5-26 所示为主梁钢筋布置图，由立面图、横断面图、钢筋详图和钢筋用量表组成。

（1）立面图

由于梁是对称的，所以只画出了 1/2 部分。主梁的钢筋，首先是按钢筋详图成型的，
将受力钢筋、架立钢筋焊成一片片钢筋骨架，再用箍筋、水平分布钢筋绑扎成一整体，桥
梁图中常称这种主梁钢筋布置图为主梁骨架构造图。为此，图中要有整个主梁的配筋图
（即立面图，主梁的翼板和横隔梁用虚线画）、一片钢筋骨架图和各种钢筋的详图。

（2）横断面图

为便于了解钢筋的横向布置情况，应有必要的横断面图。在如图 5-26 所示的 1—1、
2—2 横断面图中，为表示叠置在一起的被截断的钢筋，可改实点为圆圈，并在断面图形
外侧列出受力筋和架立钢筋表格，标出相应的钢筋编号，以便读图。

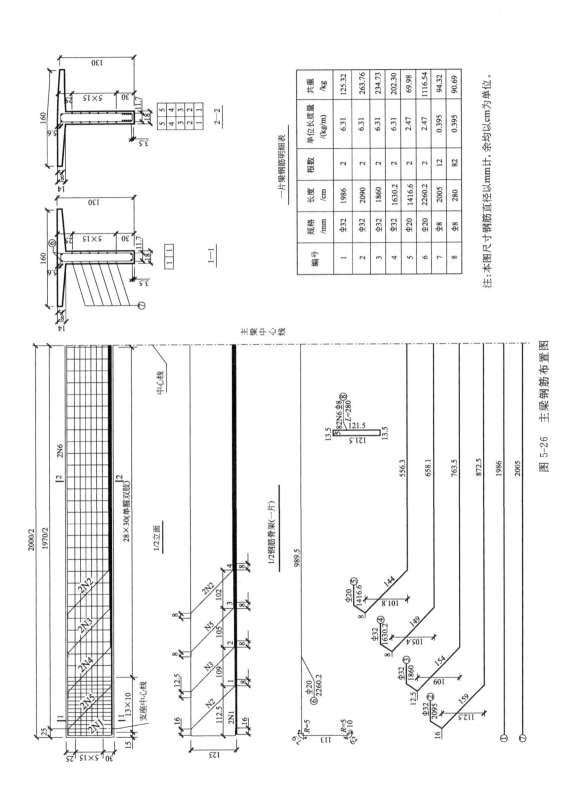

一片梁钢筋明细表

编号	规格/mm	长度/cm	根数	单位长质量/(kg/m)	共重/kg
1	Φ32	1986	2	6.31	125.32
2	Φ32	2090	2	6.31	263.76
3	Φ32	1860	2	6.31	234.73
4	Φ32	1630.2	2	6.31	202.30
5	Φ20	1416.6	2	2.47	69.98
6	Φ20	2260.2	2	2.47	1116.54
7	Φ8	2005	12	0.395	94.32
8	Φ8	280	82	0.395	90.69

注：本图尺寸钢筋直径以mm计，余均以cm为单位。

图 5-26 主梁钢筋布置图

（3）钢筋详图

钢筋的编号有时习惯在数字前冠以 N 字，有时也有在数字外画圈编号，一张图纸中还经常混用，例如：N1 即①，N2 即②等。

如图 5-26 所示主梁的每片钢筋骨架有①、②、③、④、⑤号受力钢筋，⑥号架力钢筋，⑦为分布筋，⑧为箍筋，各类钢筋按图中所给各尺寸焊接成骨架。至于每号钢筋的直径、长度、形状等，则要依据钢筋详图和明细表。在画图时，故意把每条钢筋之间留出适当空隙，以便于读图。

第六节　桥梁之最

一、中国十大名桥

1. 卢沟桥

卢沟桥（Lugou Bridge）亦作芦沟桥，位于北京市西南约 15km 处丰台区永定河上，如图 5-27 所示。因横跨卢沟河（即永定河）而得名，是北京市现存最古老的石造联拱桥。始建于金大定二十九年（公元 1189 年），明正统九年（公元 1444 年）重修。清康熙三十六年（公元 1697 年）时毁于洪水，康熙三十七年（公元 1698 年）重建。卢沟桥全长266.5m，宽 7.5m，最宽处可达 9.3m，有 241 根望柱，每个柱子上都雕着狮子。有桥墩十座，共 11 个桥孔，整个桥身都是石体结构，关键部位均有银锭铁榫连接，为华北最长的古代石桥。1937 年 7 月 7 日，日本帝国主义在此发动全面侵华战争。宛平城的中国驻军奋起抵抗，史称"卢沟桥事变"（亦称"七七事变"），中国抗日军队在卢沟桥打响了全面抗战的第一枪。又因在《马可·波罗游记》中它被形容为一座巨丽的石桥，后来外国人都称它为"马可波罗桥"。

图 5-27　卢沟桥

2. 广济桥

广济桥，即潮州广济桥，古称康济桥、丁侯桥、济川桥，俗称湘子桥。广济桥位于广东潮州东门外，是我国古代一座交通、商用综合性桥梁，是世界上第一座集拱桥、梁桥、浮桥于一身的启闭式石桥，有"一里长桥一里市"之说。广济桥始建于南宋乾道七年（公元 1171 年），初为浮桥，由浮船连接而成，初名康济桥。后自两岸向江心逐墩修筑，至南宋绍定元年（公元 1228 年），建成 23 墩，曾被著名桥梁专家茅以升誉为"世界上最早的启闭式桥梁"。明宣德十年（公元 1435 年），潮州知府王源主持大桥重修，于桥上修筑楼阁 12 座，桥屋 126 间，并统一名称为广济桥。明正德八年（公元 1513 年），知府谭纶增建一墩；明嘉靖九年（公元 1530 年），减船六只，形成目前的"十八梭船廿四洲"风格。清雍正二年（公元 1724 年），时任知府张自谦再修，并铸铣牛二只，分置西桥第八墩和东桥第十二墩，意在"镇桥御水"。道光二十二年（公元 1842 年）洪水，东墩铣牛坠入江中。有此民谣道："潮州湘桥好风流，十八梭船廿四洲，廿四楼台廿四样，二只铣牛一只溜"。1958 年当地政府对大桥做了全面的修理与加固。2003—2007 年对广济桥按照最辉煌时期的明代进行了修复，恢复了"十八梭船"的启闭式浮桥，修复了桥上的 12 座楼阁和 18 座亭屋，并加上匾额与对联。桥全长约 520m，现存古桥墩 21 座，如图 5-28 所示。

图 5-28 广济桥

3. 五亭桥

五亭桥又名"莲花桥"，位于扬州瘦西湖内的莲花埂上，如图 5-29 所示。桥基为 12 条青石砌成的大小不同的桥墩；桥身为拱卷形，由 3 种不同的卷洞联合，共 15 孔，孔孔相通，亭与亭之间以廊相连。建于乾隆二十二年（公元 1757 年），是仿北京北海的五龙亭和十七孔桥而建的。这座桥的创造性在于将桥、亭合二为一，形成亭桥；又将五亭聚于一桥，亭与亭之间以短廊相接，共同形成一个完整的屋面。桥上五亭造型秀丽，黄瓦朱柱，配以白色栏杆，亭内彩绘藻井，富丽堂皇，与拱形桥身比例适当，配置和谐。桥梁专家茅以升誉为"中国古代交通桥与观赏桥结合的典范"。

图 5-29 五亭桥

4. 安平桥

安平桥又名五里桥，位于中国福建省晋江安海镇西畔，又称"西桥"，是横跨安海镇和南安水头镇之间的海面的一座中式古代长桥，桥上刻着"世间有佛宗斯佛，天下无桥长此桥"的对联，是中国古代第一长桥，如图 5-30 所示。

据记载，此桥始建于南宋绍兴八年（公元 1138 年），成于绍兴二十一年（公元 1151 年），历时 13 年，主持建桥的是当时的赵令衿。安平桥是用花岗岩和砂石构筑的梁式石

图 5-30　安平桥

桥，此桥采用石墩、石梁，有 362 孔，桥长 5 里（2223m），故又名五里桥（现桥长 2100m），保持了 700 余年的桥长纪录。桥面每节平铺长石板 6～8 条不等，每条石板长约 6m，宽与厚为 0.5～0.7m。桥墩用长条石和方形石横纵叠砌，为世界首创的"筏型基础"，呈四方形、单边船形、双边船形三种形式，分别筑于非水深急流、最高潮水位之上与高潮水位之下地段。尚存 33 座，状如长虹，为中古时代世界上最长的梁式石桥。此外，长桥的两旁还置有形式古朴的石塔和石雕佛像，其栏杆柱头还雕刻着惟妙惟肖的雌雄石狮与护桥将军石像，以夸张的手法，雕刻表现得非常别致。在桥头还有一座砖塔和观音堂，塔高达 22m，为五层六角形空心建筑，南宋时创建，被国家第一批公布为全国重点文物保护单位之一。

5. 赵州桥

赵州桥又称安济桥，位于河北省石家庄市东南四十多公里的赵县城南 2.6km 处，它横跨洨水南北两岸，建于隋朝大业元年至十一年（605～616），由匠师李春监造，如图 5-31 所示，至今已有 1400 多年的历史。因桥体全部用石料建成，俗称"大石桥"。时隔大约 700 年，欧洲才建成类似的石拱桥。

赵州桥是当今世界上现存最早、保存最完善的古代敞肩石拱桥，桥面宽 10m，两侧 42 块模仿板上刻有龙兽状浮雕。1961 年被国务院列为第一批全国重点文物保护单位。

图 5-31　赵州桥

6. 风雨桥

风雨桥是侗族独有的桥，由桥、塔、亭组成，如图 5-32 所示。全用木料筑成，桥面铺板，两旁设栏杆、长凳，桥顶盖瓦，形成长廊式走道。塔、亭建在石桥墩上，有多层，檐角飞翘，顶有宝葫芦等装饰，行人过往能避风雨，故得名。

坐落在广西壮族自治区三江县程阳村边林溪河上的程阳桥是风雨桥的代表。这座桥建于 1916 年，是一座四孔五墩伸臂木梁桥。其结构以桥墩、桥身两部分为主。墩底用生松木铺垫，用油灰黏合料石砌成菱形墩座，其上铺放数层并排的巨杉圆木，再铺木板作桥

图 5-32　风雨桥

面，桥面上盖起瓦顶长廊桥身。桥身为四柱抬楼式建筑，桥顶建造五个高出桥身的、瓦顶数层的、飞檐翘起的角楼亭。长廊和楼亭的瓦檐头均有雕刻绘画，是侗乡人民智慧的结晶，也是中国木建筑中的艺术珍品。

程阳桥最大的特点是整个建筑之间的搭建与构造全部用传统手工的木榫，没有任何铁钉，这在世界建筑史上是一个奇迹。

7. 铁索桥

铁索桥是指主要承重构件为铁索的桥，桥面铺设或悬吊在铁索上，通常指大渡河铁索桥，又名泸定桥，如图 5-33 所示，位于四川省甘孜藏族自治州泸定县大渡河上。清康熙年间建成，古为川康间的交通要道。1935 年中国工农红军长征途中为强渡大渡河而勇夺此桥。桥全长 136m，宽 3m，由 13 根碗口粗的铁链系在两岸的悬崖峭壁上。其中 9 根并排着的铁链上面铺有木板，就是桥面，另外各 2 根在桥面两侧，就是扶手，每根铁链重约 2000kg。泸定桥为全国重点保护文物。

图 5-33　泸定桥

8. 五音桥

五音桥位于河北省遵化市清东陵顺治帝孝陵神道上，如图 5-34 所示。桥全长 110.60m，

图 5-34　五音桥

宽 9.10m，桥上有石望柱 128 根，抱鼓石 4 块，两边安设有方解石栏板 126 块，每块栏板的形状和大小相同，如果用石块顺着敲击，会发出不同的声音，包罗我国古代声乐中的宫、商、角、徵、羽五音，所以称之为"五音桥"。当击打的方位不同时，发出的声音亦不相同，会听到 5 种如金玉般的响声音阶，有的低沉浑厚，如钟鸣；有的清脆悠扬，仿佛是轻敲木鱼之状，悦耳动听，反映了清代文化鼎盛时期的风貌。

9. 玉带桥

玉带桥位于北京颐和园昆明湖的长堤上，是拱券结构的石桥，建于清乾隆年间（公元 1736—1795 年），如图 5-35 所示。该桥单孔净跨 11.38m，矢高约 7.5m，全部用玉石琢成，桥面是双反向曲线，组成波形线桥型，配有精制的白石栏板，显得格外富丽堂皇。蛋尖形桥拱，特别高耸，好似玉带。此桥旧名"穿桥"，俗称驼峰桥，均以形象命名。玉带桥的造型具有我国长江三角洲地区石拱桥的风格，以纤秀、挺拔、轻巧为其特色。

图 5-35 玉带桥

10. 十字桥

现存最早的十字桥是山西太原市晋祠的鱼沼飞梁，建于北宋崇宁元年（公元 1102 年），呈十字桥形，如大鹏展翅，位于圣母殿前，形状典雅大方，造型独特，是国内现存古桥梁中仅有的一例，如图 5-36 所示。全桥由 34 根铁青八角石支撑，柱顶有柏木斗拱与纵、横梁连接，上铺十字桥面，汉白玉栏杆，方砖铺面，南来北往、东去西行的游人都可以通过。因此此桥构造奇巧，民间传说是鲁班建造的。

图 5-36 十字桥

二、世界十大悬索桥

1. 明石海峡大桥

明石海峡大桥（Akashi Kaikyo Bridge）如图 5-37 所示，是日本兵库县境内连接神户市和淡路岛的跨海通道，是神户—淡路—鸣门线路上的重要桥梁。线路全长 3910m，主桥长

图 5-37　日本明石海峡大桥

1991m。1988 年 5 月动工兴建，1996 年 9 月 18 日全线贯通，1998 年 4 月 5 日通车运营。

2. 杨泗港长江大桥

杨泗港长江大桥（Yangsigang Yangtze River Bridge）如图 5-38 所示，是中国湖北省武汉市境内连接汉阳区与武昌区的过江通道，位于长江水道之上，是武汉市第十座长江大桥。桥梁全长 4134.377m，主桥长 1700m。2014 年 12 月 3 日动工兴建，2018 年 12 月 29 日全线贯通，2019 年 10 月 8 日通车运营。

图 5-38　武汉杨泗港长江大桥

3. 南沙大桥

南沙大桥（Nansha Bridge），原称虎门二桥，如图 5-39 所示，是中国广东省境内一座连接广州市南沙区与东莞市沙田镇的跨海大桥，位于珠江狮子洋之上，为广州—龙川高速公路的西端部分；是继港珠澳大桥之后，珠江三角洲又一座世界级桥梁工程。主跨

图 5-39　南沙大桥

1688m，宽度54m。南沙大桥于2013年6月28日开工，2019年4月2日正式通车。

4. 西堠门大桥

西堠门大桥（Xihoumen Bridge）如图5-40所示，是中国浙江省舟山市境内的跨海大桥，位于西堠门水道之上，是甬舟高速公路（国家高速G9211）组成部分之一。线路全长5.452km，桥梁总长2.588km，主跨1650m。2005年5月20日动工兴建，2007年12月16日完成合龙工程，2009年12月25日通车运营。

图5-40　舟山西堠门大桥

5. 丹麦大贝尔特桥

大贝尔特桥（Great Belt Bridge），也叫斯托伯尔特桥，按意思来译应为"大带桥"，如图5-41所示，是横穿丹麦大贝尔特海峡，将西兰岛和菲英岛连接在一起的交通动脉。两桥塔间跨度为1624m，桥面最高处距海平面65m，桥塔高度为254m。1987年6月动工兴建，1997年6月全线铁路通车，1998年8月公路桥启用，整个工程全部竣工。

图5-41　丹麦大贝尔特桥

6. 奥斯曼一世大桥

土耳其新伊兹米特海湾大桥（New Izmit Bay Bridge）又名奥斯曼一世大桥（NewOsman Gazi Bridge），如图5-42所示，连接伊兹米特海湾的南岸与北岸。大桥最大跨度1550m，全长2682m，宽35.92m。大桥于2013年3月30日开工建设，2017年7月通车。

7. 李舜臣大桥

李舜臣大桥如图5-43所示，位于韩国全罗南道丽水，连接光阳和丽水两地，是通往丽水工业园区的道路之一。这个桥址是当年露梁海战的主要激战地区。桥梁总长2260m，跨径1545m，水泥主塔高270m。2007年10月开始动工，于2013年2月全线通车。

8. 润扬长江公路大桥

润扬长江公路大桥（Runyang Bridge），简称润扬大桥，如图5-44所示，是中国江苏省境内一座连接镇江市和扬州市的桥梁工程，是江苏"四纵四横四联"高速公路网中主骨

图 5-42　奥斯曼一世大桥

图 5-43　李舜臣大桥

架和跨长江通道规划的重要组成部分。全长 35.66km，主跨 1490m，主塔高 215.58m。2000 年 10 月 20 日开工建设，2004 年 6 月 1 日全线贯通，2005 年 4 月 30 日正式通车。

图 5-44　润扬长江公路大桥

9. 蒙华洞庭湖大桥

蒙华洞庭湖大桥（Dongting Lake Bridge on Mengxi—Huazhong Railway）如图 5-45 所示，是中国湖南省岳阳市境内连接君山区与岳阳楼区的跨湖通道，位于洞庭湖水道之上，是浩吉铁路（原称"蒙华铁路"）的控制性工程，也是中国"北煤南运"战略运输通道的重要组成部分之一。大桥全长 2.39km，主跨 1480m，桥面宽度 33.5m。2013 年 6 月 5 日动工建设，2017 年 3 月 19 日主桥钢箱梁合龙，2019 年 9 月 28 日通车运营。

10. 栖霞山大桥

南京栖霞山长江大桥，简称栖霞山大桥，原称南京长江第四大桥如图 5-46 所示，位于中国江苏省南京市境内，为越江公路桥，起自南京市六合区横梁镇东，接绕越高速东北

图 5-45　洞庭湖大桥

图 5-46　栖霞山大桥

段和南京至南通高速公路，止于江宁区麒麟街道，接绕越高速东南段和沪宁高速公路。跨江大桥长 5.448km，主跨为 1418m。2008 年 12 月 29 日开工建设，2012 年 12 月 24 日正式通车。

三、世界十大斜拉桥

1. 俄罗斯岛大桥

俄罗斯岛大桥（Russky Island Bridge）如图 5-47 所示，将俄罗斯远东城市符拉迪沃斯托克的大陆部分与俄罗斯岛连接起来。该桥中心跨度 1104m，牵索长 580m，距水平面

图 5-47　俄罗斯岛大桥

高度为 70m，桥墩高度为 324m，总长度为 3.1km。大桥始建于 2008 年 9 月，2012 年 7 月试运行，8 月 1 日供公共车辆通行。

2. 沪苏通长江公铁大桥

沪苏通长江公铁大桥（Shanghai-Suzhou-Nantong Yangtze River Bridge）如图 5-48 所示，是中国江苏省境内连接苏州市和南通市的通道，位于苏通长江公路大桥上游、江阴长江公路大桥下游，是通锡高速公路、沪苏通铁路、通苏嘉甬高速铁路共同的过江通道，跨越长江江苏段。全长 11.07km，主塔高 325m，主跨 1092m。2014 年 3 月 1 日动工建设，2019 年 9 月 20 日合龙，2020 年 6 月定名，2020 年 7 月 1 日建成通车。

图 5-48　沪苏通长江公铁大桥

3. 苏通长江公路大桥

苏通长江公路大桥（Su-Tong Yangtze River Highway Bridge），简称苏通大桥，如图 5-49 所示，位于中国江苏省境内，是国家高速沈阳—海口高速公路（G15）跨越长江的重要枢纽，也是江苏省公路主骨架网"纵一"——赣榆至吴江高速公路的重要组成部分。主桥长 2088m，其主跨跨径达到 1088m，主塔高度达到 300.4m，主桥最长的斜拉索长达 577m。2003 年 6 月开工，2007 年 6 月主桥合龙，2008 年 6 月 30 日建成通车。

图 5-49　苏通长江公路大桥

4. 昂船洲大桥

昂船洲大桥位于中国香港如图 5-50 所示，是香港八号公路干线的主要组成部分。大桥由香港葵涌货运码头入口，横跨蓝巴勒海峡，向西伸延至青衣岛。大桥主跨长 1018m，连引道全长为 1596m，有 1018m 跨越海面。2005 年 1 月开始动工兴建，2008 年 6 月完工，2009 年 12 月 20 日正式通车。

图 5-50　昂船洲大桥

5. 鄂东长江大桥

鄂东长江大桥（E'dong Yangtze River Bridge）如图 5-51 所示，是中国湖北省境内连接黄石市和黄冈市的过江通道，鄂东长江公路大桥起自黄冈浠水县，接黄梅至黄石高速公路，于浠水唐家湾附近跨越长江（即艾家湾桥位），止于黄石，接黄石至武汉高速公路。路线全长约 15.149km，其中大桥全长约 6.3km，主桥主跨为 926m。2006 年 11 月 20 日动工建设，2010 年 4 月 18 日，全线贯通，2010 年 9 月 28 日通车运营。

图 5-51　鄂东长江大桥

6. 多多罗大桥

多多罗大桥（Tatara Bridge）如图 5-52 所示，位于日本的本州岛和四国岛的联络线上，连接广岛县的生口岛及爱媛县的大三岛。最高桥塔 224m，主跨长 890m。1999 年竣工，同年 5 月 1 日启用，属于日本国道 317 号的一部分。

7. 诺曼底大桥

法国的诺曼底大桥如图 5-53 所示，由 M. Virlogeux 设计。桥的总长是 2200m，主跨856m，为混合梁，其中 624m 为钢梁，其他为混凝土梁；边跨全部为混凝土梁，用顶推法施工。建于 1994 年。

8. 九江二桥

九江二桥（The Second Jiujiang Bridge）如图 5-54 所示，是中国江西省境内连接九江市与湖北省黄梅县的过江通道，位于长江水道之上，是福州—银川高速公路（国家高速

图 5-52　多多罗大桥

图 5-53　诺曼底大桥

图 5-54　九江二桥

G70）重要组成部分之一。线路全长 17.004km，全桥长 8462m，主跨 818m。2009 年 9 月动工兴建，2012 年 12 月 22 日完成合龙工程，2013 年 10 月 28 日通车运营。

9. 荆岳长江大桥

荆岳大桥（Jingyue Bridge）如图 5-55 所示，是连接中国湖北省荆州市与湖南省岳阳市的过江通道，位于长江水道之上，是首座连接湖北、湖南两省的长江大桥，也是连接"武汉城市圈"和"长株潭城市群"经济发展的纽带。线路全长 5.419km，主桥长 816m。2006 年 12 月 26 日动工建设，2010 年 3 月 22 日完成主桥合龙工程，2010 年 12 月 9 日通车运营。

图 5-55　荆岳长江大桥

10. 芜湖长江公路二桥

芜湖长江公路二桥（The Second Yangtze River Bridge in Wuhu）如图 5-56 所示，北起无为东互通，上跨长江水道，三山互通，是中国安徽省芜湖市境内连接无为县与三山区的过江通道。线路全长 55.512km，主桥长 1622m，主跨 806m。2013 年 6 月 28 日动工兴建，2017 年 10 月 6 日全线贯通，2017 年 12 月 30 日通车运营。

图 5-56　芜湖长江公路二桥

四、世界十大跨海大桥

1. 港珠澳大桥

港珠澳大桥（Hong Kong-Zhuhai-Macao Bridge）如图 5-57 所示，是中国境内一座连接香港、广东珠海和澳门的桥隧工程，位于中国广东省珠江口伶仃洋海域内，为珠江三角

图 5-57　港珠澳大桥

洲地区环线高速公路南环段。桥隧全长 55km，其中主桥 29.6km，海底沉管隧道全长6.7km，海底隧道最深 48m。大桥 2009 年 12 月 15 日动工建设，2017 年 7 月 7 日实现主体工程全线贯通，2018 年 2 月 6 日完成主体工程验收，2018 年 10 月 24 日上午 9 时开通运营。

2. 胶州湾大桥

胶州湾大桥（Jiaozhou Bay Bridge）如图 5-58 所示，是中国山东省青岛市境内黄岛区、城阳区、李沧区以及胶州市的跨海通道，位于胶州湾之上，是山东省省级高速公路网的重要组成部分之一（编号：鲁高速 S85）。胶州湾大桥全长 42.23km、桥梁全长31.630km。大桥于 2006 年 12 月 26 日动工兴建，2010 年 12 月 22 日完成主桥合龙工程，2011 年 6 月 30 日通车运营。

图 5-58　胶州湾大桥

3. 濑户大桥

濑户大桥如图 5-59 所示，是日本一座位于本州的冈山县仓敷市到四国的香川县坂出市之间，跨越濑户内海的公路铁路两用桥。这座跨海大桥总长度达 37.3km，跨海长度为9.4km。大桥在 1978 年 10 月 10 日动工，1988 年 4 月 10 日始全面通车。

图 5-59　濑户大桥

4. 切萨皮克海湾桥

切萨皮克海湾（Chesapeake Bay）位于美国东海岸中部，是大西洋由南向北伸入美洲大陆的海湾，切萨皮克海湾桥如图 5-60 所示，是一座双向桥梁隧道综合体越洋大桥，全长 37km。1964 年建成通车。

5. 杭州湾跨海大桥

杭州湾跨海大桥（Hangzhou Bay Bridge）如图 5-61 所示，是中国浙江省境内连接嘉兴市和宁波市的跨海大桥，位于杭州湾海域之上，是沈阳—海口高速公路（国家高速

图 5-60　切萨皮克海湾桥

图 5-61　杭州湾跨海大桥

G15）组成部分之一。大桥全长 36km，桥梁总长 35.7km。杭州湾跨海大桥 2003 年 6 月 8 日奠基建设，2007 年 6 月 26 日全线贯通，2008 年 5 月 1 日通车运营。

6. 东海大桥

东海大桥（East Sea Bridge）如图 5-62 所示，是中国境内一座连接上海市浦东新区南汇新城镇与浙江省舟山市嵊泗县洋山镇的跨海通道，位于中国浙江省杭州湾洋山深水港海域内，为沪芦高速公路南端疏港支线组成部分。大桥全长 32.5km，主桥全长 25.3km。东海大桥始建于 2002 年 6 月 26 日，2005 年 5 月 25 日全线贯通，2005 年 12 月 10 日正式通车运营。

图 5-62　东海大桥

7. 泉州湾大桥

泉州湾大桥（Quanzhou Bay Bridge）如图 5-63 所示，是中国福建省泉州市境内连接石狮市和惠安县的跨海通道，位于泉州湾之上，是泉州环城高速公路的组成部分之一。大桥全长 26.68km，桥梁全长 12.46km。大桥 2009 年 12 月 31 日动工兴建，2015 年 5 月 12 日通车运营。

图 5-63　泉州湾大桥

8. 法赫德国王大桥

法赫德国王大桥如图 5-64 所示，又名巴林道堤桥，位于波斯湾中的巴林湾，是连接巴林和沙特阿拉伯的跨海公路大桥。大桥的命名是为纪念沙特阿拉伯的国王法赫德。大桥全长 25km，架桥部分 1km。大桥 1981 年开工，1986 年 11 月 25 日建成通车。

图 5-64　法赫德国王大桥

9. 金塘大桥

金塘大桥（Jintang Bridge）如图 5-65 所示，是中国浙江省境内连接舟山市与宁波市的跨海通道，位于灰鳖洋海域之上，是甬舟高速公路（国家高速 G9211）组成部分之一。大桥全长 21.029km，跨海桥梁长 18.415km。大桥 2005 年 9 月 30 日动工兴建，2008 年 6

图 5-65　金塘大桥

月 25 日全线贯通，2009 年 12 月 25 日通车运营。

10. 大贝尔特桥

大贝尔特桥（Great Belt Bridge）如图 5-66 所示，是一座连接丹麦西兰岛和菲英岛的大桥，横跨大贝尔特海峡。大桥全长 17.5km，桥上的悬索桥长 1624m。1987 年 6 月开始动工兴建，1997 年 6 月全线铁路通车，1998 年 8 月公路桥启用。

图 5-66　大贝尔特桥

第六章 涵洞工程图

涵洞是公路或铁路与沟渠相交的地方使水从路下流过的通道，作用与桥相同，涵洞依据连通器的原理，常用砖、石、混凝土和钢筋混凝土等材料筑成。也是路堤通过洼地或跨越水沟，或为把路基上方的水流宣泄到下方，或者避免行人车辆与主干公路相互干扰时而设置的横穿路基的小型地面排水（连通）结构物，它一般孔径较小。此外，涵洞还是一种洞穴式水利设施，有闸门以调节水量。在半填半挖的路基上，为排泄侧沟积水，常在相邻轨枕之间（净距约 0.3m）修筑一孔或多孔钢筋混凝土过水明渠，也属于涵洞的范围，有时和涵洞一并称为涵渠。涵洞是公路工程的重要组成部分，虽然在总造价中其所占比例很小，但涵洞施工质量的好坏，直接影响到公路工程的整体质量及使用性能，以及周围农田的灌溉、排水。

涵洞与桥梁的区别在于跨径的大小及结构形式的不同。根据《公路工程技术标准》（JTG B01—2014）规定，凡单孔跨径小于 5m（实际使用中有突破规范界限做到 6m 的情况）、多孔跨径总长小于 8m，以及圆管涵、箱涵不论其管径和跨径大小、孔数多少，统称为涵洞，如图 6-1 所示。

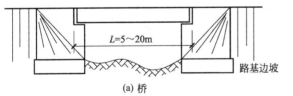
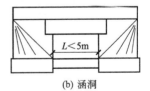

图 6-1 涵洞与桥的区别

一、涵洞的分类和适用条件

1. 涵洞的分类

涵洞的种类很多，《公路涵洞设计规范》（JTG/T 3365-02—2020）中将涵洞作如下分类：

① 按建筑材料的不同，涵洞可分为圬工涵、钢筋混凝土涵、波纹钢管（板）涵等。

② 按构造形式的不同，涵洞可分为管涵、拱涵、盖板涵、箱涵等，如图 6-2 所示。

③ 按填土高度的不同，涵洞可分为明涵、暗涵。当涵洞洞顶填料厚度（包括路面）小于 0.5m 时为明涵，大于或等于 0.5m 时为暗涵。如图 6-3 所示。

④ 按水力性质的不同，涵洞可分为无压力式、半压力式、压力式三种。

⑤ 按施工方法的不同，涵洞可分为装配式涵、现浇涵和顶进涵三种。

(a) 管涵

(b) 盖板涵

(c) 拱涵

(d) 箱涵

图 6-2　不同构造形式的涵洞

(a) 明涵

(b) 暗涵

图 6-3　不同填料厚度的涵洞

工程实践中，按断面形状又可分为圆形涵 [图 6-2（a）]、拱形涵 [图 6-2（c）]、矩形涵 [图 6-2（b）]、卵形涵、梯形涵等；按孔数可分为单孔、双孔、多孔，如图 6-4 所示。

2. 涵洞的适用条件

钢筋混凝土管涵适用于缺少石料地区有足够填土高度的小跨径暗涵，一般采用单孔，多孔时不宜超过 3 孔。

钢筋混凝土盖板涵适用于无石料地区且过水面积较大的明涵或暗涵。

拱涵适用于跨越深沟或高路堤。

钢筋混凝土箱涵适用于软土地基。

(a) 双孔涵　　　　　　　　　　(b) 多孔涵

图 6-4　不同孔数的涵洞

石盖板涵适用于石料丰富且过水流量较小的小型涵洞。

倒虹吸管涵适用于路堑挖方高度不能满足设置渡槽的净空要求时的灌溉渠道，不适用于排洪河沟。

钢波纹管涵适用于地基承载力较低或有较大沉降与变形的路基。

二、涵洞设计的一般规定

1. 涵洞孔径的确定

根据设计流量确定涵洞的净跨径，在确定涵洞净跨径时，应结合涵洞净高综合考虑。《公路涵洞设计规范》（JTG/T 3365-02—2020）中规定的涵洞标准化跨径如表 6-1 所示。

表 6-1　各类涵洞标准化跨径

构造型式	标准化跨径/m	构造型式	标准化跨径/m
钢筋混凝土管涵	0.75、1.00、1.25、1.50、2.00	石盖板涵	0.75、1.00、1.25
钢筋混凝土盖板涵	1.50、2.00、2.50、3.00、4.00、5.00	倒虹吸管涵	0.75、1.00、1.25、1.50
拱涵	1.50、2.00、2.50、3.00、4.00、5.00	波纹钢管（板）涵	1.50、2.00、2.50、3.00、4.00、5.00
钢筋混凝土箱涵	1.50、2.00、2.50、3.00、4.00、5.00		

2. 涵洞长度与净高 h 的关系

$h=1.25\text{m}$ 时，涵洞长度不宜超过 25m；$h \geqslant 1.5\text{m}$，长度不受限制。对于 0.75m 的盖板涵，$h<1.0\text{m}$ 时，长度不宜超过 10m；$h \geqslant 1.0\text{m}$ 时，长度不宜超过 15m。

3. 涵洞最小孔径的规定

跨径为 0.75m 的盖板涵仅适用于无淤积的灌溉涵，排洪涵孔径不应小于 1.25m，板顶填土高度不应小于 1.2m。

三、涵洞设计一般步骤

① 外业测绘。收集涵洞的勘测资料，包括涵洞轴向断面（必要时有辅助断面和 1∶500 地形图），涵洞设计资料调查表，有沟或路的应测绘沟（或路）与线路的平面关系。根据汇水面积确定涵洞的设计流量。

② 相关资料的准备。准备线路平剖面资料、填挖高度表、地质资料等。

③ 路基设计资料。包括路基断面的形式（路基宽度、路基边坡、坡面防护等）、出入口排水侧沟的沟底标高资料。

④ 涵洞孔径式样、出入口铺砌类型的拟定。根据涵洞功能、相关资料合理确定，孔径宜大不宜小、宜宽矮不宜高窄。

⑤ 出入口泄水面标高的拟定。排洪涵主要系为排除汇区内汇水而设，涵洞出入口标高均应较路基排水沟低。入口低，可以接引侧沟汇水，出口低，是因为涵洞一般均设置在汇区内地势最低洼处，出口侧路基侧沟均汇至涵洞出口处，并通过出口铺砌，排至下游。因此当遇到地势相对平坦，出口太低无条件排水时，应提请路基合理调整排水系统设计。涵身坡度一般不小于 0.4%，以利排水。

⑥ 涵洞长度的计算、涵身分节与涵长调整。

⑦ 涵洞基础的设计。当涵洞基底应力不满足要求时，基底应进行加固处理，常见的有换填、碎石桩、旋喷桩等。

⑧ 工程数量计算及汇总、出图。

四、涵洞位置确定的一般原则

① 一沟一涵。凡路线跨越明显的干沟、小溪时，原则上均应设涵。

② 农田灌溉涵。路线经过农田，跨越灌溉用渠，为了不致因修路而影响农田灌溉必须设置灌溉涵。

③ 路基边沟排水涵。山区公路的傍山线，为了排除路基内侧边沟的流水，通常每隔一定距离设置一道涵洞。

④ 路线交叉涵。当路线与铁路、公路、机耕道平面交叉时，一般应设排水涵。

⑤ 其他情况。路线通过积水洼地、池塘、泥沼地带时，为沟通公路两侧水位应设置涵洞；路线穿越村镇时，为保证地面排水畅通，也应设置涵洞。

五、涵洞的组成和形式

涵洞一般由基础、洞身和洞口组成，如图 6-5 所示是圆管涵洞的分解图。

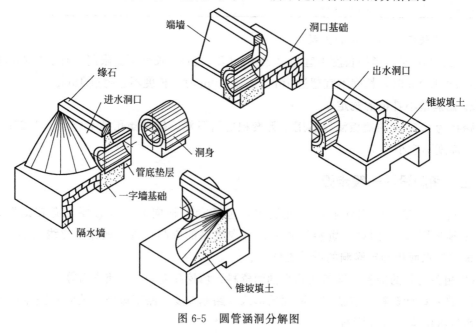

图 6-5　圆管涵洞分解图

1. 基础

基础是修筑在地面以下，承受整个涵洞的重量，防止水流冲刷造成沉降和坍塌，保证涵洞稳定和牢固的构造物。当在土质较软弱的地基上时，可采用混凝土或浆砌片石基础；当在砂砾、卵石、碎石及密实均匀的黏土或砂土地基上时，可采用砂砾石垫层基础；当在岩石地基上时，可采用垫层混凝土基础。基础顶面应进行八字斜面包角，其支撑角不应小于 $120°$。

2. 洞身

是涵洞的主要部分，洞身形成过水孔道的主体，它应具有保证设计流量通过的必要孔径，同时又要求本身坚固而稳定。洞身的作用一方面是保证水流通过，另一方面也直接承受荷载压力和填土压力，并将其传递给地基。洞身通常由承重结构（如拱圈、盖板等）、涵台、基础以及防水层、伸缩缝等部分组成。钢筋混凝土箱涵及圆管涵为封闭结构，涵台、盖板、基础联成整体，其涵身断面由箱节或管节组成，为了便于排水，涵洞、涵身还应有适当的纵坡，其最小坡度为 0.3%。常见的洞身截面形式有圆形、拱形和矩形三大类。

3. 洞口

是洞身、路基、河道三者的连接构造物。洞口包括端墙、翼墙或护坡、截水墙和缘石等部分。它一方面使涵洞与河道顺接，使水流进出顺畅；另一方面确保路基边坡稳定，使之免受水流冲刷。沟床加固包括进出口调治构造物、减冲防冲设施等。涵洞的洞口形式应根据涵洞进出口的地形和流量大小确定，选定后，也可套用标准图，无论采用的是何种洞口形式，其进水口均须铺砌。

正交涵洞的洞口形式如下。

（1）八字式洞口

又名翼墙式。其特点是敞开斜置，两边八字形翼墙墙身高度随路堤的边坡而变化。该洞口形式建造工程量小，水力性能好，施工简单，造价低，是最常用的洞口形式。正八字式洞口由敞开斜置八字墙构成，如图 6-6（a）所示。敞开角宜采用 $30°$，且左右翼墙对

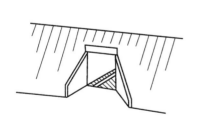

(a) 正八字式洞口

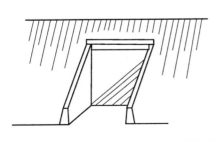

(b) 直墙式洞口

图 6-6　八字式洞口

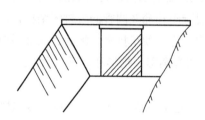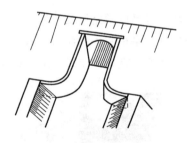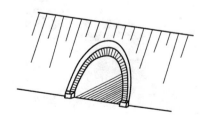

称，适用于河沟平坦顺直、无明显沟槽且沟底与涵底高差变化不大的情况。当八字墙与路中线垂直时，称直墙式洞口，如图 6-6 (b) 所示，适用于涵洞跨径与沟宽基本一致，无需集纳和扩散水流或仅为疏通两侧农田灌溉时的情况。八字墙墙身宜为块（片）石砌筑，有条件时可做料石或混凝土预制块镶面。

（2）端墙式洞口

又名一字墙式。洞口建筑为垂直于涵洞纵轴线、部分挡住路堤边坡的矮墙，涵身高度由涵前壅水（指因水流受阻而产生的水位升高现象）高度或路肩高度决定。该洞口形式构造简单，但水力性能不好，适用于沟床稳定、土质坚实的河沟以及流速较小的人工渠道或不易受冲刷的岩石河沟，如图 6-7 所示。

图 6-7　端墙式洞口

（3）走廊式洞口

走廊式洞口由两道平行翼墙在前端展开成八字形或圆曲线形构成，可使涵前的壅水水位在洞口部分提前收缩跌落，降低无压力式涵洞的计算高度或提高涵内计算水深，增大涵洞的宣泄能力。适用于高路堤的情况，如图 6-8 所示。

图 6-8　走廊式洞口

（4）平头式洞口

平头式洞口常用于钢筋混凝土圆管涵和钢波纹管涵，需制作特殊的洞口管节。适用于水流通过涵洞挤束不大和流速较小的情况，如图 6-9 所示。

图 6-9　平头式洞口

当地形和水流条件要求涵洞与路线斜交时，洞口建筑应作特殊设计，即做斜交涵洞。斜交涵洞的洞口形式有以下两种。

① 斜交斜做：要求涵洞洞身端部与路线平行，此种做法称为斜交斜做，此法用工较多，但外形美观且适应水流，较常采用，如图 6-10（a）所示。

② 斜交正做：涵洞洞口与涵洞纵轴线垂直，即与正交时完全相同，此做法构造简单，如图 6-10（b）所示。

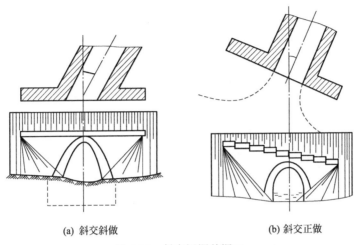

(a) 斜交斜做　　　　　　　　　　(b) 斜交正做

图 6-10　斜交涵洞的洞口

六、涵洞工程图的表示法

涵洞主要用一张总图来表示，总图上主要有立面图、平面图和剖面图。由于涵洞是狭长的工程构筑物，因此常以水流方向为纵向，并以纵剖面图代替立面图。涵洞的平面图与立面图对应布置，为了使平面图表达清楚，画图时不考虑洞顶的覆土，但应画出路基边缘线位置及对应的示坡线。一般洞口正面布置在侧面图位置，当进、出水口形状不一样时，则需要分别画出其进、出水口的布置图。有时平面图和立面图以半剖形式表达，水平剖面图一般沿基础顶面剖切，横剖面图则垂直于纵向剖切。涵洞工程图除包括上述三种投影图外，还需要画出必要的构造详图，如钢筋布置图、翼墙断面图等。涵洞图上亦大量出现重复尺寸。

涵洞体积较桥梁小，故画图所选用的比例较桥梁图稍大，一般采用 1∶50、1∶100、1∶200 等。

七、涵洞图的阅读步骤

① 阅读标题栏和说明，了解涵洞的类型、孔径、比例、尺寸单位、材料等。

② 看清所采用的视图及其相互关系。

③ 按照涵洞的各组成部分，看懂它们的结构形式，明确其尺寸大小。依次看懂洞身、出口和入口、锥体护坡和沟床铺砌等部分。

④ 通过上述分析，想象出涵洞的整体形状和各部分尺寸大小。

第二节 圆 管 涵

管涵是洞身以圆形管节修建的涵洞。圆管涵主要由管身、基础、接缝及防水层构成。如图 6-11 所示的钢筋混凝土圆管涵洞，洞口为端墙式。由于其构造对称，故采用半纵剖面图、半平面图和侧面图来表示，如图 6-12 所示。

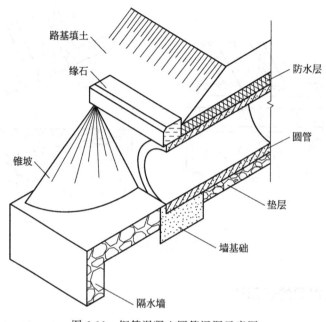

图 6-11 钢筋混凝土圆管涵洞示意图

1. 半纵剖面图

由于涵洞进出洞口一样，左右基本对称，所以只画半纵剖面图，以对称中心线为分界线。半纵剖面图中表示出涵洞各部分的相对位置和构造形状以及各部分所用的材料。涵洞上的缘石材料为钢筋混凝土，截水墙材料为浆砌块石，墙基材料为干砌条石，排水坡度为 1%，圆管上有 15cm 厚的防水层，路基宽 8m，洞身上路基填土大于 50cm，护坡的坡度为 1：1.5。

2. 半平面图

半平面图也只画一半，不考虑填土。图中表示出管径尺寸与管壁厚度，以及洞口基础、端墙、缘石和护坡的平面形状和尺寸，涵顶覆土作透明体处理，并以示坡线表示路基边缘。

3. 侧面图

侧面图用洞口立面图表示，主要表示管涵孔径和壁厚、洞口缘石和端墙的侧面形状及尺寸、锥形护坡的坡度等。为使图形清晰可见，把土壤作为透明体处理。图 6-12 所示管涵的管径为 75cm，护坡的坡度为 1：1，缘石三面各有 5cm 的抹角。图 6-12 所示管涵的侧面图按投射方向的特点又称为洞口正面图。

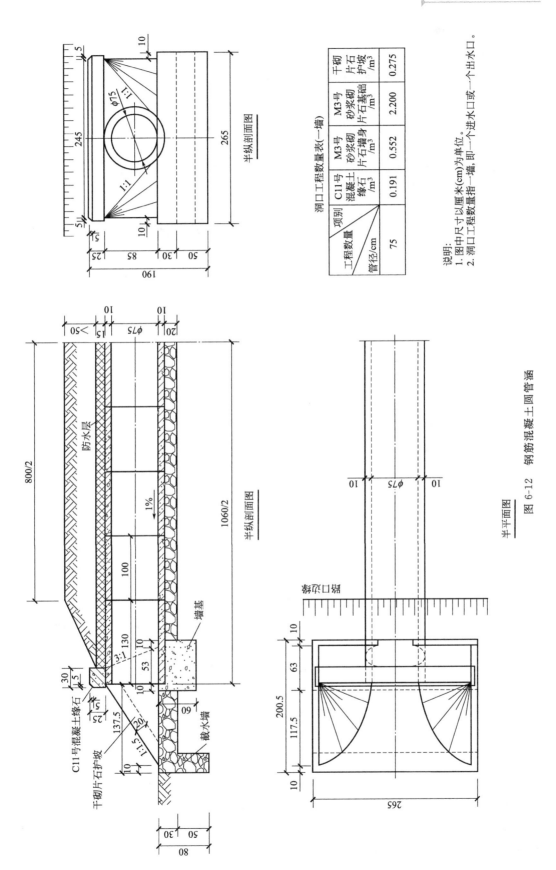

洞口工程数量表(一墙)

项别 工程数量 管径/cm	C11号混凝土缘石/m³	M3号砂浆砌片石墙身/m³	M3号砂浆砌片石基础/m³	干砌片石护坡/m³
75	0.191	0.552	2.200	0.275

说明:
1. 图中尺寸除以厘米(cm)为单位。
2. 洞口工程数量指一墙,即一个进水口或一个出水口。

图 6-12　钢筋混凝土圆管涵

4. 工程数量表

表中列出了涵洞各组成部分所用的材料及其数量，以便施工备料用。如端墙和八字翼墙所用的混凝土、洞口等铺砌用的砂浆砌片石等。

第三节　拱　涵

拱涵主要由拱圈、护拱、涵台、基础、铺底、沉降缝及排水设施组成。图 6-13 是入口抬高式拱涵的轴测图，图中标出了涵洞各部分的名称。

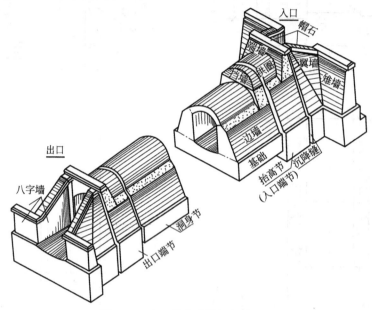

图 6-13　入口抬高式拱涵的轴测图

洞身节由基础、边墙和拱圈组成，每节长 3～5m。基础是长方体，它的上表面中部有一个圆弧形槽。边墙位于基础之上，是两个平放的五棱柱体，上窄下宽。拱圈是等厚的圆拱，两端叫拱脚，拱脚与边墙的上表面吻合，拱脚所在平面通过拱圈的轴线。

洞身各节的形状和尺寸基本相同，只是与入口处抬高节相邻的那一节，在拱圈上部做有一段挡墙，挡墙的上表面与抬高节拱圈上表面一致。挡墙的一边做成斜面。

抬高节的基础、边墙、拱圈形状与洞身节基本相同，只是边墙较高，基础较宽、较厚。拱圈上部在入口的一端做有端墙，端墙上有带抹角的帽石。

出口和入口的构造基本相同，由基础、翼墙、雉墙及其上带有抹角的帽石所组成。基础是 T 形板，上表面中部有深 10cm 的圆弧形槽，厚度与抬高节的基础一致。两翼墙设置成八字形，对称于涵洞的对称面。翼墙靠洞口一侧的表面由两个平面组成，一个平行于涵洞的对称面，另一个倾斜于涵洞对称面的铅垂面。翼墙的背面由梯形和三角形平面组成，梯形平面是平行于拱圈轴线但倾斜于水平面的平面；三角形平面则是一个一般位置的平面。翼墙的顶面倾斜于水平面而垂直于涵洞的对称面。雉墙是两段垂直于涵洞对称面的梯形棱柱，其背面是梯形平面，顶面是水平的。

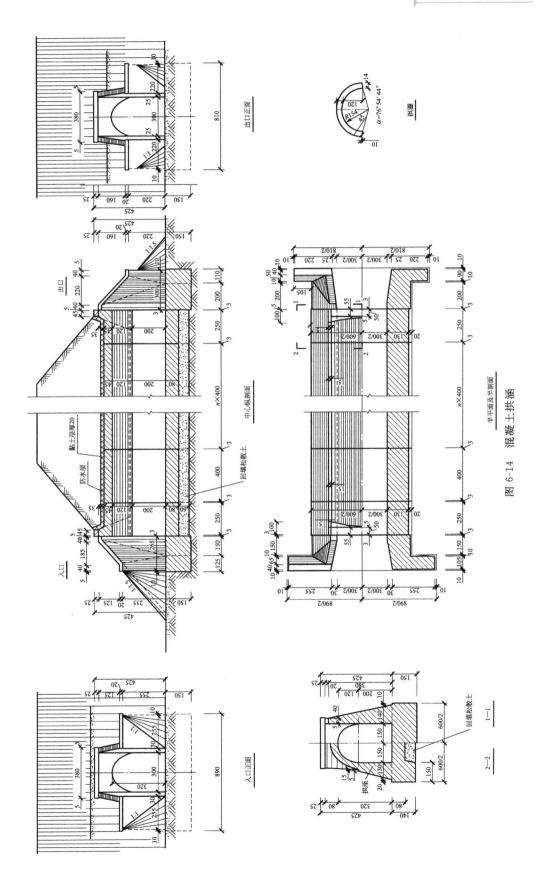

图 6-14　混凝土拱涵

阅读涵洞图与阅读其他专业图一样，首先阅读标题栏、附注，从中了解涵洞的形式、孔径、图样的比例，以及尺寸单位和各部分所用材料等。

图 6-14 表示的是用于铁路的混凝土拱形涵洞，孔径为 300cm。

拱涵图由中心剖面图、入口正面图、出口正面图、半平面及半剖面图、1—1 剖面图、2—2 剖面图和拱圈图组成，应根据各图形间的投影关系逐一弄清涵洞各组成部分的形状和大小。

1. 洞身

由中心剖面图可知，每一洞身节的长度是 400cm，共有 $n+1$ 节，两节间有 3cm 宽的沉降缝，外面铺有防水层。防水层一般由两层石棉沥青加一层沥青浸制麻布做成，宽 50cm 的缝内塞以 5cm 的沥青浸制麻布。洞身外部铺 20cm 厚的纯净黏土层。由 2—2 剖面图可知基础厚度为 140cm，中部较薄，为 80cm，下面回填松散土。从图中还可以看出五边形边墙的断面形状、位置和尺寸。

从中心剖面图的出口部分和 2—2 剖面可以看出，出口端洞身节右端，凸起一段端墙，端墙的左面在洞身拱圈以上为一个斜平面，对照半平面图可知端墙顶厚 55cm、底厚 100cm。在半平面图中画有该斜平面与拱圈顶面的椭圆弧交线。在端墙上面有 390mm × 55mm × 25mm 的帽石，其上部右、前、后三边都做有 5cm 的抹角。

入口端没有抬高节，其洞身节的构造和尺寸与出口端的相同。

2. 出入口

为了便于画图和读图，入口正面图就画在中心纵剖面图入口端的左面；出口正面图画在中心纵剖面图出口端的右面。

入口由翼墙、雉墙、帽石和基础组成。对照中心纵剖面图与半平面和半剖面图的左端以及入口正面图可以看出，基础呈 T 形，厚 150cm。翼墙设置于洞口的两侧，其右端面与基础的右端面对齐。翼墙的内侧面由两个平面组成，右边为 40cm 长的正平面，左边为铅垂面；外侧面的两个平面中，一个是梯形侧垂面，另一个是一般位置的三角形平面；顶面由一个水平正方形和一个平行四边形的正垂面组成。

两雉墙的断面形状是梯形，由中心纵剖面图中带有虚线的梯形表示。雉墙的外端面是正平面，内端面与翼墙的内侧面重合。

帽石位于翼墙和雉墙顶部，为宽 40cm、厚 20cm 的长条，上边有 5cm 的抹角。

出口形状与入口一样，但尺寸有所不同，读者可自行阅读。

3. 锥体护坡和沟床加固

路基填土在出入口的雉墙前围成一个锥体，锥体的表面上铺设干砌片石，叫做锥体护坡。由出入口正面图和中心纵剖面图可以看出，出入口外的锥体护坡是四分之一椭圆锥，顺路地边坡方向的坡度为 1∶1.5，顺雉墙面的坡度为 1∶1。出入口护坡锥顶的高度由路基边坡与雉墙端面边线的交点确定。沟床铺砌由出入口起延伸到锥体护坡之外，其端部砌筑垂裙，图中未示出，具体尺寸另有详图表示。

第四节　盖　板　涵

盖板涵主要由盖板、涵台、洞身铺底、伸缩缝、防水层等构成。如图 6-15 所示是盖

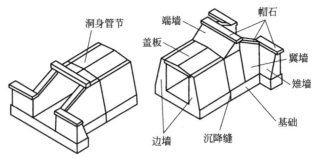

图 6-15　盖板涵洞的轴测图

板涵洞的轴测图，图中标出了涵洞各部分的名称。

如图 6-16 所示为常用的钢筋混凝土盖板涵洞一般构造图，如图 6-17 所示为分离式基础钢筋混凝土盖板涵钢筋混凝土盖板构造图，如表 6-2 所示为分离式基础钢筋混凝土盖板涵材料数量表。

1. 半纵剖面图

如图 6-16 所示，立面图采用半纵剖面。从左至右以水流方向为纵向，用纵剖面图表达，表示了洞身、洞口、基础、路基的纵断面形状以及它们之间的连接关系。洞顶以上路基填土厚度为 H_s，其具体尺寸应该根据土质、涵洞承载力、盖板尺寸等条件而定，进出水口分别采用端墙式、锥形护坡、八字翼墙的纵坡均与路基边坡相同，按 $1:1.5$ 放坡；涵洞净高为 H_0，盖板跨中厚度为 H_Z，设计流水坡度图中未标，截水墙高 100cm，基础采用 C20 混凝土。盖板涵及基础所用材料也在图中表示出来，盖板采用 C30 钢筋混凝土，涵台采用 C25 混凝土。图中还标示出了沉降缝的位置，涵身每隔 4～6m 设置一道沉降缝。

图 6-17 表示了盖板的钢筋布置情况以及跨径与各部分尺寸之间的关系。值得注意的是，板宽 H_B 采用不同尺寸时，钢筋弯钩形式也不同：当 $H_B < 13cm$ 时，主筋采用 180° 弯钩；当 $H_B \geq 13cm$ 时，采用 90° 弯钩。

2. 平面图

采用半平面和半剖面图来表达进出水口的形式和平面形状、大小，缘石的位置，翼墙角度，墙身及翼墙的材料等。如图 6-16 平面图所示，涵洞轴线与路中心线正交。涵顶覆土虽未考虑，但路基边缘线应予画出，并以示坡线表示路基边坡。为了便于施工，翼墙单独用一剖面图表示了墙身和基础的详细尺寸、墙背坡度以及材料等，洞身用横断面图表明了涵洞洞身的细部构造及其盖板尺寸，图 6-17 表示了各尺寸之间的关系。

3. 侧面图

侧面图按习惯称为洞口立面图，它是涵洞洞口的正面投影图，主要反映了缘石、盖板、洞口、护坡、截水墙、基础等的侧面形状和相互位置关系。整体式基础厚度为 H_D，适用填土高度为 4.5～7.5m，分离式基础适用填土高度为 0.5～4.5m。

表 6-2 表示了一块盖板所用的材料数量。表中列出了不同板长、跨径的盖板所对应的填土高度、支撑宽度、盖板厚度及所用钢筋直径、单根长度、总长、单位重量、总重量等信息，以便施工备料及预算使用。

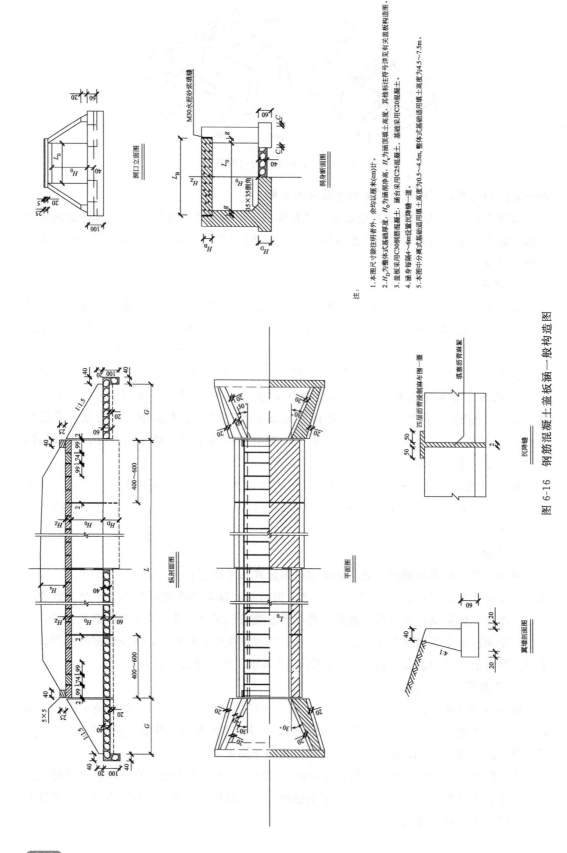

图 6-16 钢筋混凝土盖板涵一般构造图

盖板钢筋布置尺寸表

跨径 L_0/m	板顶填土厚度/m	g/cm	L_B/cm	a/cm	板宽99cm 主筋 p/根	板宽99cm 主筋 m/cm	板宽99cm 分布钢筋 k+3/根	板宽99cm 分布钢筋 n/cm	板宽74cm 主筋 p/根	板宽74cm 主筋 m/cm	板宽74cm 分布钢筋 k+3/根	板宽74cm 分布钢筋 n/cm
1.00	0.5~1.0	15	130	123	7	15	6	22.5	6	13	6	22.5
	1.0~3.0				6	18	6	22.5	5	17	6	22.5
	3.0~4.5				8	13	6	22.5	6	13	6	22.5
1.50	0.5~1.0	20	190	183	8	13	9	15	6	13	9	15
	1.0~2.5				12	8	9	15	9	8	9	15
	2.5~4.5				10	10	9	15	8	9.5	9	15
2.00	0.5~1.0	20	240	233	11	9	11	15	9	8	11	15
	1.0~3.0				12	8	11	15	9	8	11	15
	3.0~4.5				13	7.5	11	20	10	7.5	11	20
4.00	0.5~1.0	25	450	443	14	7	19	20	11	6.5	19	20
	1.0~1.5				14	7	19	20	11	6.5	19	20
	1.5~2.5				14	7	19	20	11	6.5	19	20

注：
1. 本图尺寸除注明者外，均以厘米(cm)计。
2. 当H_B<13cm时主筋采用180°弯钩，当H_B≥13cm时采用90°弯钩；图中括号内数字为板宽74cm的尺寸。
3. 盖板的支点厚度H_B和跨中厚度H_Z均见图。
4. 图和表中L_B包括填缝在内的盖板长度。

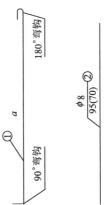

图 6-17 分离式基础钢筋混凝土盖板涵钢筋混凝土盖板构造图

盖板纵面图

盖板横断面图

90°弯钩　180°弯钩

表 6-2　一块盖板材料数量表

板长 L_B/m	跨径 L_0/m	填土高度/m	支承宽度 g/cm	盖板厚度 H_B/cm	盖板厚度 H_Z/cm	板宽99cm 编号	直径/mm	每根长/m	根数	共长/m	单位质量/(kg/m)	总质量/kg	C30混凝土/m³	板宽74cm 编号	直径/mm	每根长/m	根数	共长/m	单位质量/(kg/m)	总质量/kg	C30混凝土/m³
1.3	1.0	0.5~1.0	15	11	14	1	Φ12	1.492	7	10.444	0.888	9.27	0.163	1	Φ12	1.492	6	8.952	0.888	7.95	0.120
						2	Φ8	0.950	6	5.700	0.395	2.25		2	Φ8	0.700	6	4.2	0.395	1.66	
		1.0~3.0		10	12	1	Φ12	1.492	6	8.952	0.888	7.95	0.143	1	Φ12	1.492	5	7.460	0.888	6.62	0.105
						2	Φ8	0.950	6	5.700	0.395	2.25		2	Φ8	0.700	6	4.200	0.395	1.66	
		3.0~4.5		10	12	1	Φ12	1.492	8	11.936	0.888	10.60	0.143	1	Φ12	1.492	6	8.952	0.888	7.95	0.105
						2	Φ8	0.950	6	5.700	0.395	2.25		2	Φ8	0.700	6	4.200	0.395	1.66	
1.9	1.5	0.5~1.0	20	15	19	1	Φ12	2.030	8	16.240	0.888	14.42	0.323	1	Φ12	2.030	6	12.180	0.888	10.82	0.239
						2	Φ8	0.950	8	8.550	0.395	3.38		2	Φ8	0.700	9	6.300	0.395	2.49	
		1.0~2.5		13	19	1	Φ12	2.092	12	25.104	0.888	22.29	0.304	1	Φ12	2.092	9	18.828	0.888	16.72	0.224
						2	Φ8	0.950	9	8.550	0.395	3.38		2	Φ8	0.700	9	6.300	0.395	2.49	
		2.5~4.5		14	21	1	Φ14	2.030	10	20.300	1.208	24.52	0.333	1	Φ14	2.030	8	16.240	1.208	19.62	0.246
						2	Φ8	0.950	9	8.550	0.395	3.38		2	Φ8	0.700	9	6.300	0.395	2.49	
2.4	2.0	0.5~1.0	20	17	25	1	Φ12	2.530	11	27.830	0.888	24.71	0.504	1	Φ12	2.530	9	22.770	0.888	20.22	0.372
						2	Φ8	0.950	11	10.450	0.395	4.13		2	Φ8	0.700	11	7.700	0.395	3.04	
		1.0~3.0		16	23	1	Φ14	2.530	12	30.360	1.208	36.68	0.468	1	Φ14	2.530	9	22.770	1.208	27.51	0.346
						2	Φ8	0.950	11	10.450	0.395	4.13		2	Φ8	0.700	11	7.700	0.395	3.04	
		3.0~4.5		19	25	1	Φ14	2.530	13	32.890	1.208	39.73	0.528	1	Φ14	2.530	11	25.300	1.208	30.56	0.390
						2	Φ8	0.950	11	10.450	0.395	4.13		2	Φ8	0.700	11	7.700	0.395	3.04	
4.5	4.0	0.5~1.0	25	27	39	1	Φ14	4.630	14	64.820	1.208	78.30	1.485	1	Φ14	4.630	11	50.930	1.208	61.52	1.098
						2	Φ8	0.950	14	18.050	0.395	7.13		2	Φ8	0.700	19	13.300	0.395	5.25	
		1.0~1.5		26	35	1	Φ16	4.630	16	74.080	1.578	116.90	1.373	1	Φ16	4.630	11	50.930	1.578	80.37	1.015
						2	Φ8	0.950	19	18.050	0.395	7.13		2	Φ8	0.700	19	13.300	0.395	5.25	
		1.5~2.5		27	38	1	Φ18	4.630	14	64.820	1.998	129.51	1.463	1	Φ18	4.630	11	50.930	1.998	101.76	1.082
						2	Φ8	0.950	19	18.050	0.395	7.13		2	Φ8	0.700	19	13.300	0.395	5.25	

第五节 箱 涵

箱涵指的是洞身以钢筋混凝土箱形管节修建的涵洞，如图 6-18 所示。箱涵由一个或多个方形或矩形断面组成，一般由钢筋混凝土或圬工制成，但钢筋混凝土应用较广，当跨径小于 4m 时，采用箱涵，对于管涵，钢筋混凝土箱涵是一个便宜的替代品，墩台、上下板全部一致浇筑。

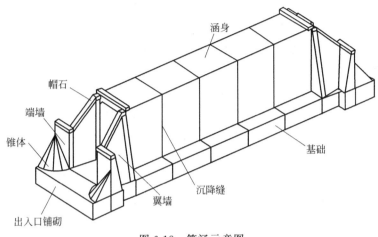

图 6-18 箱涵示意图

同前面的几种涵洞一样，在箱涵的修建过程中，也要有一般构造图和钢筋混凝土构造图。

箱涵由钢筋混凝土涵身、翼墙、基础、沉降缝等组成，下面是一个箱涵的实例，读者可根据前面讲的知识自己读图。

一、总说明

1. 设计标准与设计规范

①《公路工程技术标准》（JTG B01—2014）。

②《公路桥涵设计通用规范》（JTG D60—2015）。

③《公路钢筋混凝土及预应力混凝土桥涵设计规范》（JTG 3362—2018）。

④《公路桥涵地基及基础设计规范》（JTG 3363—2019）。

2. 技术指标

① 净空与涵顶填土高度。暗涵填土高度：6m×5m，填土 0.5~4m；8m×5m，填土 0.5~2m；8m×7m，填土 0.5~2m；填土高度<0.5m 时视作明涵，按铺装层为 0.26m 计。

② 涵洞的斜交角（涵洞中轴线与路中线的正交线的夹角）为 0°、10°、20°、30°、40°、45°。

③ 设计荷载：公路-Ⅰ级。

3. 主要材料

① 涵身建筑 涵身采用 C30 混凝土，其受力钢筋和构造钢筋采用Ⅱ级钢；基础采用 C20 混凝土；通道内路面采用 C30 混凝土；明涵通道顶及搭板范围内水泥混凝土铺装层采用 C30 防水混凝土，沥青混凝土铺装层与路面相同。

② 洞口建筑 帽石采用 C20 混凝土，护栏座采用 C25 混凝土，其余为 M7.5 浆砌片石砌体。

4. 设计要点

① 箱涵按整体闭合框架计算内力。顶、底板按受弯构件配置钢筋（不计轴向力的影响），侧墙按偏心受压构件计算；涵身纵向配筋按不小于 0.3％配筋率设置，可不作整体计算。

② 涵身荷载：涵身所受荷载包括涵身自重、涵身侧面及顶面填土、铺装的压力，不计涵内底板上的路面。涵身所受活载的考虑，明涵按 45°角扩散车轮荷载，并计入冲击力；暗涵按 30°角扩散车轮荷载，不计冲击力；不计涵内底板所受人群、车辆荷载的影响。土容重采用 19kN/m³，内摩擦角采用 35°。

③ 温度应力按 ±10℃考虑，并考虑了底板、侧墙与顶板分期浇筑时混凝土的收缩影响，此项按降温 15℃处理。

④ 斜涵涵身的计算，仍视作正交通道计算。

⑤ 图 6-19～图 6-25 仅作正交八字洞口的设计，未作斜交洞口的设计。箱涵作通道用时，涵内设路面和水沟，洞口可不设洞口铺砌和隔水墙，但要根据所连接道路等级铺设路面，且至少采用沥青表处的次高级路面；作过水涵用时，洞口必须设洞口铺砌和隔水墙，并取消涵内路面和水沟。

⑥ 本图不适用于海洋大气环境和有侵蚀性气体环境。

5. 施工方法和注意事项

① 箱涵通道采用就地浇筑工艺。全箱可采用两次浇筑，第一次浇至底板内壁以上 30cm，第二次浇筑剩余部分。两次浇筑的接缝处应按施工缝处理。

② 侧墙背后应回填砂砾石，回填范围为顺路向方向长度，顶面不小于涵身高度加 2m，底面不小于 2m。

③ 当涵身混凝土强度达到 100％时方可进行涵背填土，要求两侧对称分层夯实，不得采用大型机械推土超厚压实。

④ 每道箱涵均需在涵身中部（中央分隔带下）连同基础设变形缝一道，若箱涵很长时可视具体情况再设变形缝，分段宜在 6m 左右。

⑤ 通道内路面横坡为双向坡，路面水排入通道内水沟；路面要求作刻槽处理，以防路面打滑。

⑥ 图 6-19～图 6-25 作为闭合框架的受力钢筋连接采用单面焊焊接方式，焊缝长度不小于 10d（钢筋直径），有条件时建议采用墩粗直螺纹等强接头。

⑦ 明涵施工时注意在顶板和搭板内预埋与涵顶铺装加强联系的钢筋。

⑧ 要求八字墙墙顶作砂浆抹面，外露侧面作勾缝处理。

⑨ 未尽事宜按《公路桥涵施工技术规范》（JTG/T 3650—2020）执行。

二、箱涵一般构造图

箱涵一般构造如图 6-19 所示。

三、箱涵钢筋构造图

箱涵钢筋构造图见图 6-20～图 6-25。

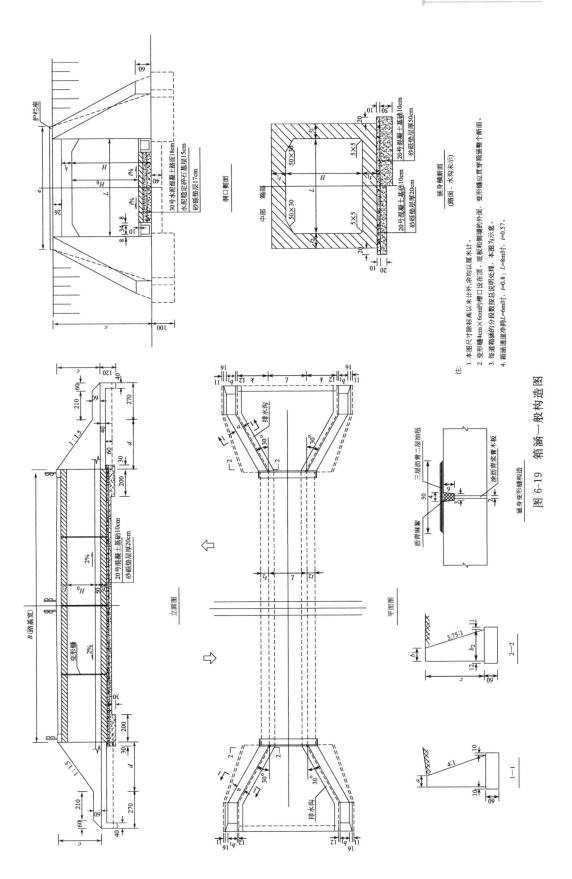

图 6-19 箱涵一般构造图

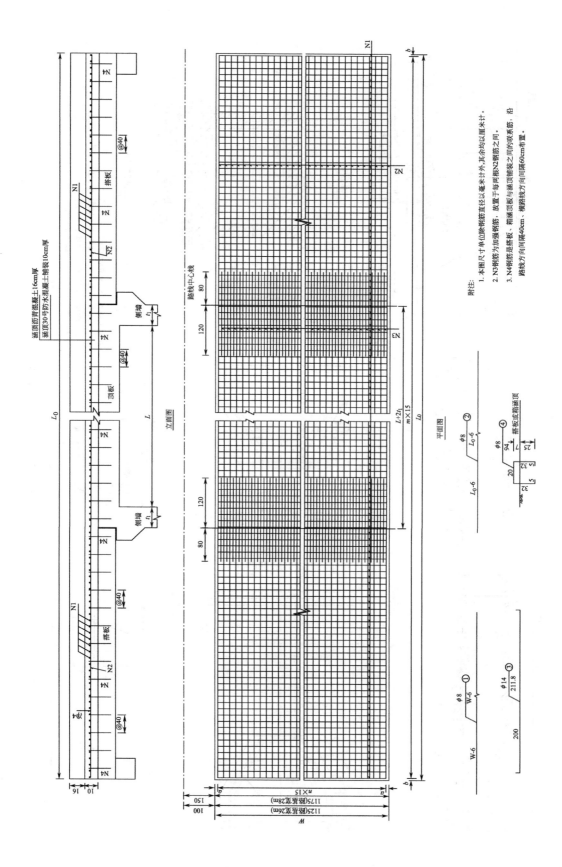

通道顶铺装工程数量表(全涵)

路基宽/m	W/cm	L/cm	t_1/cm	t_0/cm	n	a/cm	m	b/cm	钢筋编号	直径/mm	每根长/cm	根数	共长/m	单位质量/(kg/m)	总质量/kg	合计
26	1125	600	45	1894	74	7.5	125	9.5	1	φ8	1119	126×2	2819.88	0.395	1113.9	φ14(kg)：757.3
									2	φ8	1888	75×2	2832.00	0.395	1118.6	φ8(kg)：2909.7
									3	φ14	211.8	74×4	626.93	1.208	757.3	30号防水混凝土(m^3)：42.62
									4	φ8	94	912×2	1714.56	0.395	677.3	
		800	55	2114	74	7.5	140	7	1	φ8	1119	141×2	3155.58	0.395	1246.5	φ14(kg)：757.3
									2	φ8	2108	75×2	3162.00	0.395	1249.0	φ8(kg)：3243.2
									3	φ14	211.8	74×4	626.93	1.208	757.3	30号防水混凝土(m^3)：47.57
									4	φ8	94	1007×2	1893.16	0.395	747.8	
28	1175	600	45	1894	77	10	125	9.5	1	φ8	1169	126×2	2945.88	0.395	1163.6	φ14(kg)：788.0
									2	φ8	1888	78×2	2945.28	0.395	1163.4	φ8(kg)：3039.9
									3	φ14	211.8	77×4	652.34	1.208	788.0	30号防水混凝土(m^3)：44.51
									4	φ8	94	960×2	1804.80	0.395	712.9	
		800	55	2114	77	10	140	7	1	φ8	1169	141×2	3296.58	0.395	1302.1	φ14(kg)：788.0
									2	φ8	2108	78×2	3288.48	0.395	1298.9	φ8(kg)：3388.3
									3	φ14	211.8	77×4	652.34	1.208	788.0	30号防水混凝土(m^3)：49.68
									4	φ8	94	1060×2	1992.80	0.395	787.2	

图6-20　通道顶铺装钢筋构造图

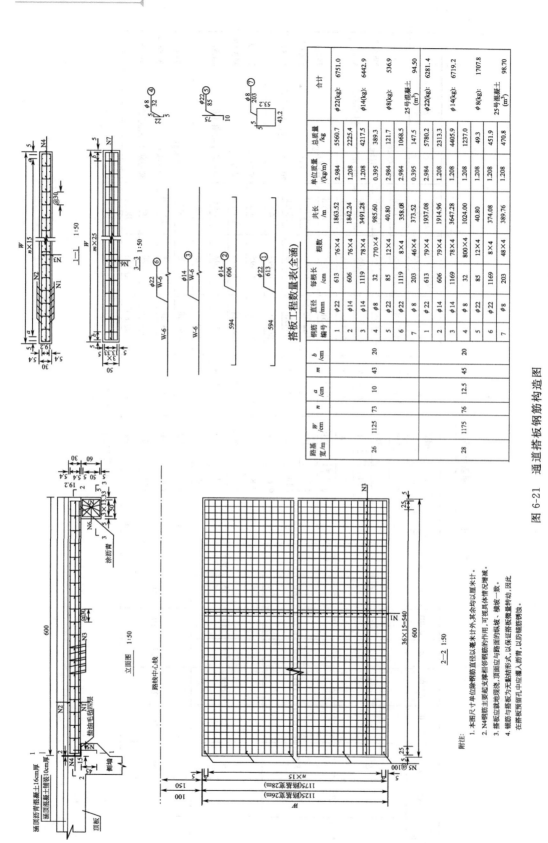

图 6-21　通道搭板钢筋构造图

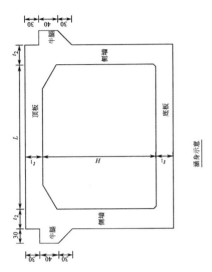

涵身示意

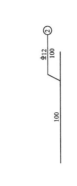

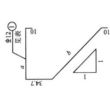

牛腿工程数量表(每延米箱涵两侧牛腿)

跨径L /cm	顶底板厚度t₁ /cm	左右侧墙厚度t₂ /cm	a /cm	b /cm	钢筋编号	钢筋直径 /mm	长度 /cm	根数	共长 /m	单位质量 /(kg/m)	总质量 /kg	合计 /kg	30号混凝土 /m³
600	55	45	72	98	1	φ12	224.7	16	35.95	0.888	31.9	42.6	0.33
					2	φ12	100	12	12.00	0.888	10.7		
800	65	55	79	112	1	φ12	245.7	16	39.31	0.888	34.9	45.6	
					2	φ12	100	12	12.00	0.888	10.7		

图6-22 通道牛腿钢筋构造图

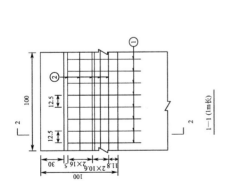

1—1(1m长)

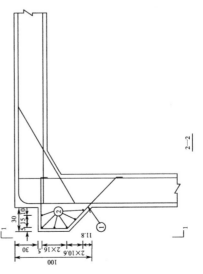

2—2

附注:
1. 本图尺寸单位除钢筋直径以毫米计外,其余均以厘米计。
2. 本图仅给出1m长箱涵的牛腿材料数量。实际数量依此换算求得。

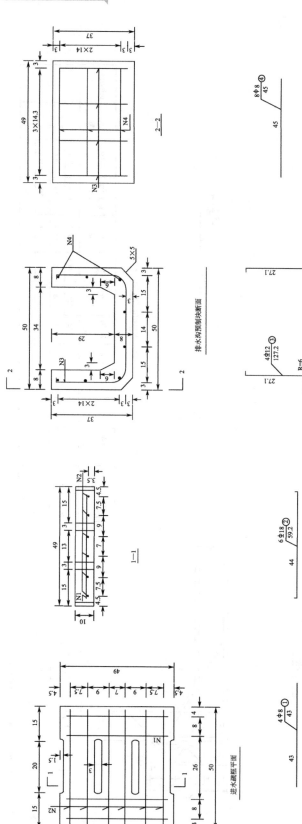

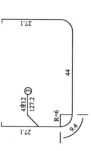

附注：

1. 本图尺寸除钢筋直径以毫米计外，余均以厘米为单位。

2. 在安装预制块前，对预制构件表面浮皮清除平整，然后用砂浆砌筑安放在箱涵通道内，砌筑排水沟底浆厚度为1cm。

3. 排水沟的尺寸可根据涵框外接水沟的尺寸进行调整。

4. 安装进水碳框预制块时，应注意分清顶、底板。

排水沟工程数量（每50cm）

进水碳框预制块			排水沟预制块			7.5号砂浆砌筑
25号混凝土预制块 /m³	钢筋/kg		25号混凝土预制块 /m³	钢筋/kg		/m³
	Φ18	Φ8		Φ12	Φ8	
0.023	7.097	0.679	0.042	4.518	1.422	0.0065

图 6-23　通道排水沟构造图

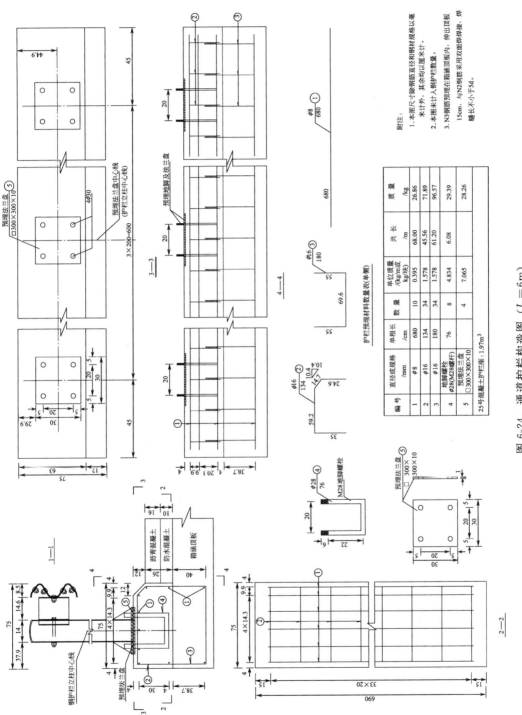

图 6-24　通道护栏构造图（$L=6\mathrm{m}$）

护栏预埋材料数量表（单侧）

编号	直径或规格 /mm	单根长 /cm	数量	单位质量 /（kg/m或 kg/块）	共长 /m	质量 /kg
1	φ8	680	10	0.395	68.00	26.86
2	φ16	134	34	1.578	45.56	71.89
3	φ16	180	34	1.578	61.20	96.57
4	地脚螺栓 φ28(M28螺杆)	76	8	4.834	6.08	29.39
5	预埋法兰盘 □300×300×10		4	7.065		28.26

25号混凝土护栏座：1.97m³

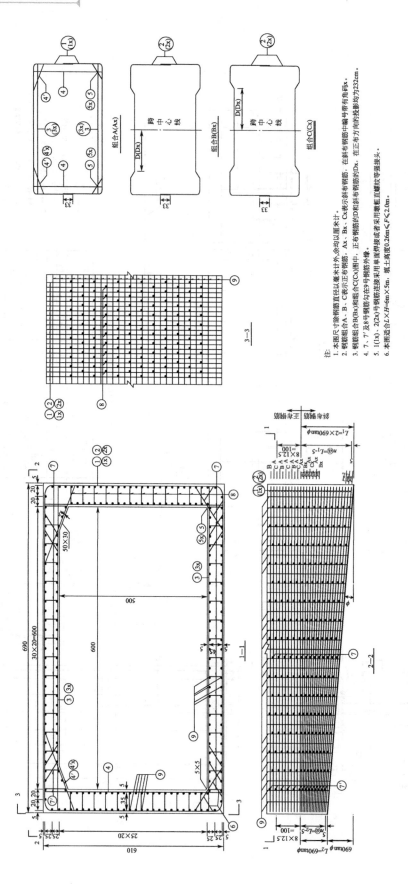

注:
1. 本图尺寸除钢筋直径以毫米计外,余均以厘米计。
2. 钢筋组合A、B、C表示正布钢筋, Ax、Bx、Cx表示斜布钢筋。在斜布钢筋中编号带角码x。正布钢筋的Dx,在正布钢筋中编号带角码x。
3. 钢筋组合B(Bx)和组合C(Cx)图中, 正布钢筋勾在9号钢筋外缘。
4. 7、7'及8号钢筋勾在9号钢筋外缘。
5. 1(1x)、2(2x)号钢筋的连接采用单面焊接或者采用墩柜直螺纹套筒连接头。
6. 本图适合L×H=6m×5m,墩土高度0.26m≤F≤2.0m。

箱涵通道涵身尺寸及工程数量表

L×H	涵身尺寸/cm				要求地基	涵身每米工程数量/m³							
	通道净高H_0	涵顶填土高度F	顶底板厚度l_1	侧墙厚度l_2	承载力/MPa	30号混凝土涵身	20号混凝土基础	砂砾垫层(20cm厚)	砂砾垫层(50cm厚)	涵背回填砂砾	混凝土路面	水泥稳定碎石基层	砂砾垫层(17cm厚)
600×500	450	明涵	55	45	130	12.24	0.73	1.46	3.65	61.61	0.90	0.75	0.85
600×500	450	50~200	55	45	110	12.24	0.73	1.46	3.65	61.61	0.90	0.75	0.85
600×500	450	200~300	55	45	130	12.24	0.73	1.46	3.65	61.61	0.90	0.75	0.85
600×500	450	300~400	55	45	140	12.24	0.73	1.46	3.65	61.61	0.90	0.75	0.85
800×500	450	明涵	65	55	120	17.48	0.95	1.90	4.75	64.89	1.26	1.05	1.19
800×500	450	50~100	65	55	100	17.48	0.95	1.90	4.75	64.89	1.26	1.05	1.19
800×500	450	100~200	65	55	110	17.48	0.95	1.90	4.75	64.89	1.26	1.05	1.19
800×700	650	明涵	65	55	120	19.68	0.95	1.90	4.75	102.09	1.26	1.05	1.19
800×700	650	50~100	65	55	100	19.68	0.95	1.90	4.75	102.09	1.26	1.05	1.19
800×700	650	50~200	65	55	120	19.68	0.95	1.90	4.75	102.09	1.26	1.05	1.19

箱涵通道涵身尺寸及工程数量表

L×H	涵身尺寸/cm				要求地基	涵身每米工程数量/m³							
	通道净高H_0	涵顶填土高度F	顶底板厚度l_1	侧墙厚度l_2	承载力/MPa	30号混凝土涵身	20号混凝土基础	砂砾垫层(20cm厚)	砂砾垫层(50cm厚)	涵背回填砂砾	混凝土路面	水泥稳定碎石基层	砂砾垫层(17cm厚)
600×500	450	明涵	55	45	130	12.24	0.73	1.46	3.65	61.61	0.90	0.75	0.85
600×500	450	50~200	55	45	110	12.24	0.73	1.46	3.65	61.61	0.90	0.75	0.85
600×500	450	200~300	55	45	130	12.24	0.73	1.46	3.65	61.61	0.90	0.75	0.85
600×500	450	300~400	55	45	140	12.24	0.73	1.46	3.65	61.61	0.90	0.75	0.85
800×500	450	明涵	65	55	120	17.48	0.95	1.90	4.75	64.89	1.26	1.05	1.19
800×500	450	50~100	65	55	100	17.48	0.95	1.90	4.75	64.89	1.26	1.05	1.19
800×500	450	100~200	65	55	110	17.48	0.95	1.90	4.75	64.89	1.26	1.05	1.19
800×700	650	明涵	65	55	120	19.68	0.95	1.90	4.75	102.09	1.26	1.05	1.19
800×700	650	50~100	65	55	100	19.68	0.95	1.90	4.75	102.09	1.26	1.05	1.19
800×700	650	50~200	65	55	120	19.68	0.95	1.90	4.75	102.09	1.26	1.05	1.19

图6-25　涵身钢筋构造图

第七章　隧道工程图

第一节　概　述

隧道通常指用作地下通道的工程建筑物。1970年国际经济合作与发展组织（OECD）召开的隧道会议综合了各种因素，对隧道所下的定义为："以某种用途，在地面下用任何方法按规定形状和尺寸修筑的断面积大于 $2m^2$ 的洞室。"也就是说：隧道不一定全是地下通道，仅位于地面下时才称作是地下隧道。

一、隧道的分类及其作用

1. 按用途分类

可分为四种，即交通隧道、水工隧道、市政隧道和矿山隧道。

（1）交通隧道

提供运输的孔道和通道，主要包括铁路隧道、公路隧道、水底隧道、地下铁道、航运隧道、人行地道等。

① 铁路隧道：铁路隧道是修建在地下或水下并铺设铁路供机车车辆通行的建筑物，如图7-1（a）所示。从1829年开始兴建铁路隧道以来到1990年的160年间，在世界各国建成超过12000km的铁路隧道，约占世界铁路总长的1%。修建铁路隧道可大幅度缩短线路长度，降低线路标高，改善通过不良地质地段的条件，降低铁路造价等，中国铁路隧道约有半数以上分布在川、陕、云、贵4省。

② 公路隧道：公路隧道是修筑在地下供汽车行驶的通道，一般还兼作管线和行人等的通道，如图7-1（b）所示。随着社会生产的发展，高速公路的出现，要求线路顺直、平缓、路面宽敞，于是在穿越山区时，也常采用隧道方案。此外，在城市附近，为避免平面交叉，利于高速行车，也常采用隧道方式通过。

③ 水底隧道：水底隧道是修建在江河、湖泊、海港或海峡底下的隧道，如图7-1（c）所示。它为铁路、城市道路、公路、地下铁道以及各种市政公用或专用管线提供穿越水域的通道，有的水底隧道还设有自行车道和人行通道。采用水底隧道，既不影响河道通航，也避免了风暴天气轮渡中断的情况，而且在战时不致暴露交通设施目标，防护层厚，是国防上的较好选择。为横跨黄浦江，上海已修建了全长2793m的水底隧道，广州地铁穿越珠江，武汉地铁穿越长江都修建了水底隧道。

④ 地下铁道：简称地铁，也简称为地下铁，如图7-1（d）所示。狭义上专指在地下

(a) 铁路隧道

(b) 公路隧道

(c) 水底隧道

(d) 地下铁道

图 7-1　隧道

以运行为主的城市铁路系统或捷运系统；但广义上，许多此类系统为了配合修筑的环境，可能也会有地面化的路段存在。地下铁道是解决大城市交通拥挤、车辆堵塞等问题，且能大量快速运送乘客的一种城市交通设施，它可以使很大一部分地面客流转入地下，可以高速行车，且可缩短车次间隔时间，节省了乘车时间，便利了乘客的活动。在战时，还可以起到人防的功能。

⑤ 航运隧道：当运河需要越过分水岭时，克服高程障碍成为十分困难的问题，一般需要绕行很长的距离。如果修建航运隧道，把分水岭两边的河道沟通起来，既可以缩短航程，又可以省掉船闸的费用，船只可以迅速而顺直地驶过，航运条件就大为改善了。

⑥ 人行地道：人行地道指的是专供行人横穿道路用的地下通道。城市闹市区行人众多，而且与车辆混行，偶有不慎便会发生交通事故。为了提高交通运送能力及减少交通事故，除架设街心高架桥外，也可以修建人行地道和地下立交车道。

（2）水工隧道

水工隧道是在山体中或地下开凿的过水洞，是水利工程和水力发电枢纽的一个重要组成部分。水工隧道可用于灌溉、发电、供水、泄水、输水、施工导流和通航。水流在洞内具有自由水面的，称为无压隧道；充满整个断面，使洞壁承受一定水压力的，称为有压隧道，主要包括引水、输水隧道，尾水隧道，导流、泄洪隧道和排沙隧道。

① 引水、输水隧道：引水或输水以供发电、灌溉或工业和生活之用。

② 尾水隧道：排走水电站发电机组发电后产生的废水。

③ 导流、泄洪隧道：在兴建水利工程时用以导流或运行时泄洪。

④ 排沙隧道：排冲水库淤积的泥沙或放空库水以备防空或检修水工建筑物之用。

（3）市政隧道

市政隧道是修建在城市地下，用作敷设各种市政设施地下管线的隧道。主要包括给水隧道、污水隧道、管路隧道、线路隧道、人防隧道。

（4）矿山隧道

指为采矿服务的地下通道。主要包括运输巷道、给水隧道、通风隧道。

2. 按隧道长度分类

可分为四种，即特长隧道、长隧道、中长隧道和短隧道。

① 特长隧道：全长 10000m 以上。

② 长隧道：全长 3000m 以上至 10000m。

③ 中长隧道：全长 500m 以上至 3000m。

④ 短隧道：全长 500m 及以下。

3. 按断面面积分类

可分为五种，即特大断面隧道、大断面隧道、中等断面隧道、小断面隧道和极小断面隧道。

① 特大断面隧道：断面面积在 100m^2 以上。

② 大断面隧道：断面面积在 50～100m^2 之间。

③ 中等断面隧道：断面面积在 10～50m^2 之间。

④ 小断面隧道：断面面积在 3～10m^2 之间。

⑤ 极小断面隧道：断面面积在 3m^2 以下。

4. 按隧道所处的地理位置分类

可分为山岭隧道、水底隧道、城市隧道等。

5. 按照隧道埋置的深度分类

可分为浅埋隧道和深埋隧道。

6. 按照隧道所处的地质条件分类

可分为土质隧道和石质隧道。

二、我国隧道工程的建设和发展历程

从 1874 年我国开始修建第一条上海至吴淞的窄轨铁路起，至 1911 年清王朝被推翻为止的 37 年中，我国共建成了 9100km 的铁路。在这段时期所修建的 10 条总长 4600km 的铁路干线上，共修建了总长 42km 的 230 余座隧道。我国在 1898—1904 年修建了长度为 3078m 的兴安岭隧道，这是当时亚洲最长的宽轨铁路隧道，如图 7-2 所示。这一时期最具

图 7-2　兴安岭隧道

代表性的隧道工程是由我国杰出工程师詹天佑亲自规划和督造的京张铁路八达岭隧道，全长1091m，工期仅用了18个月，于1908年建成，这也是我国自行修建的第一座越岭铁路隧道。

自1911年10月清王朝覆灭，到1949年10月新中国成立的38年中，我国共在40余条总长度约7000km的铁路干线和支线上修建了总长度约100km的370余座铁路隧道。其中有当时我国最长的滨绥铁路第二线上长度为3840m的杜草隧道，建于1939—1941年，所穿过的地层为花岗岩，采用上下导坑法施工，混凝土衬砌，如图7-3所示。

1949年新中国成立后，我国的铁路建设进入了新的发展时期。在其后半个世纪的时间里，我国隧道建设大致可分为4个阶段，每个阶段均有显著的技术进步和突破。

起步阶段为20世纪50年代至60年代初，是新中国第一代隧道工程建设时期。该阶段采用钻爆法施工，以人工和小型机械凿岩、装载为主，临时支护采用原木支架和扇形支撑。隧道施工基本无通风，由于技术水平落后，人工伤亡事故时有发生。该阶段的主要标志性工程有位于川黔铁路上的凉风垭隧道，如图7-4所示。该隧道长度4270m，于1959年6月贯通。该隧道首次采用平行导坑和巷道式通风，为长隧道施工积累了很宝贵的经验。

图7-3　杜草隧道

图7-4　凉风垭隧道

稳定发展阶段为20世纪60年代至80年代初，是新中国第二代隧道工程建设时期。该阶段的代表性工程有位于京原铁路上的驿马岭隧道，如图7-5所示。该隧道全长7032m，1967年2月开工，1969年10月竣工，也是这一时期修建的最长的隧道。这一时期施工机具的装备有了较大的改善，普遍采用了带风动支架的凿岩机、风动或电动装载机、混凝土搅拌机、空压机和通风机等。在成昆铁路的隧道施工中还采用了门架式凿岩台车和槽式运渣列车。

在隧道支护方面，采用了锚杆喷射混凝土技术，这是隧道施工技术的重要里程碑。由于主动控制了地层环境，较好地解决了施工安全问题。

经过3年国民经济调整，1964年重点加强西南大三线建设，川黔、贵昆、成昆三线全面复工。这些铁路隧道比例大，开工隧道数量猛增，迎来了隧道建设的大发展。

成昆铁路工程浩大，举世瞩目，全线共有425座隧道，总延长344.7km，占线路长度的31.6%，其中2km以上的34座，3km以上的9座，成为控制工期的关键工程。沙木拉达隧道如图7-6所示，该隧道全长6379m，线路标高2244.14m，为成昆铁路最长与最高的隧道。关村坝隧道如图 7-7 所示，全长 6107m，为成昆铁路第二长隧道，是北段控制铺轨的大门，为集中力量攻坚的重点工程之一，快速施工成为本隧道的主题，施工中创造了多项新纪录。岩脚寨隧道位于贵昆铁路安顺至六枝间，全长 2715m，隧道横穿贵州普定郎岱煤田的大煤山，共穿过 7 层煤层，厚度最大达 8.92m，含三级瓦斯，这也是我国第一个穿越大量瓦斯的隧道，该隧道于 1965 年 10 月竣工，正式运营后情况良好，为以后瓦斯地层的隧道施工积累了经验。

图 7-5　驿马岭隧道

图 7-6　沙木拉达隧道

经过 20 世纪 50—60 年代实践经验的积累，70 年代开始逐步学习国外的先进经验，引进国外的先进机具，我国形成了一整套的隧道施工技术。如针对不同的地质条件采用不同的施工方法，对于长隧道则充分利用辅助坑道等有效措施，并形成了一套对付自然灾害的方法和措施，进入了隧道施工的主动时代。

技术突破与创新阶段为 20 世纪 80 年代中期至 90 年代中期，是新中国第三代隧道工程建设时期。

作为我国隧道修建史的一个里程碑，衡广铁路复线的大瑶山双线隧道是这一时期最典型的代表，如图 7-8 所示。隧道全长 14295m，于 1987 年建成，是我国 20 世纪最长的双线铁路隧道，名列世界第十。大瑶山隧道实现了大断面施工，并逐渐形成我国长大隧道的修建模式。该成果 1992 年获国家科技进步特等奖。

图 7-7　关村坝隧道

图 7-8　大瑶山隧道

高速发展阶段为 20 世纪 90 年代中期，我国隧道修建技术达到了新的水平，已与世界接轨。这一时期的标志性工程是位于西康铁路的秦岭隧道，全长 18460m。在该隧道施工过程中，采用了目前最先进的全断面隧道掘进机技术，即 TB 技术。以该隧道技术的发展为代表，证明了我国隧道修建技术已达到世界先进水平，这是一个新的里程碑。一位外国隧道专家得知秦岭隧道的贯通后感慨地说："就隧道修建的技术进步，中国用 20 年的时间走完了发达国家 50 年甚至 100 年走完的路程。"近十余年来，随着我国高等级公路和高速公路建设的兴起，公路隧道的建设速度也很快。截至 2020 年，全国共有公路隧道 21316处，总长 2199.93 万延米。其中特长隧道 1394 处，623.55 万延米。

在水工建设方面，已建和在建的水工隧洞超过 400 条，总长约 400km。其中二滩水电站的导流洞长 1100m、宽 23m、高 7.5m，是目前我国建造断面最大的水工隧洞。港珠澳大桥海底隧道全长 5.6km，是世界最长的公路沉管隧道和唯一的深埋沉管隧道，也是我国第一条外海沉管隧道。海底部分约 5664m，由 33 节巨型沉管和 1 个合龙段最终接头组成，最大安装水深超过 40m。

此外，我国还分别在广州、宁波、香港、台湾等地修建了 7 座沉管隧道。

三、常用隧道挖掘方法

1. 明挖法

明挖法是从地表开挖基坑或堑壕，修筑衬砌后用土石进行回填的浅埋隧道、管道或其他地下建筑工程的施工方法。在拆迁量小的情况下可采用明挖法，此法的工程造价低、速度快。但交通干扰大，一般在市区不容易实施。只有在郊区、空旷区，有条件敞口开挖时方可采用。当土体稳定需要时，还应采取支护桩或地下连续墙作基坑支护；当工程结构物处于有地下水干扰的位置，还需采取降排水措施。

明挖法施工隧道的工艺相对简单、受力明确，操作方便，但需做好地下管线拆迁或加固稳定、地面交通疏导、环境保护以及基坑安全稳定等工作。遇有基坑石方需要爆破时，必须事先编制爆破方案，申报主管部门批准后方可实施。

2. 盖挖逆筑法

盖挖逆筑法是一种建筑技术，是先建造地下工程的柱、梁和顶板，然后以此为支承构件，上部恢复地面交通，下部进行土体开挖及地下主体工程施工的一种方法。此方法介乎明挖法与暗挖法之间，除其顶板为明挖施工外，其余结构均为暗挖施工。这种方法特别适合于城市市区，人口、交通密集繁忙之处。

此种方法大部分土方在顶盖及围护墙体结构之内的洞中开挖，适宜于软弱土质地层、地下水稳定在基底高程 0.5m 以下的地层条件，否则还需要配以降水措施。

3. 喷锚暗挖法

喷锚暗挖是一种施工工艺，是隧道开挖过程中，隧道已经开挖成型后，将一定数量、一定长度的锚杆，按一定的间距（数量、长度、间距都是通过计算得来的）垂直锚入岩（土）体，在锚杆外露端挂钢筋网，再在隧道表面喷射混凝土，使混凝土、钢筋网、锚杆组成一个防护体系。用此法掘进施工中土和器材的进出一般也是通过竖井运输。初期支护结构一般采用钢拱架（拱形断面）加喷射混凝土，整个施工过程以人工操作为主，因此必须确保施工期间隧道内没有水。

喷锚暗挖法施工自始至终处于暗挖土体与隧道结构施筑与置换的动态过程，隧道围岩始终处于稳定与失稳两种态势的交变过程之中，为确保施工过程中隧道围岩稳定，必须采用监控测量的方法，对围岩、支护结构的状态进行实时监测，及时反馈信息，指导安全施工。

喷锚暗挖法也常用于地铁车站施工。

4. 盾构法

采用盾构机进行隧道掘进施工的方法称为隧道盾构掘进法。盾构机具有开挖、支护、排渣和拼装隧道衬砌管片等功能。常见的盾构机种类有敞口式、网格式、土压平衡式、泥水平衡式和气压式等。各种盾构机均有一定的适用范围，应根据隧道外径、埋深、地质、地下管线与构筑物、地面环境、开挖面稳定和地表隆沉控制值等控制要求，经过技术、经济比较后进行设备选型，使施工质量高、造价低又安全。

用盾构法修建隧道已有 150 余年的历史。最早进行研究的是法国工程师 M. I. 布律内尔，他由观察船蛆在船的木头中钻洞，并从体内排出一种黏液加固洞穴的现象得到启发，在 1818 年开始研究盾构法施工，并于 1825 年在英国伦敦泰晤士河下，用一个矩形盾构建造了世界上第一条水底隧道（宽 11.4m、高 6.8m）。我国于第一个五年计划期间，首先在辽宁阜新煤矿，用直径 2.6m 的手掘式盾构进行了疏水巷道的施工。目前我国自行设计、制造的盾构机直径最大为 16.07m。

四、隧道的组成及作用

隧道由主体构造物和附属构造物组成。主体构造物是为了保持岩体稳定和行车安全而修建的人工永久建筑物，一般指洞身和洞门构造物。附属构造物是为了运营管理、维修养护、给水排水、供电、通风、照明、通信、安全等而修建的构造物，附属结构一般包括避车洞、防水设施、排水设施、通风设施等。

洞身是隧道结构的主体部分，是列车通行的通道，其净空（指隧道衬砌的内轮廓线所包围的空间）应符合国家规定的铁路隧道建筑限界（GB 146.2—2020）的要求。其长度由两端洞门的位置来决定。

洞门位于隧道出入口处，用来保护洞口土体和边坡稳定，排除仰坡流下的水，它由端墙、翼墙及端墙背部的排水系统所组成。

五、隧道工程图的图示特点及内容

隧道虽然很长，但由于隧道洞身断面形状变化较少，因此隧道工程图除了用平面图表示它的地理位置外，表示构造的图样主要有进、出口隧道洞门图，横断面图（表示断面形状和衬砌）以及隧道中的交通工程设施等图样。隧道工程图主要有洞身衬砌断面图、洞门图以及大小避车洞的构造图等。

第二节　洞身衬砌断面图

沿开挖的隧道壁面建造的，用以防止围岩变形和地层塌方，以及阻挡地下水渗漏的构筑物称为衬砌。衬砌简单说来就是内衬，常见的是用砌块衬砌，也可以用预应力高压灌浆素混凝土衬砌。对于围岩坚硬完整而又无渗漏水的隧道，也可不作衬砌，但一般需在壁面上喷浆或喷混凝土，以防止岩石风化剥落。表达衬砌结构的图叫做隧道衬砌断面图。

一、衬砌分类

隧道衬砌按建造材料可分为砖隧道衬砌、料石隧道衬砌、混凝土隧道衬砌等；按隧道埋深可分为深埋隧道衬砌、浅埋隧道衬砌；按隧道围岩性质可分为石质隧道衬砌系列、土质隧道衬砌系列；按衬砌结构可分为直边墙式隧道衬砌、曲边墙式隧道衬砌、曲边墙加仰拱隧道衬砌等；按隧道内的车股道数可分为单线隧道衬砌、双线隧道衬砌、多线隧道衬砌；按建造方法可分为整体式模筑混凝土衬砌、复合式衬砌、锚喷衬砌、拼装式衬砌、明洞衬砌等。

　　不同类型的隧道衬砌结构适用于不同的隧道围岩条件，如直边墙式隧道衬砌适用于围岩条件较好和无侧压力或侧压力较小的隧道；曲边墙式隧道衬砌适用于围岩条件复杂和侧压力较大的隧道；曲边墙加仰拱式隧道衬砌适用于围岩侧压力较大且基底松软或有较大的底压力的隧道。

二、衬砌的组成

　　隧道衬砌一般是由拱圈、边墙（直边墙或曲边墙）、仰拱或铺底等部分组成，如图 7-9所示。隧道衬砌结构根据使用要求和围岩的特性而有不同的衬砌内轮廓，从而定出宽度、高度、形式和衬砌截面及厚度。

　　衬砌设计一般根据隧道围岩特征和使用要求，应用隧道衬砌理论和相应的计算方法，确定隧道衬砌的形状、尺寸以及衬砌用料和施工方法等。

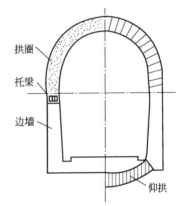

图 7-9　隧道衬砌组成示意图

三、衬砌的类型及适应条件

1. 整体式模筑混凝土衬砌（整体式混凝土衬砌）

　　整体式混凝土衬砌是隧道开挖后，以较大厚度和刚度的整体模筑混凝土作为隧道的结构。整体式衬砌按照工程类比、不同围岩级别采用不同的衬砌厚度。其形式有直墙式和曲墙式两种，而曲墙式又分为有仰拱和无仰拱两种。

　　（1）直墙式衬砌

　　直墙式衬砌由上部拱圈、两侧竖直边墙和下部铺底三部分组合而成，如图 7-10 所示。适用于地质条件比较好，以垂直围岩压力为主而水平围岩压力较小的情况，主要适用于Ⅰ～Ⅲ级围岩。

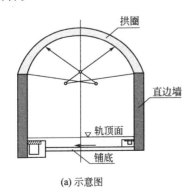

(a) 示意图

(b) 实例

图 7-10　直墙式衬砌

（2）曲墙式衬砌

曲墙式衬砌由顶部拱圈、侧面曲边墙和仰拱/底板（或铺底）组成，如图 7-11 所示。曲墙式衬砌适用于地质较差，有较大水平围岩压力的情况，主要适用于Ⅳ级及以上的围岩，或Ⅲ级围岩双线隧道；多线隧道也采用曲墙有仰拱的衬砌。在Ⅳ级围岩无地下水，且基础不产生沉降的情况下可不设仰拱，只做铺底；一般均需设仰拱，以抵御隧道底部的围岩压力和防止衬砌沉降，并使衬砌形成一个环状的封闭整体结构，以提高衬砌的承载能力。

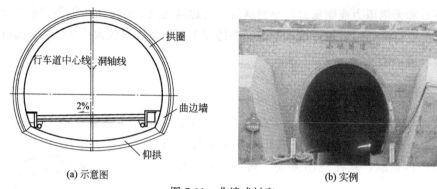

(a) 示意图   (b) 实例

图 7-11　曲墙式衬砌

所谓仰拱是为改善隧道上部支护结构受力条件而设置在隧道底部的反向拱形结构。仰拱的作用是使结构及时封闭，提高整体承载力和侧墙抵抗侧压力的能力，抵御结构下沉变形，调整围岩和衬砌的应力状态。

可以看出，无论是直墙式还是曲墙式，其拱圈一般都是由三段圆弧构成，故称三心拱。底下部分叫做铺底，它有一定的横向坡度，以利排水。衬砌下面两侧分别设有洞内水沟和电缆槽。

2. 复合式衬砌

复合式衬砌是指把衬砌分成两层或两层以上，可以是同一种形式、方法和材料施作的，也可以是不同形式、方法、时间和材料施作的。目前大都采用内外两层衬砌，如图 7-12 所示。按内外衬砌的组合情况可分为初期支护与二次衬砌。根据围岩条件不同，

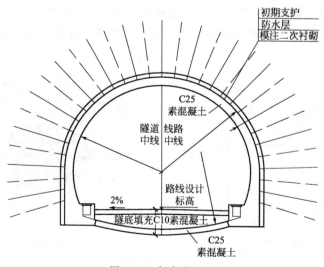

图 7-12　复合式衬砌

分别采用不同的断面形式和支护、衬砌参数。

复合式衬砌可以满足初期支护施工及时、刚度小、易变形的要求，且与围岩密贴，从而能保护和加固围岩，充分发挥围岩的自承作用。二次衬砌后，衬砌内表面光滑平整，可以防止外层风化，装饰内壁，增强安全感，是一种合理的结构形式，也是目前公路、铁路隧道主要的结构形式。

3. 锚喷式衬砌

锚喷式衬砌是指锚喷结构既作为隧道临时支护，又作为隧道永久结构（单层衬砌）的形式。它具有隧道开挖后衬砌及时、施工方便和经济的显著特点。锚喷式衬砌在围岩整体性较好的军事工程、使用期较短及重要性较低的各类用途的隧道中广泛使用。在公路、铁路隧道设计规范中，都有根据隧道围岩地质条件、施工条件和使用要求可采用锚喷衬砌的规定。

4. 拼装式衬砌（装配式衬砌）

装配式衬砌是将衬砌分成若干块构件，这些构件在现场或工厂预制，然后运到坑道内用机械将它们拼装成一环接着一环的衬砌。

这种衬砌的特点是：拼装成环后立即受力，便于机械化施工，改善劳动条件，节省劳力，目前多在使用盾构法施工的城市地下铁道和水底隧道中采用。在铁路、公路隧道中由于装配式衬砌要求有一定的机械化设备，施工工艺复杂，衬砌的整体性及抗渗性差而未能推广使用。

5. 偏压衬砌

偏压衬砌是当山体地面坡较陡，线路外侧山体覆盖较薄，或由于地质构造造成明显偏压，隧道衬砌为承受这种不对称围岩压力而采用的非对称变厚度结构形式。

6. 喇叭口隧道衬砌

公路常设计为双线隧道，有时为绕过困难地形或避开复杂地质地段，减少工程量，会出现一条双幅公路隧道分建为两个单线隧道或两条单线并建为一条双幅的情况，衬砌产生了一个过渡区段，这部分隧道衬砌的断面及间距均有变化，相应成了一个喇叭形，称为喇叭口隧道衬砌，如图 7-13 所示。

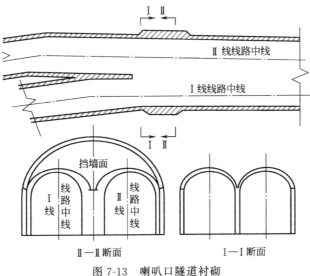

图 7-13　喇叭口隧道衬砌

7. 圆形断面衬砌

圆形断面衬砌适用于软弱围岩，为了抵御较大的围岩压力，公路隧道可以采用圆形或近似圆形断面的支护结构，因为需要较大的衬砌厚度，所以多半在施工时进行二次衬砌。水底隧道广泛使用盾构法施工，其断面为全圆形。

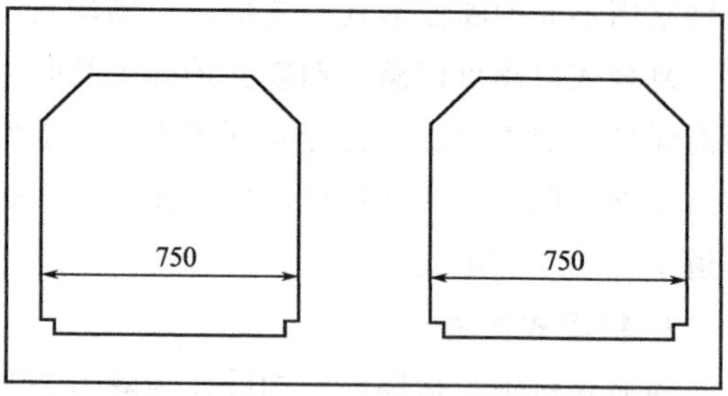

8. 矩形断面衬砌

图 7-14　矩形断面衬砌

水底隧道采用沉管法施工时，其断面常用矩形；用明挖法施工时，尤其在修筑多车道隧道时，其断面广泛采用矩形，如图 7-14 所示。

四、标准断面

为了简化隧道衬砌的设计和计算工作，一般按照围岩分类，在广泛技术经济比较的基础上，经过计算优化设计出相应的衬砌类型，并且加以系列化供全国或地区范围内隧道衬砌设计时广泛使用。这样编制出来的衬砌被称为标准断面，标准断面的使用，也为施工和日后养护提供了方便条件。

五、衬砌断面图

衬砌断面图表达的内容有边墙的形状、尺寸，拱圈各段圆拱的中心及半径大小、厚度，洞内排水沟及电缆沟的位置及尺寸，混凝土垫层的厚度及坡度等，如图 7-15 所示为某隧道衬砌标准断面图。

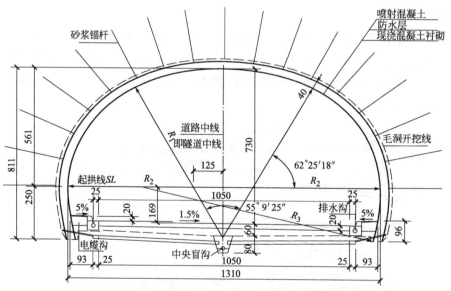

说明:
1. 图中尺寸单位为cm。
2. 基图结构形式仅为示意,具体做法详见其他设计图。

隧道内轮廓曲线表

分项	R_1	R_2	R_3
半径	800	530	1000
圆心角	55°9′25″	62°25′18″	14°28′30″

图 7-15　某隧道衬砌标准断面图

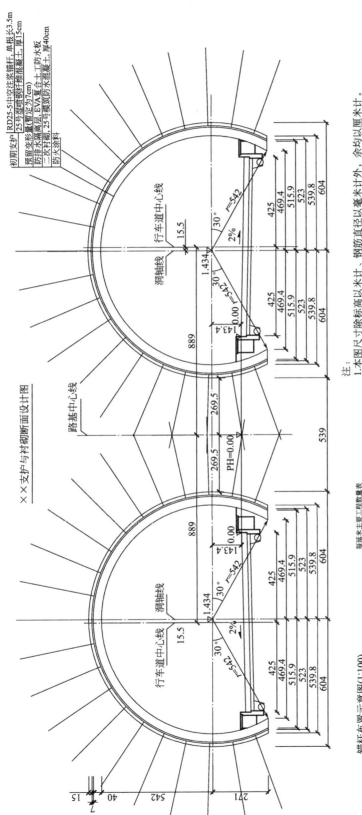

××支护与衬砌断面设计图

初期支护：RD25-5中空注浆锚杆，单根长3.5m，厚15cm
25号湿喷钢纤维混凝土（暂定为7cm）
预留变形量（暂定为）
防排水隔离层，EVA复合土工防水板
二次衬砌，25号模筑防水混凝土，厚40cm
防火涂料

锚杆布置示意图(1:100)

隧道纵轴方向

RD25-5
中空螺纹注浆锚杆

注：
1. 本图尺寸除标高以米计、钢筋直径以毫米计外，余均以厘米计。
2. 本图未示出洞内附属设施，有关情况见其他相关设计图。
3. 本图适用于Ⅲ类围岩深埋段；施工时根据实际情况进行调整。
4. 两侧支护采用RD25-5中空注浆锚杆，单根长3.5m，环距为1.2m，纵向排距为1.2m，喷射混凝土采用25号湿喷钢纤维混凝土，厚15cm，喷射混凝土里掺RC-65/35-BN，钢纤维掺量为35kg/m³。
   二次衬砌采用25号防水混凝土，厚40cm。
   二次衬砌回填采用25号防水钢筋混凝土。
5. FS型混凝土防水剂用量为水泥重量的6%，实际配比可由现场实验进行调整。
6. 本段对应的二次衬砌配筋见相关设计详图。
7. 在打设系统锚杆时，应对中间岩柱进行有压注浆，确保岩体密实，注浆压力为：初始压力为0.5MPa，终压力为1.5MPa。

每延米主要工程数量表

项目	型号规格	单位	数量		
			左洞	右洞	合计
洞身开挖土石方		m³	83.70	83.70	167.4
洞身超挖		m³	2.54	2.54	5.1
25号喷射混凝土	钢纤维混凝土	m³	3.72	3.72	7.44
25号衬砌混凝土		m³	9.47	9.47	18.9
25号衬砌回填混凝土		m³	2.40	2.40	4.8
中空注浆锚杆	RD25-5	m	61.25	61.25	122.5
钢纤维	RC-65/35-BN	kg	130.2	130.2	260.4
复合土工防水板	EVA	m²	24.76	24.76	49.5
防水剂	FS	kg	242.15	242.15	484.3

图 7-16　某隧道支护与衬砌断面图

从图 7-15 中可以看出此隧道为曲墙式现浇混凝土衬砌，厚为 40cm。其拱圈三段圆弧半径分别为 8m、5.3m 和 10m；拱圈三段圆弧的圆心角分别为 55°9′25″、62°25′18″和 14°28′30″。路面宽 10.5m，朝向东（图的右侧）有 1.5% 的排水坡，为一侧排水。排水沟分布在路的两侧。电缆沟紧邻排水沟靠近边墙。路中央设有盲沟。

在绘制隧道的衬砌断面图时经常将隧道的支护（支撑）位置也画上，如图 7-16 所示，支护位置图中要表达锚杆的位置、型号、尺寸等相关参数。

如图 7-17 所示为衬砌的钢筋布置图，表示了衬砌内部钢筋的布置情况。从图中可以看出：某段衬砌拱圈采用环形钢筋，编号为 N1，直径为 16mm，每根长 2332.9cm，总共有 4 根，总长 93.3m，为Ⅱ级钢筋；纵向钢筋为两端有弯钩的Ⅰ级钢筋，直径 8mm，每根长 100cm，总共 92 根，总长 92m。钢筋之间间隔 25cm。

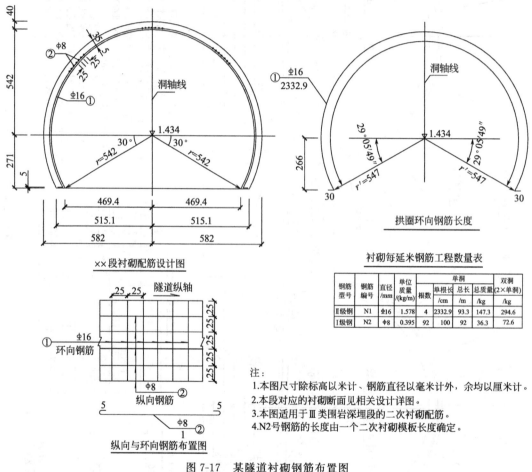

衬砌每延米钢筋工程数量表

钢筋型号	钢筋编号	直径/mm	单位质量/(kg/m)	单洞				双洞(2×单洞)
				根数	单根长/cm	总长/m	总质量/kg	/kg
Ⅱ级钢	N1	Φ16	1.578	4	2332.9	93.3	147.3	294.6
Ⅰ级钢	N2	Φ8	0.395	92	100	92	36.3	72.6

注：
1.本图尺寸除标高以米计、钢筋直径以毫米计外，余均以厘米计。
2.本段对应的衬砌断面见相关设计详图。
3.本图适用于Ⅲ类围岩深埋段的二次衬砌配筋。
4.N2号钢筋的长度由一个二次衬砌模板长度确定。

图 7-17　某隧道衬砌钢筋布置图

第三节　隧道洞门图

一、隧道洞门结构形式及适用条件

洞门位于隧道的两端，是隧道的外露部分，俗称出入口。其作用从结构方面讲，具有支撑山体、稳定边坡并承受覆盖地层上的压力的作用；从建筑装饰方面讲，它具有美化隧道以及整条道路的作用。前者是受力需要，后者是审美和艺术的需要。

因洞口地段的地形、地质条件不同，洞门有许多结构形式。

1. 环框式洞门

环框式洞门将衬砌略伸出洞外，增大其厚度，形成洞口环框。适用于洞口石质坚硬、地形陡峻而无排水要求的场合，修建洞口环框，可起到加固洞口和减少洞口雨后滴水的作用，如图 7-18 所示。

(a) 示意图　　　　　　　　　　　　(b) 实例

图 7-18　环框式洞门

2. 端墙式（一字式）洞门

端墙式洞门适用于地形开阔、石质较稳定的地区，由端墙和洞门顶及排水沟组成，如图 7-19 所示。端墙的作用是抵抗山体纵向推力及支持洞口正面上的仰坡，保持其稳定。洞门顶排水沟用来将仰坡流下来的地表水汇集后排走。

(a) 示意图　　　　　　　　　　　　(b) 实例

图 7-19　端墙式洞门

3. 翼墙式（八字墙）洞门

当洞门地质较差，山体纵向推力较大时，可以在端墙式洞门的单侧或双侧设置翼墙。翼墙在正面起到抵抗山体纵向推力、增加洞门的抗滑及抗倾覆能力的作用。两侧面保护路堑边坡，起挡土墙的作用。翼墙顶面与仰坡的延长面相一致，其上设置水沟，将洞门顶水沟汇集的地表水引至路堑侧沟内排走，如图 7-20 所示。

4. 柱式洞门

当地势陡峭，仰坡有下滑的可能性，又受地质或地形条件的限制，不能设置翼墙时，采用柱式洞门。柱式洞门一般在端墙中设置 2 个（或 4 个）断面较大的柱墩，以增加端墙的稳定性，如图 7-21 所示。柱式洞门比较美观，适用于城市附近、风景区或长大隧道的洞口。

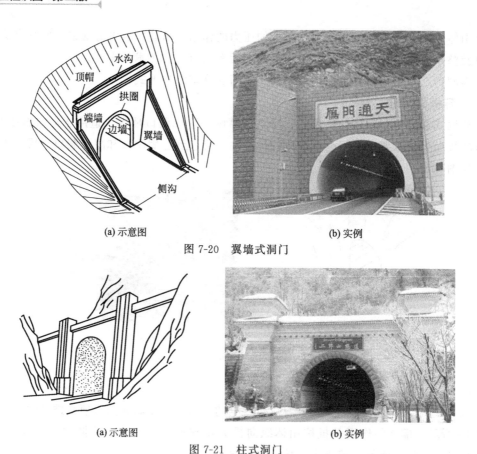

(a) 示意图   (b) 实例

图 7-20   翼墙式洞门

(a) 示意图   (b) 实例

图 7-21   柱式洞门

5. 台阶式洞门

当洞门位于傍山侧坡地区，洞门一侧仰坡较高时，为了提高靠山侧仰坡起坡点，减少仰坡高度，将端墙顶部改为逐渐升高的台阶形式，如图 7-22 所示，以适应地形的特点，减少洞门圬工及仰坡开挖数量，也能起到美化洞门的作用。

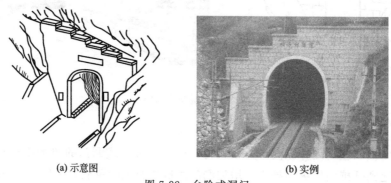

(a) 示意图   (b) 实例

图 7-22   台阶式洞门

6. 斜交式洞门

当隧道洞口地面等高线斜交时，为了缩短隧道长度、减少挖方数量，可采用平行于等高线与线路呈斜交的洞口。

7. 喇叭口式洞门

高速铁路隧道，为了减缓高速列车的空气动力学效应，对单线隧道，一般设喇叭口缓冲段，同时兼作隧道洞门，如图 7-23 所示。

图 7-23　喇叭口式洞门

8. 削竹式洞门

削竹式洞门是凸出式新型洞门，这类洞门是将洞内衬砌延伸至洞外，一般凸出山体数米，如图 7-24 所示。它适用于各种地质条件，构筑时可不破坏原有边坡的稳定性，减少土石方的开挖工作量，降低造价，而且能更好地与周边环境相协调。

图 7-24　削竹式洞门

二、明洞

明洞是隧道的一种变化形式，它用明挖法修筑。所谓明挖是指把岩体挖开，露天修筑衬砌，然后回填土石。这样修筑的构筑物，外形几乎与隧道无异，有拱圈、边墙和底板，净空与隧道相同，和地表相连处也设有洞门、排水设施等。

明洞一般修筑在隧道的进出口处，当遇到地质差且洞顶覆盖层较薄，用暗挖法难以进洞的情况时，或洞口路堑边坡上有落石而危及行车安全时，均需要修建明洞。它是隧道洞口或线路上起防护作用的重要建筑物，在铁路线上使用得较多，如图 7-25 所示。

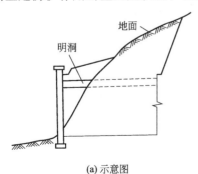

(a) 示意图　　　　　　　　　　　(b) 明洞施工图

图 7-25　明洞

明洞的结构类型常因地形、地质和危害程度的不同有多种形式，采用最多的为拱式明洞和棚式明洞两种，如图 7-26 所示。

(a) 拱式明洞　　　　　　　　　　　　　　(b) 棚式明洞

图 7-26　明洞类型

三、隧道洞门的表达

隧道洞门图一般包括隧道洞口平面图、立面图、剖面图和断面图。

① 平面图　主要是表达洞门排水系统的组成及洞内外水的汇集和排除路径，另外，也反映了仰坡与边坡的过渡关系。为了图面清晰，常略去端墙、翼墙等的不可见轮廓线。

② 立面图　它是从翼墙端部竖直剖切以后，再沿线路方向面朝洞内对洞门所作的立面投影，实际上也是一个剖面图。主要是表达洞门端墙的形式、尺寸、洞口衬砌的类型、主要尺寸、翼墙的位置、横向倾斜度以及洞顶水沟的位置、排水坡度等，同时也表达洞门仰坡与路堑边坡的过渡关系。

③ 剖面图　一般沿隧道中心剖切的，以此取代侧面图。它表达端墙的厚度、倾斜度、洞顶水沟的断面形状、尺寸，翼墙顶水沟及仰坡的坡度，连接洞顶及翼墙顶水沟的排水孔设置等。

④ 断面图　根据实际情况确定其数量，主要是用来表达翼墙顶水沟的断面形状和尺寸、横向倾斜度及其与路堑边坡的关系，同时也表达翼墙脚构造上有无水沟段的区别。

⑤ 排水系统详图　表排水沟的位置、构造及尺寸大小。

⑥ 工程数量表　列出了隧道洞门各组成部分的建筑材料和数量，以便施工备料。

四、洞门图实例

如图 7-27 所示为一洞门模型，如图 7-28 所示为洞门图。

1. 洞口平面图

从图 7-28 可知此洞为端墙式洞门，曲墙式衬砌。洞口桩号为右线端 RK93＋970。隧道与道路路堑相连，路堑路面宽 12.75m，两侧有 0.8m 宽的洞外排水边沟。两侧山体的水沿 1∶1 的边坡，再经 2m 宽的平台后，再沿 1∶0.5 边坡流到洞外排水沟排走。

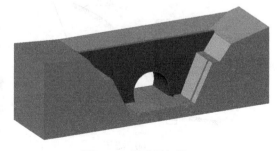

图 7-27　隧道洞门模型

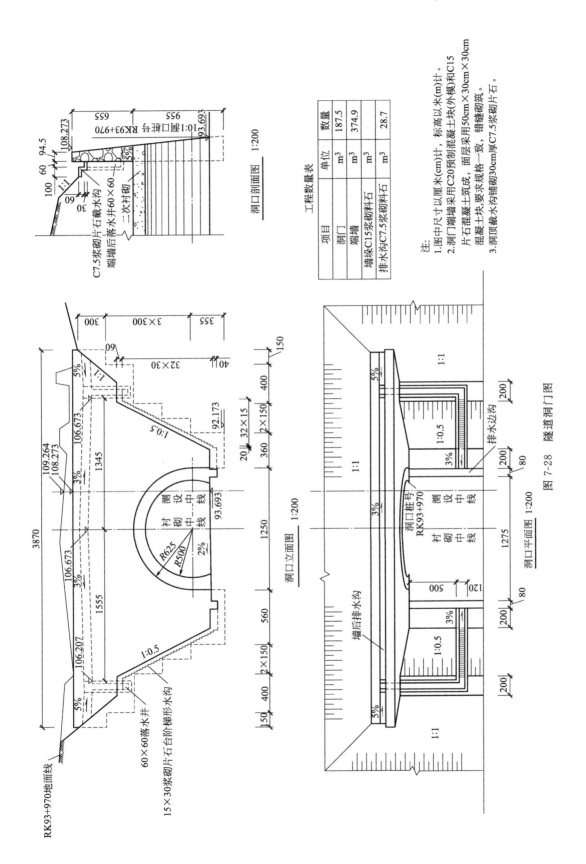

工程数量表

项目	单位	数量
洞门	m³	187.5
端墙	m³	374.9
墙垛C15浆砌料石	m³	
排水沟C7.5浆砌料石	m³	28.7

注:
1.图中尺寸以厘米(cm)计,标高以米(m)计。
2.洞门端墙采用C20预制混凝土块(外模)和C15片石混凝土筑成,面层采用50cm×30cm×30cm混凝土块,要求规格一致、错缝砌筑。
3.洞顶截水沟铺砌30cm厚C7.5浆砌片石。

洞口剖面图 1:200

洞口立面图 1:200

洞口平面图 1:200

图 7-28　隧道洞门图

平面图中表达了洞顶仰坡度为 1∶1，墙后排水沟的排水坡度两边为 5％，中部为 3％。图中还表示了洞门墙和拱圈的水平投影以及墙后排水沟内的排水路线。

2. 洞口立面图

隧道洞口立面图实质上是在路堑段所作的一个横剖面图。从图 7-28 中可以看到路堑的断面以及端墙、拱圈和边墙的立面形状和尺寸。可以看出，隧道的拱圈和边墙由两个不同圆心不同半径的圆弧组成。路堑边坡上设有 2m 宽的平台，平台尺寸标注在平面图中。

图 7-28 中表示了墙后的排水情况，结合平面图可以看出山体的水流入墙后的排水沟后，沿箭头方向分别以 3％和 5％的坡度流入落水井，穿越端墙后通过位于路堑边坡上平台的纵向水沟，再沿阶梯形水沟流入洞外排水边沟排走。

图 7-28 中还标示了墙后排水沟的沟底坡度，落水井和阶梯形水沟的规格和位置，以及各控制点的标高。此外，还绘出了洞门桩号处的地面线，供设计时使用，以便施工。

3. 洞口剖面图

隧道洞口剖面图是沿着衬砌中线剖切所得的纵剖面图。图 7-28 中表示了洞口端墙、墙后排水沟和落水井的侧面形状和尺寸以及隧道拱圈的衬砌断面。可以看出，端墙面的倾斜坡度为 10∶1，端墙分两层砌筑。洞顶仰坡坡度为 1∶1，穿越端墙的纵向排水坡度为 5％。

4. 工程数量表

图 7-28 中工程数量表中列出了隧道洞门各组成部分的建筑材料和数量，以便施工备料。

第四节　避车洞图

一、避车洞的作用及种类

避车洞是供行人和隧道维修人员及维修小车避让来往车辆或临时存放器材而设置的洞室，它们沿路线方向交错设置在隧道两侧的边墙上，如图 7-29 所示。

避车洞有大、小两种。

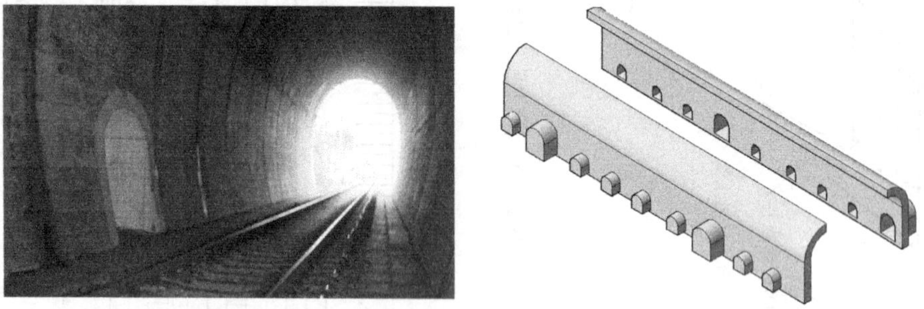

(a) 实例　　　　　　　　　　　　　(b) 示意图

图 7-29　避车洞

1. 大避车洞

在碎石道床的隧道内，每侧相隔 300m 布置一个大避车洞，在整体道床的隧道内，因人员行车待避较方便，且线路维修工作量较小，可相隔 420m 布置。

2. 小避车洞

在碎石道床或整体道床的隧道内，每侧边墙上应在大避车洞之间间隔 60m（双线隧道按 30m）布置一个小避车洞。

二、避车洞工程图的图示方法

避车洞工程图用位置示意图和详图表示。

1. 避车洞位置示意图

避车洞位置示意图用来表示大、小避车洞的相互位置，用立面图和平面图表示，图示尺寸单位为 cm。立面图一般采用纵剖面，沿纵向 1：2000 比例绘制，沿高度方向 1：200 比例绘制，如图 7-30 所示。从图中可以看出此图表示的是双线隧道，大避车洞每隔 300m 设置，小避车洞每隔 30m 设置。立面图中还标注出了大小避车洞的剖切位置：1—1 为小避车洞的剖切位置，2—2 为大避车洞的剖切位置。

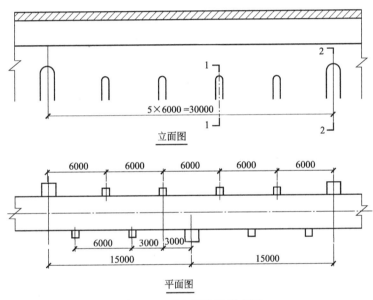

图 7-30　避车洞位置示意图

2. 避车洞详图

避车洞详图表示避车洞的材料、构造做法及尺寸要求，采用剖面图和断面图表达，详图尺寸单位为 mm，如图 7-31 所示。

① 小避车洞详图　如图 7-31（a）所示的 1—1 剖面图表示小避车洞的尺寸及侧面构造，小避车洞高 1.7～2.2m，洞深 1m。3—3 断面表达了小避车洞的立面尺寸及构造，钢筋混凝土砌筑，立面形状为矩形和拱形组合，拱形半径为 1.25m 和 1.55m，洞宽 2m。避车洞坡度朝向路面。

② 大避车洞详图　如图 7-31（b）所示的 2—2 剖面图表示大避车洞的尺寸及侧面构造，钢筋混凝土砌筑。大避车洞高 1.8～2.8m，洞深 2.5m。4—4 断面图表达了大避车洞的立面尺寸及构造，立面形状也为矩形和拱形组合，拱形半径为 2.5m 和 2.9m，洞宽 4m。避车洞坡度朝向路面。

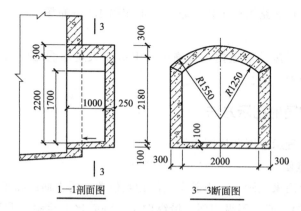

1—1剖面图　　　3—3断面图

(a)小避车洞详图

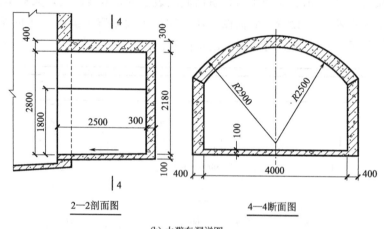

2—2剖面图　　　4—4断面图

(b) 大避车洞详图

图 7-31　避车洞详图

第五节　隧 道 之 最

本节介绍的隧道是指人工开凿的、用于交通的、目前已经投入使用的隧道。

一、世界最长最深的隧道

目前世界上最长最深的隧道是瑞士的圣哥达基线隧道（德语：Gotthard-Basistunnel，简称GBT），又译为哥达基线隧道，如图 7-32 所示。它位于瑞士中部阿尔卑斯山区的一

图 7-32　哥达基线铁路隧道

条高速铁路上，全长 57km，穿越山脉底部，距地面约 2438m，是世界上最长与最深的隧道（含铁路隧道和公路隧道）。始建于 1999 年，2010 年全隧贯通，2016 年竣工通车。该铁路设计时速 250km/h，极大地缩短了欧洲南北轴线上穿越阿尔卑斯山的交通用时。该项工程奇迹被视为欧洲团结的象征。

二、世界海拔最高的隧道

世界上海拔最高的隧道是中国的青藏铁路风火山铁路隧道（Fenghuoshan Tunnel），如图 7-33 所示。它位于中国青海省玉树藏族自治州治多县中部风火山上，海拔 5010m，轨面海拔标高 4905m，全长 1338m，全部位于永久性冻土层内，是目前世界上海拔最高的高原永久性冻土隧道。风火山隧道于 2001 年动工建设，于 2006 年投入使用。

图 7-33　风火山铁路隧道

三、世界海拔最低的隧道

世界上海拔最低的隧道是日本的青函海底铁路隧道（Seikan Tunnel），如图 7-34 所示。该隧道长 53.85km，是跨越津轻海峡连接日本本州与北海道的海底铁路隧道。隧道海拔−240m，是世界上最深的海底隧道。青函隧道由 3 条隧道组成，其中海底部分 23.3km，陆上部分本州一侧为 13.55km，北海道一侧为 17km。青函海底隧道 1964 年动工，1988 年正式通车。

图 7-34　青函铁路隧道

四、世界最长的海底隧道

世界上最长的海底隧道是英吉利海峡的英法海底隧道（Channel Tunnel，亦称 Chunnel），又称英吉利海峡隧道、欧洲隧道，如图 7-35 所示。它 1994 年开通，是一条英国通

图 7-35　英法海底隧道

往法国的铁路隧道，位于英国多佛港与法国加来港之间。英法海底隧道全长 50.5km，其中海底部分以 37.9km 的长度成为世界第一，比海底部分全长 23.3km 的日本青函隧道更胜一筹，是世界海底段最长的铁路隧道。隧道由三条平行隧洞组成，为两条铁路洞和中间一条后勤服务洞。

五、世界最长的公路隧道

世界上最长的公路隧道是挪威的洛达尔公路隧道（Laerdal Tunnel），如图 7-36 所示。隧道全长 24.51km，横穿奥斯陆（Oslo，挪威首都）与卑尔根（Bergen，挪威西南部港口城市）之间的山脉，是挪威高山纵横和海湾遍布的地形复杂地区。为了让司机在 20min 的地下车程中不至于瞌睡，建筑师在里面设计了三个"洞穴"也就是休息区，每一个"洞穴"都配有鲜艳生动的蓝色和黄色的灯光。该隧道于 1995 年开始动工兴建，2000 年正式通车。

图 7-36　洛达尔公路隧道

六、世界最长的水下公路隧道

世界上最长的水下公路隧道是日本东京湾水隧道（Tokyo Bay Aqua Tunnel），如图 7-37 所示。日本东京湾水隧道长约 15.1km，其中约 4.8km 为海上桥梁，约 9.6km 为海底盾构隧道。该隧道开通于 1997 年。最值得一提的是，该隧道工程的掘进是在长距离、高水压的软弱黏土层中进行的，条件之苛刻也是世界隧道掘进史上所少有的，亦是盾构掘进史上值得称颂、令同行刮目相看的。

七、中国最长的隧道

中国最长的隧道是广东省东莞松山湖隧道，也是目前世界上第五长的铁路隧道，位

图 7-37　东京湾水隧道

于广惠城际铁路莞惠段，穿越松山湖，全长 38.821km，于 2016 年建成，如图 7-38 所示。隧道包括 6 座地下车站和 7 段地下区间，采用明挖、暗挖、盾构三种方法施工，在城区内下穿大量的房屋、市政道路、桥梁、管线、河流和沟渠。国内外修建的城际铁路隧道的长度、地质情况及周边环境复杂程度均不及此段。松山湖隧道被业内专家评价为："全国铁路最长隧道，施工难度之大、工法之多，全国罕见，堪称铁路隧道的'地质博物馆'"。

图 7-38　广惠城际铁路东莞松山湖隧道

八、中国最长的公路隧道

中国最长的公路隧道是秦岭终南山隧道，如图 7-39 所示。秦岭终南山隧道位于我国西部大通道内蒙古阿荣旗至广西北海国道上西安至柞水段，在青岔至营盘间穿越秦岭，全长 18.02km，2007 年竣工运营后成为世界第二长公路隧道。隧道还首创设计了特殊灯光带，将隧道分解为三个不同灯光效果的短隧道，通过灯光变化，在隧道侧部顶端分别映衬出蓝天白云、晚霞绿草，灯光图案的变化既保证了照明、引导功能，又缓解了驾驶员在隧道长久行驶的视觉疲劳，给人耳目一新的感受。

图 7-39　秦岭终南山公路隧道

九、中国最长的水下公路隧道

中国最长的水下公路隧道是上海长江隧道，如图 7-40 所示。上海长江隧桥工程，连接上海市陆域和长兴岛，采用"南隧北桥"方案，包括上海长江大桥和长江隧道工程两部分。其中，以隧道方式穿越长江南港水域，长约 8.9km；以桥梁方式跨越长江北港水域，长约 10.3km。隧道于 2004 年动工兴建，于 2009 年通车运营。

图 7-40 上海长江隧道

十、中国自主建成的第一座铁路隧道

中国自主建成的第一座铁路隧道是京张铁路（现为京包铁路的首段）八达岭隧道，它是单线越岭铁路隧道，如图 7-41 所示。位于北京市延庆区，京包铁路北京至张家口段的青龙桥车站附近，是中国杰出的工程师詹天佑主持修建的京张铁路 4 座隧道之一，于 1908 年建成。这座单线越岭隧道全长 1091.2m，隧道从长城之下穿越燕山山脉八达岭，进口端隧道外线路坡度为 3.23%，隧道内线路最大坡度为 2.16%。

图 7-41 京张铁路八达岭隧道

十一、中国最早的铁路隧道

中国最早的铁路隧道是台湾基隆狮球岭隧道，又称为刘铭传隧道，位于台湾省基隆经台北至新竹的窄轨铁路（轨距 1067mm）的基隆与七堵之间，全长 261.4m，是中国最早的一座山岭铁路隧道，如图 7-42 所示。狮球岭隧道主要的工匠多系征调兵工，另又聘请了数位英国、德国工程师为顾问。狮球岭隧道虽然埋身在林荫树丛间，但却在台湾铁路兴筑历史上，有着极其重要的意义。隧道于 1887 年从南北两端同时开工，由数位英、德工程师定出线路方向及中心桩的开挖高度，由清朝政府的军队负责施工，于 1889 年建成。

图 7-42　基隆狮球岭隧道

这座已有超过百年历史的老隧道，在铁路改线后已废弃不用，1985 年被基隆市指定为三级古迹并拨款整修，作为铁道文物加以保存。

十二、中国最早的隧道

中国最早的隧道是古褒斜道的石门隧道，如图 7-43 所示。褒斜道石门隧道位于古褒斜道南端汉中褒谷口七盘岭下，南北走向，与褒河河道平行，东壁长 16.5m，西壁长 15m，北口高 3.75m，宽 4.1m，南口高 3.45m，宽 4.2m，整个隧道由北向南逐渐低下，高差约有 0.3～0.5m。当时的工匠用"火烧水激"法，也就是先用火把岩石烧热，然后浇上水，使石头迸裂，再加以清除。石门开凿于公元一世纪，始于汉明帝永平六年（公元 63 年），到永平九年（公元 66 年）建成，距今已有 1900 多年的历史，是世界上最早的通车人工穿山隧道。

据研究，在"明修栈道，暗度陈仓"这句话中所指的栈道是从关中翻越秦岭，南通汉中、巴蜀的古代交通要道，由秦岭古道、褒斜道、连云栈道组成。

图 7-43　褒斜道石门隧道

参 考 文 献

[1] GB/T 50103—2010. 总图制图标准.
[2] JTG D60—2015. 公路桥涵设计通用规范.
[3] JTG 3362—2018. 公路钢筋混凝土及预应力混凝土桥涵设计规范.
[4] JTG 3363—2019. 公路桥涵地基与基础设计规范.
[5] JTG/T 3650—2020. 公路桥涵施工技术规范.
[6] GB/T 50010—2010. 混凝土结构设计规范.
[7] JTG B01—2014. 公路工程技术标准.
[8] GB/T 917—2017. 公路路线标识规则和国道编号.
[9] 周佳新. 土木制图技术. 北京：化学工业出版社，2021.
[10] 周佳新. 土建工程制图. 3版. 北京：中国电力出版社，2015.
[11] 周佳新，王志勇. 土木工程制图. 北京：化学工业出版社，2015.
[12] 朱育万. 画法几何及土木工程制图. 第4版. 北京：高等教育出版社，2010.
[13] 丁宇明、黄水生. 土建工程制图. 北京：高等教育出版社，2010.
[14] 王强，张小平. 建筑工程制图与识图. 北京：机械工业出版社，2017.
[15] 周佳新. 建筑结构识图. 3版. 北京：化学工业出版社，2015.